职业教育财经类专业教学用书

新编商品流通企业会计
（第3版）

主　编　卓茂荣　张惠琴

電子工業出版社
Publishing House of Electronics Industry
北京·BEIJING

内容简介

本书针对职业院校会计专业学生的就业需求，依据最新的会计法律制度、税收法律制度、结算法律制度的规定编写而成。本书分为15个项目（共55个任务），主要内容包括走进商业会计、货币资金、应收及预付款项、商品流通概述、商品流通的进价核算、商品流通的售价核算、其他业务的核算、长期资产的核算、流动负债的核算、长期负债的核算、所有者权益的核算、费用的核算、税金的核算、利润的核算及财务会计报告。

本书既可作为中、高职会计及相关专业的教学用书，也可作为在职人员的会计岗位培训教材。

本书还配有电子教学参考资料包（包括教学指南、电子教案及习题答案），详见前言。

图书在版编目（CIP）数据

新编商品流通企业会计/卓茂荣，张惠琴主编. —3版. —北京：电子工业出版社，2019.11
ISBN 978-7-121-37213-1

Ⅰ.①新… Ⅱ.①卓… ②张… Ⅲ.①商业会计-中等专业学校-教材 Ⅳ.①F715.51

中国版本图书馆CIP数据核字（2019）第164647号

责任编辑：徐 玲
印　　刷：涿州市京南印刷厂
装　　订：涿州市京南印刷厂
出版发行：电子工业出版社
北京市海淀区万寿路173信箱　邮编100036
开　　本：787×1 092　1/16　印张：14　字数：350.4千字
版　　次：2012年5月第1版
2019年11月第3版
印　　次：2020年1月第2次印刷
定　　价：38.00元

凡所购买电子工业出版社图书有缺损问题，请向购买书店调换。若书店售缺，请与本社发行部联系，联系及邮购电话：（010）88254888，88258888。

质量投诉请发邮件至zlts@phei.com.cn，盗版侵权举报请发邮件至dbqq@phei.com.cn。

本书咨询联系方式：xuling@phei.com.cn。

前　言

商品流通企业会计是一门理论性和实践性都很强的会计专业课程。本书以最新的会计法律制度、税收法律制度、结算法律制度为指导，以商业企业实际发生的会计业务为载体，系统介绍了商业企业会计的基础理论、基本业务、主要技能及方法。

本书具有三大亮点。

1. 项目驱动

本书按照商业企业会计的内容分项目编写，会计理论为完成会计项目服务，理论与实践有机结合，相得益彰，充分体现了工学结合、理实一体的现代职业教育理念。

2. 高度仿真

内容仿真，本书的经济业务均来源于商业企业的会计实践；方式仿真，本书主要通过原始凭证来呈现经济业务，与实际工作中会计业务的呈现方式一致；方法仿真，本书完成业务的方法与实际工作中会计业务处理方法一致。本书有利于培养学生的读证能力、实践能力和职业判断能力。

3. 通俗易懂

本书编者既有长期的教学经验，又有丰富的实践经验，编写教材时力争做到内容与程序并重，语言通俗、解释准确，既方便教师教学，也方便学生自学。

本书由卓茂荣、张惠琴担任主编，编写分工如下：卓茂荣编写项目一、项目四～八、项目十一～十五，张惠琴编写项目二、三、九、十。本书在编写过程中，参考和引用了《企业会计准则》《中华人民共和国增值税暂行条例》《中华人民共和国企业所得税法》《中华人民共和国公司法》等国家相关法律法规。

本书在编写过程中得到福建省职业技术教育中心、泉州市职业技术教育中心、福建省晋江职业中专学校的大力支持，在此表示深深的谢意！

为了方便教师教学，本书还配有教学指南、电子教案及习题答案（电子版），请有此需要的教师登录华信教育资源网（www.hxedu.com.cn）免费注册后再进行下载，有问题时请在网站留言板留言或与电子工业出版社联系（E-mail：hxedu@phei.com.cn）。

由于编者水平有限，书中难免有疏漏甚至错误，敬请读者提出宝贵意见，以便再版时加以改正。

编　者

2019年6月

目　录

项目一

走进商业会计

学习目标

1. 理解、领会商品流通企业会计的内容与特征。
2. 理解、领会商品流通企业会计的任务。
3. 理解、掌握会计的工作规范。
4. 了解会计工作组织。

商品流通企业是商品流通业务的组织者、经营者，从事商品购进、销售、调拨和储存等经济业务，是具有法人地位的独立经济组织。商品流通企业将社会产品从生产领域转移到消费领域，以满足人民对美好生活的需求，实现产品价值，促进社会经济发展。

商品流通企业会计是商品流通企业经济管理的重要组成部分，它以货币为主要计量单位，以合法的凭证为依据，运用一系列专门方法，核算与监督商品流通企业的经济活动及经营成果、预测商品流通企业的经济前景、参与商品流通企业的经营决策，提高商品流通企业的经济效益及社会效益。

任务一　商品流通企业会计的工作内容

业务

如果你是一家商业企业的会计，你的工作内容或者工作对象是什么？

【知识准备】

商品流通企业会计的工作内容就是商品流通企业在商品流通过程中发生的能以货币计量的各项经济业务，就是会计核算、监督和分析的具体内容。这些经济业务按其经济性质可分为资产、负债、所有者权益、收入、费用和利润六项。

> **知识窗**
>
> 流动性也称变现能力，就是资产转化为货币资金或被消耗的难易程度。

一、资产

资产是企业过去的交易或事项形成的，现在拥有或控制的，能以货币计量的经济资源，该经济资源预期会给企业带来经济利益。资产按其流动性可以分为流动资产和非流动资产。

（1）流动资产是指企业可以在一年或超过一年的一个营业周期以内变现、出售或者耗用的资产。流动资产包括的具体内容如图 1-1 所示。

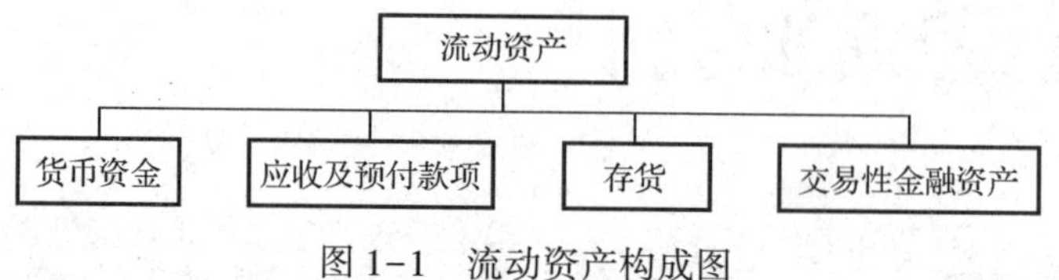

图 1-1　流动资产构成图

（2）非流动资产也称长期资产，是指不能在一年内（含一年）或超过一年的一个营业周期内变现、出售或者耗用的资产，包括长期股权投资、投资性房地产、固定资产、无形资产、在建工程和工程物资。

二、负债

负债是企业过去的交易或事项形成的现时义务，履行该义务预期会导致经济利益流出企业。负债按偿还期限的长短可分为流动负债和非流动负债。

（1）流动负债是指在一年或超过一年（含一年）的一个营业周期内必须偿还的债务。流动负债包括的具体内容如图 1-2 所示。

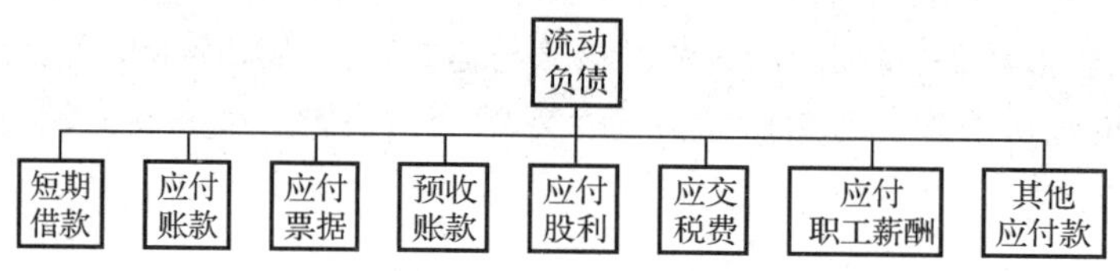

图 1-2　流动负债构成图

（2）非流动负债是指偿还期在一年或者超过一年的一个营业周期以上的债务。企业的营业周期小于一年，偿还期在一年（不含一年）以上的债务为非流动负债；企业的营业周期超过一年，偿还期在一个营业周期（不含一个营业周期）以上的债务为非流动负债。非流动负债包括长期借款、应付债券、长期应付款、预计负债、专项应付款、递延所得税负债等。

三、所有者权益

所有者权益是企业投资者对企业净资产的所有权，其金额为企业全部资产减去全部负债后的余额，具体包括的内容如图 1-3 所示。

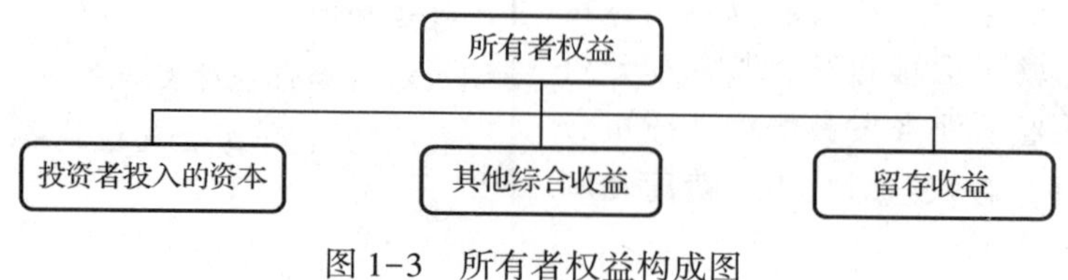

图 1-3　所有者权益构成图

（1）投资者投入资本包括实收资本、资本公积（含股本溢价或资本溢价、其他资本公积）。

（2）其他综合收益，指根据《企业会计准则》的规定，未在损益中确认的各项利得和损失扣除所得税影响后的净额。

（3）留存收益包括盈余公积和未分配利润。

所有者权益类的会计科目主要有实收资本、资本公积、其他综合收益、本年利润、利润分配、盈余公积和库存股。

四、收入

收入是指企业在日常活动中形成的、会导致所有者权益增加的、与所有者投入资本无关的经济利益的总流入。收入只有在经济利益很可能流入企业从而导致企业资产增加或负债减少，而且经济利益的流入额能用货币进行可靠计量时才予以确认。

收入分为主营业务收入和其他业务收入。在商品流通企业中，主营业务收入主要包括商品销售净收入（销售收入减去销售折扣与销售折让后的净额）和代购代销收入等。其他业务收入是商品销售以外的其他销售或其他业务所带来的收入，如材料物资及包装物的销售收入、无形资产及固定资产的租金收入等。

五、费用

费用是指企业在日常活动中形成的、会导致所有者权益减少的、与向所有者分配利润无关的经济利益的总流出。费用只有在经济利益很可能流出企业从而导致企业资产减少或者负债增加，而且经济利益的流出额能够用货币进行可靠计量时才予以确认。费用的构成如图 1-4 所示。

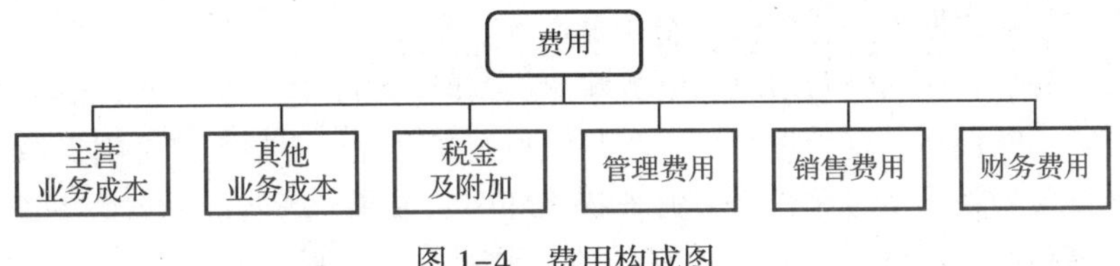

图 1-4　费用构成图

六、利润

利润是指企业在一定时期的经营成果，包括收入减去费用后的净额、直接计入当期损益的利得和损失等。

直接计入当期损益的利得和损失，是指应当计入当期损益、会导致所有者权益发生增减变动的、与所有者投入资本或向所有者分配利润无关的利得或损失。

七、会计要素之间的关系

企业反映财务状况的会计要素有资产、负债、所有者权益；反映经营成果的会计要素有收入、费用、利润。它们之间的关系可以用下列公式表示。

利润＝收入－费用

这一等式动态地反映企业在某一会计期间取得的经营成果。

资产＝负债+所有者权益

这一等式静态地反映企业在某一特定日期的财务状况，它是复式记账、账户试算平衡和编制会计报表的理论依据，也是会计核算方法体系的理论基础。

由于所有者权益包括了从经营利润中提取的公积金和对未分配利润的支配权，因此“资产=负债+所有者权益”实际上包含了“利润=收入－费用”的内容。商品流通企业会计要认真把握这两个等式的内在含义及相互关系，并用以指导商品流通企业的会计核算工作，提高会计工作的质量。

【业务处理】

只有当你掌握了足够的知识，且结合你所在商品流通企业的具体情况后，才能了解工作的具体内容并对它们进行合理归类。

【业务延伸】

如果你是商业企业的会计或者会计负责人，应当担负以下职责。

第一，加强经济核算，如实反映经济业务，提供准确、完整、有用的会计信息。核算是会计的基本职能之一，商品流通企业的会计人员应当认真做好会计核算工作，全面、连续、系统地记录商业企业发生的各项经济业务，如实反映企业经营活动所引起的各项会计要素的增减变动及其结果，正确计算企业的经营成果，定期编制财务报告，及时向企业的经营管理者、投资人、债权人、国家经济管理部门（税务、财政等）提供准确、完整、有用的会计信息。

第二，加强会计监督，遵守财经法规，保护财产安全，维护投资者合法权益。监督是会计的又一基本职能，商品流通企业会计应以会计法律、会计行政法规、国家统一的会计制度、地方性会计法规为标准，审核各项经济业务的合法性、合理性和效益性，与一切违法、违规和损失、浪费现象做斗争；商品流通企业会计应督促和协助企业内商品物资保管部门建立账目，健全物资收发手续及盘存制度，定期盘点，以保护企业财产的安全。

第三，考核、分析企业的经营情况和财务状况，及时总结经验教训，建立健全企业各项财务会计的管理制度，不断提高经营管理水平。商品流通企业会计应当根据企业财务收支计划、会计核算信息和其他有关资料，及时分析企业财务状况和经营成果，考核企业经营目标的实现情况，正确评价企业在商品经营和财会工作中取得的成绩和存在的问题，找出产生问题的原因，提出改进措施，健全有关制度，不断提高企业经营管理水平。

第四，预测经营前景，参与经营决策，为企业的科学发展与长远发展贡献力量。企业信息化、会计电算化、科技进步使得会计能够从烦杂的日常核算中解放出来，也使企业会计信息系统可以随时随地为企业提供所需的会计信息。这一切都为会计参与预测企业的经营前景、参与企业的各项经营决策提供了更大的可能。会计工作者理当顺应时代的变化，把分析、预测和参与企业经营决策作为会计的重要职能，当好企业参谋，为企业的科学发展与长远发展做出更大的贡献。当然，这也给会计人员提出了更高的要求。要圆满完成以上任务，就要不断学习，提高会计专业技能，熟悉相关的法律法规，了解市场经济规律和现代商业运作模式，并且有全球的视角、合作的态度和进取的精神。

任务二　商品流通企业会计工作规范

商品流通企业会计如何处理各种经济关系，不仅会对本企业的财务收支、利益分配产生影响，还会对国家、其他经济组织及企业职工产生影响。因此，会计处理各种经济业务

事项必须符合具有约束力的规范。

业务

如果你是一家商业企业的会计，应如何规范企业的经济活动和会计行为？

【知识准备】

会计行为规范主要有会计法律、会计行政法规、会计部门规章、地方性会计法规及国外相关法规等。

一、会计法律

会计法律是全国人民代表大会及其常务委员会经过一定立法程序制定的有关会计工作的法律，包括《中华人民共和国会计法》和《中华人民共和国注册会计师法》。

1985 年 1 月，第六届全国人民代表大会常务委员会第九次会议通过了《中华人民共和国会计法》，自 1985 年 5 月 1 日起施行。1993 年 12 月，第八届全国人民代表大会常务委员会第五次会议对《中华人民共和国会计法》进行了第一次修订。1999 年 12 月，第九届全国人民代表大会常务委员会第十二次会议对《中华人民共和国会计法》进行了第二次修订，并于 2000 年 7 月 1 日起施行。

2017 年 11 月 4 日，第十二届全国人民代表大会常务委员会第三十次会议对《中华人民共和国会计法》进行第三次修订，并于 2017 年 11 月 5 日施行。

《中华人民共和国会计法》是会计法律制度中层次最高的法律规范，是制定其他会计法规的依据，也是指导会计工作的最高准则。

1993 年 10 月 31 日，第八届全国人民代表大会常务委员会第四次会议通过了《中华人民共和国注册会计师法》，它是规范注册会计师及其行业行为的最高准则。

二、会计行政法规

会计行政法规是由国务院制定并发布，或者由国务院有关部门拟订并经国务院批准后发布，调整经济生活中某些方面会计关系的法律规范，主要有《总会计师条例》和《企业财务会计报告条例》。

《总会计师条例》主要规定了总会计师的职责、权限、任免、奖惩等。

《企业财务会计报告条例》规定了企业财务会计报告的构成、编制和对外提供的要求、法律责任等。它是对《中华人民共和国会计法》中有关财务会计报告规定的细化。

三、会计部门规章

会计部门规章是指财政部及其他相关部委根据法律和国务院行政法规、决定、命令，在本部门权限范围内制定的，调整会计工作中某些方面内容的国家统一的会计准则制度和规范性文件，包括国家统一的会计核算制度、会计监督制度、会计机构和会计人员管理制度及会计工作管理制度。

会计部门规章主要有《会计基础工作规范》、《企业会计准则——基本准则》、《企业会计准则第 1 号——存货》等 42 项具体准则、《小企业会计准则》、《会计档案管理办法》、《财政部门实施会计监督办法》等。

四、地方性会计法规

地方性会计法规是指省、自治区、直辖市、计划单列市、经济特区的人民代表大会及其常务委员会在与宪法、法律和行政法规不相抵触的前提下，根据本地区的情况制定、发布的会计规范性文件。

五、国外相关法规

企业经营趋于国际化，企业设立的分公司或分支机构不仅局限于国内，那些分布在国外的分支机构在向当地政府与税务机关提供会计报告时，也必须遵守当地的会计准则与制度；同样，在海外上市的国内公司，也必须按照海外上市地的会计准则与制度，提供满足上市地要求的会计报告。

【业务处理】

企业除了遵守上述规范外，还可以制定企业内部会计制度来规范企业的经济活动和会计行为，但是企业内部会计制度不能违背会计法律、会计行政法规、会计部门规章、地方性会计法规等。

任务三　会计工作组织

业务

如果你是一家商业企业的会计负责人，如何组织企业的会计工作?

【知识准备】

商品流通企业必须根据国家法律、法规的有关规定，结合本企业的具体情况，如规模大小、业务特点、管理要求等设置会计机构，配备德才兼备的会计工作人员，在不与会计法律、法规及国家统一的会计制度相抵触情况下，制定本企业的各项财务会计制度，开展会计工作。

在会计核算中，一般可分为集中核算和非集中核算两种形式。集中核算是指企业的主要会计核算工作集中在财会部门进行，企业内部各职能部门、科室一般不进行单独核算。非集中核算也称分散核算，是指企业的各职能部门、科室对自身所发生的各项经济业务进行比较全面的会计核算，在每个会计期末，企业的财务部门综合内部各职能部门、科室的会计核算资料后，据以编制企业的各种会计报表。

如果商业企业会计实行电算化，还是以集中核算为宜。

【业务处理】

企业究竟采用哪种核算形式，不仅是财务部门的工作，还应与企业的管理层及有关部门相协调。总之，无论采用哪种核算形式，都应结合企业的实际情况，并以能明确经济责任、考核各部门经济效益为前提加以确定。

项目二

货币资金

学习目标

货币资金是企业在商品经营过程中停留在货币形态的资金，具有极强的流动性和收付的经常性。货币资金按其存放地点可分为现金、银行存款和其他货币资金；按币种可分为记账本位币和外币（指记账本位币以外的货币）。通过本项目的学习，你能够做到：

1. 熟悉并遵守货币资金管理的有关规定，加强对货币资金的监管。
2. 及时、准确地核算企业的货币资金业务，提高货币资金的使用效率。
3. 熟练掌握统账制下外币业务的会计核算。

任务一　库存现金的核算

库存现金是由企业财会部门掌握、用于支付日常零星开支的库存资金，包括库存的人民币和外币。企业必须按照《现金管理暂行条例》和《现金暂行管理条例实施细则》的规定，加强对现金的管理。

业务一

2019 年 2 月 1 日上午，福建省著成服饰有限公司员工陈明天持有关发票前来报销治疗职业病的医药费用。

【业务单据】（见表 2-1）

表 2-1

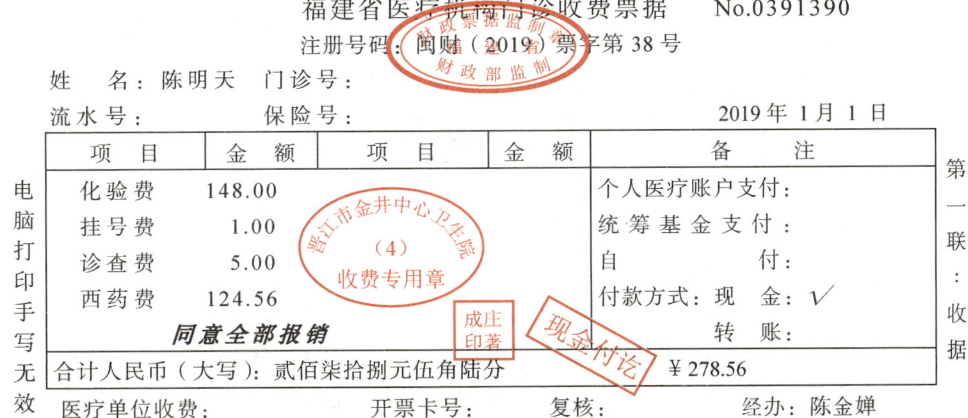

福建省医疗机构门诊收费票据　　No.0391390

注册号码：闽财（2019）票字第 38 号

姓　　名：陈明天　　门诊号：

流水号：　　保险号：　　2019 年 1 月 1 日

项　目	金　额	项　目	金　额	备　　注
化验费	148.00			个人医疗账户支付：
挂号费	1.00			统筹基金支付：
诊查费	5.00			自　　付：
西药费	124.56			付款方式：现　金：✓
同意全部报销				转　账：
合计人民币（大写）：贰佰柒拾捌元伍角陆分				￥278.56

电脑打印手写无效　　　第一联：收据

医疗单位收费：　　开票卡号：　　复核：　　经办：陈金婵

（未经收费单位盖章无效）

财政票据监制章　财政部监制　　晋江市金井中心卫生院（4）收费专用章　　成庄印著　　现金付讫

【知识准备】

一、库存现金管理规定

（1）现金使用范围。

① 职工工资、各种工资性津贴。

② 个人劳动报酬。

③ 根据国家规定发给个人的科技、文艺、体育等各种奖金。

④ 各种劳保、福利费用以及国家规定的对个人的其他支出。

⑤ 向个人收购农副产品及其他物资的价款。

⑥ 出差人员必须随身携带的差旅费。

⑦ 转账结算起点（1 000 元）以下的零星支出。

⑧ 中国人民银行确定需要支付现金的其他支出。

提示：零星支出受结算起点 1 000 元的限制，其他不受 1 000 元结算起点的限制。

（2）现金收取范围。

① 从银行提取的备用金。

② 单位或职工交回的赔偿款、备用金退回款、差旅费余款等。

③ 收取不能转账的单位或个人的销售收入。

④ 不足转账起点（1 000 元）以下的小额收入。

（3）库存现金限额。

库存现金限额是企业按照银行现金管理规定，与开户银行协商核定的库存现金最高额度，一般为企业 3~5 天的日常零星开支额，边远或交通不便地区可适当放宽，但最多不得超过企业 15 天的日常零星开支额。

（4）不得“坐支”现金。

所谓“坐支”现金，是指企业从现金收入中直接支付现金的行为，如图 2-1 所示。

图 2-1“坐支”现金图示

企业使用现金可以从开户银行提取，也可以从库存现金限额中支付。

（5）其他规定。

在现金管理中，还包括以下一些其他规定。

① 不得编造和谎报用途套取现金。

② 不得利用支票等转账结算凭证套换现金。

③ 不得使用不符合会计制度的单据顶替库存现金，即“白条顶库”。

④ 不得将企业现金收入作为个人储蓄存入银行，即“公款私存”。

⑤ 不得设置“小金库”（保留账外公款）。

二、库存现金日常收付的管理

库存现金日常收付应按一定的程序及有关规定进行处理，其主要环节有：

① 依法取得或填制原始凭证。

② 审核现金收付款凭证。

③ 当面清点所收或所付现金数额。

④ 在现金收款或付款凭证上加盖“现金收讫”或“现金付讫”及出纳印章。

⑤ 根据有关凭证登记现金日记账，做到“日清月结”。

三、库存现金的会计核算

（1）库存现金的总分类核算。

① 设置“库存现金”总账，核算企业库存现金的收入、付出和结存情况。

② 收入库存现金，借记库存现金，贷记相关科目；付出库存现金，借记相关科目，贷记库存现金。

（2）库存现金的明细分类核算。

企业应设“库存现金日记账”进行序时核算。其格式如表 2-2 所示。

表 2-2

库存现金日记账

会计主管人员盖章	杨家兴

19年		凭证	票据	摘要	借方金额									核对	贷方金额									核对	余额									核对
月	日	号数	号数		百	十	万	千	百	十	元	角	分		百	十	万	千	百	十	元	角	分		百	十	万	千	百	十	元	角	分	
1	1			上年结转																									2	0	9	0	0	√
1	1	银付 001	现金支票 100348	向银行提现				1	0	0	0	0	0	√														1	2	0	9	0	0	√

① 按照库存现金收付业务发生的先后顺序，逐笔登记“库存现金日记账”。

② 每日终了，应计算当日库存现金收入合计数、支出合计数和结存数。

③ 核对结存数与实际库存数，做到账款相符。

④ 有外币现金业务的企业，人民币和各种外币应分别设置“库存现金日记账”。

【知识延伸】

库存现金管理的内部控制就是要在出纳和会计之间建立相互牵制、相互监督的机制，避免由出纳或会计单独处理一项经济业务的全过程，从而有效地加强对现金收付存的管理。钱账分管就是现金日常管理中常用的一种内部控制制度。

所谓钱账分管，就是非出纳人员不得经管库存现金的收付业务和保管业务；出纳人员不得经管稽核、会计档案及收入费用、债权债务账目的登记。

【业务处理】

（1）按现金管理规定及相关程序审核其真实性、合法性、准确性和完整性。

（2）根据审核无误的单据编制付款凭证（见表2-3）。

表 2-3

付 款 凭 证

总号：
分号：现付 001

贷方科目：库存现金　　　　2019年1月1日

摘要	借方科目		过账	金额									
	总账科目	明细科目		千	百	十	万	千	百	十	元	角	分
报销医药费	应付职工薪酬	职工福利							2	7	8	5	6
附件 1 张	合计							¥	2	7	8	5	6

会计主管　　记账　　出纳 黄洋洋　　审核　　制单 张思

（3）根据审核无误的付款凭证及其原始凭证，登记“库存现金日记账”（见表2-4）。

表 2-4

库存现金日记账

会计主管人员盖章	杨家兴

19年月	日	凭证号数	票据号数	摘要	借方金额 百	十	万	千	百	十	元	角	分	核对	贷方金额 百	十	万	千	百	十	元	角	分	核对	余额 百	十	万	千	百	十	元	角	分	核对
1	1			上年结转																									2	0	9	0	0	√
1	1	银付001	现金支票100348	向银行提现				1	0	0	0	0	0	√														1	2	0	9	0	0	√
1	1	现付001	医院发票0391390	报销医药费															2	7	8	5	6	√					9	3	0	4	4	√

④ 核对完毕，稽核员在核对处打“√”。
② 记账员登记库存现金日记账和有关账目。

（4）登账完毕（在凭证过账处打√）、审核完毕在记账凭证指定处签章（见表2-5）。

表 2-5

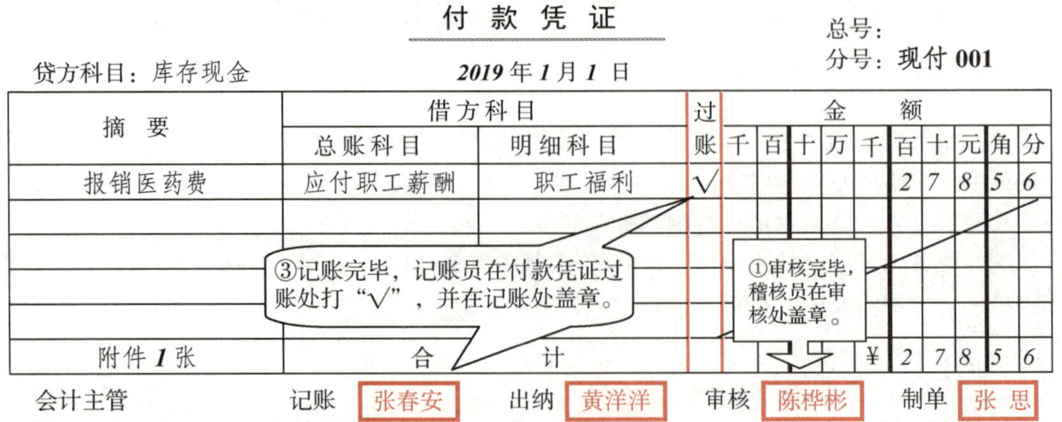

付 款 凭 证

总号：
分号：现付 001

贷方科目：库存现金　　　　2019年1月1日

摘要	借方科目		过账	金额									
	总账科目	明细科目		千	百	十	万	千	百	十	元	角	分
报销医药费	应付职工薪酬	职工福利	√						2	7	8	5	6
附件 1 张	合计							¥	2	7	8	5	6

会计主管　　记账 张春安　　出纳 黄洋洋　　审核 陈桦彬　　制单 张 思

（5）登记应付职工薪酬明细账、库存现金总账，此处不做示范。

想一想，练一练

① 假设公司 1 月 1 日，只发生两笔与现金有关的业务，请计算库存现金当日的收入合计数、支出合计数及结存数。

② 将账面结存与现金实际库存相核对，检查账款是否相符。

业务二

2019 年 1 月 10 日下班前，福建著成服饰有限公司盘点企业库存现金。

【业务单据】（见表 2-6）

表 2-6

库存现金清查盘点报告表

日期：*2019*年 *1* 月 *10* 日　　　　No.20190110

账面余额	实存金额	清查结果		备注
		盘盈	盘亏	原因待查
925.00	*811.00*		*114.00*	
单位负责人处理意见				

盘点人：陈桦彬　　出纳员：黄洋洋　　制 单：陈桦彬

第二联：记账

【知识准备】

一、库存现金的清查盘点

为了及时发现或防止库存现金的收付差错及贪污、盗窃库存现金等行为，企业必须定期或不定期对库存现金进行清查盘点。如果发现长款或短款，则通过“待处理财产损溢——待处理流动资产净损溢”账户进行账务处理。

二、库存现金盘亏的账务处理

（一）现金盘盈

1. 未查明原因之前：

借：库存现金

　　贷：待处理财产损溢—— 待处理流动资产净损溢

2. 按规定进行处理：

借：待处理财产损溢—— 待处理流动资产净损溢

　　贷：营业外收入（出纳日常工作中正常溢余或不明原因的溢余）

（二）现金盘亏

1. 未查明原因之前

借：待处理财产损溢—— 待处理流动资产净损溢

　　贷：库存现金

2. 按规定进行处理：

借：其他应收款【责任人赔偿】

　　管理费用【出纳日常工作中正常减少，如找零等原因造成的定额内减少】

　　营业外支出【非正常损失，如火灾等原因造成的现金减少】

　　贷：待处理财产损溢—— 待处理流动资产净损溢

【业务处理】

（1）按规定的程序审核原始凭证。

（2）根据审核无误的单据编制记账凭证（用“会计分录”表示）。

借：待处理财产损溢—— 待处理流动资产净损溢　　　　114. 00

　　贷：库存现金　　　　　　　　　　　　　　　　　　　114. 00

（3）根据审核无误的记账凭证及其原始凭证，登记库存现金日记账、待处理财产损溢明细账，按账务处理程序的要求登记相关总账。

任务二　银行存款的核算

企业经开户银行审查同意开立银行存款账户。银行存款就是企业存放在开户银行或其他金融机构里的各种货币性资产。企业通过银行办理收付款结算业务时，必须遵守银行信贷制度和现金管理制度。

业务一

2019 年 1 月 3 日，福建著成服饰有限公司转账支付 2018 年 12 月份的电信费用。

【业务单据】（见表 2-7 和表 2-8）

表 2-7

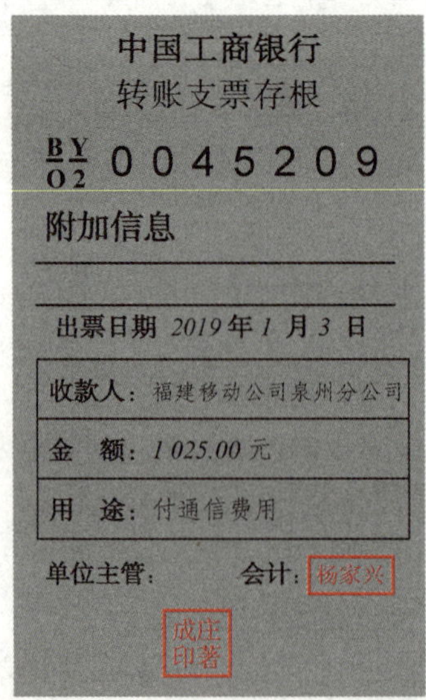

中国工商银行
转账支票存根
BY 02 0045209
附加信息

出票日期 2019 年 1 月 3 日

收款人：	福建移动公司泉州分公司
金　额：	1 025.00 元
用　途：	付通信费用

单位主管：　　会计：杨家兴

成庄印著

表 2-8

福建省增值税电子普通发票

机器编号：550101952483

开票代码：350057102393
开票号码：92835173
开票日期：2019年1月3日
校 验 码：78306827589328332554

购买方	名　　称：福建省著成服饰有限公司 纳税人识别号：3508120031370456XP 地址、电话： 开户行及账号：					密码区	11+6*+03193<-9-2>0-3905/ 3*9>+12-1+1238>>08<60437 ?-9300<-62-65>0/-136=988 …<1234>>>>2/3>>3><943%&	
货物或应税劳务、服务名称		规格型号	单位	数量	单价	金　额	税率	税　额
*电信服务*通信服务费						1 025.00		
合　　计						¥1 025.00		
价税合计（小写）		⊗壹仟零贰拾伍元整				（小写）		¥1 025.00
销售方	名　　称：福建省移动通信公司泉州分公司 纳税人识别号：350522003568092551 地址、电话：泉州市古城区涂门街9号10235 开户行及账号：中国工商银行泉州支行3502788624631567998					备注	福建移动通信公司泉州分公司 350522003568092551 发票专用章	

收款人：　　　　复核：　　　　开票人：刘文儒　　　　销售方：（章）

【知识准备】

一、银行存款管理的一般规定

（1）一个单位只能选择一家银行的一个营业机构开立一个基本存款账户，用于办理日常现金存取和银行转账结算。

（2）企业银行结算账户必须有足够的存款，保证转账结算的支付，不得签发空头支票。

（3）企业收付款结算凭证应如实填明款项的来源或用途，以方便银行监督。

> **知识窗**
>
> 银行存款账户按资金管理的要求，分为基本存款账户、一般存款账户、临时存款账户和专用存款账户。

（4）企业应当实行钱账分管、证（结算凭证）印（印章）分管。

（5）企业账户不得代其他单位或个人存取现金，不得外借或出租银行账户。

二、银行存款的核算

（1）银行存款的总分类核算。

① 设置“银行存款”总账，核算企业银行存款的增加、减少和结存情况。

② 企业银行存款增加，借记银行存款账户，贷记相关账户；企业银行存款减少，借记相关账户，贷记银行存款账户。

（2）银行存款的明细分类核算。

企业应设“银行存款日记账”进行明细核算。其格式如表 2-9 所示。

表 2-9

银行存款日记账

会计主管人员盖章	杨家兴

19年		凭证	结算	摘要	借方金额									核对	贷方金额									核对	余额									核对
月	日	号数	方式		百	十	万	千	百	十	元	角	分		百	十	万	千	百	十	元	角	分		百	十	万	千	百	十	元	角	分	
1				上年结转																						8	6	8	8	0	0	0	0	√
1	1	银付 001	现金支票 100348	向银行提现														1	0	0	0	0	0	√		8	6	7	8	0	0	0	0	√

① 出纳按银行存款收付款业务的先后顺序，逐日逐笔登记银行存款日记账。

② 每日终了，出纳加计银行存款收付总数，结出银行存款结存额。

【业务处理】

（1）按法规、程序审核原始凭证。

（2）根据审核无误的单据编制记账凭证（用“会计分录”表示）。

借：管理费用—— 电信费　　　　1 025. 00

　　贷：银行存款　　　　1 025. 00

（3）根据审核无误的记账凭证及其原始凭证，登记银行存款日记账（登记方法与登记库存现金日记账基本相同）和管理费用明细账，按账务处理程序的要求登记相关总账。

业务二

2019 年 1 月 31 日，福建著成服饰有限公司出纳与开户银行核对当月 21—30 日的账目。

【业务资料】

晋江工行金井分理处银行存款对账单和银行存款日记账如表 2-10 和表 2-11 所示。

表 2-10

银行存款对账单

19年		结算凭证号码	摘要	借方金额									贷方金额									余额								
月	日			百	十	万	千	百	十	元	角	分	百	十	万	千	百	十	元	角	分	百	十	万	千	百	十	元	角	分
1	20	略	略																				5	6	6	7	0	0	0	0
1	21	现金支票 101129	提取现金				2	0	0	0	0	0											5	6	4	7	0	0	0	0
1	22	电汇凭证 2934507	收回货款												5	2	6	5	0	0	0		6	1	7	3	5	0	0	0
1	25	电汇凭证 9037081	归还货款			6	3	1	8	0	0	0											5	5	4	1	7	0	0	0
1	27	转账支票 425005	收到投资款											3	0	0	0	0	0	0	0		8	5	4	1	7	0	0	0
1	30	委托收款 650519	支付水费				1	2	0	0	0	0											8	5	2	9	7	0	0	0
1	30	电汇凭证 315902	预收货款											1	0	0	0	0	0	0	0		9	5	2	9	7	0	0	0

表 2-11

银行存款日记账

会计主管人员盖章	杨家兴

19年		凭证号数	结算方式	摘要	借方金额									核对	贷方金额									核对	余额									核对
月	日				百	十	万	千	百	十	元	角	分		百	十	万	千	百	十	元	角	分		百	十	万	千	百	十	元	角	分	
1	20		略	略																						5	6	6	7	0	0	0	0	√
1	21	银付 012	现金支票 101129	提取现金														2	0	0	0	0	0	√		5	6	4	7	0	0	0	0	√
1	22	银收 015	电汇凭证 2934507	收回货款			5	2	6	5	0	0	0	√												6	1	7	3	5	0	0	0	√
1	25	银付 012	电汇凭证 9037081	归还货款													6	3	1	8	0	0	0	√		5	5	4	1	7	0	0	0	√
1	27	银收 016	转账支票 425005	收投资款		3	0	0	0	0	0	0	0	√												8	5	4	1	7	0	0	0	√
1	28	银收 017	转账支票 832008	收违约金				5	0	0	0	0	0	√												8	5	9	1	7	0	0	0	√
1	30	银付 012	转账支票 108903	预付购料款													5	0	0	0	0	0	0	√		8	0	9	1	7	0	0	0	√

【知识准备】

一、银行存款的清查

(1) 银行存款清查的目的：防止记账差错，避免存款被挪用，掌握存款实有数。

(2) 银行存款清查的方法：定期将银行存款日记账与开户行转来的银行对账单逐笔核对，找出开户行和企业间不一致的账项，即未达账项。

> **知识窗**
>
> 未达账项指企业与银行之间，结算凭证在传递上有先有后，造成一方已入账而另一方尚未入账的款项。

未达账项有以下 4 种。

企业已记增加，开户行未收到结算凭证尚未记增加；企业已记减少，开户行未收到结算凭证尚未记减少；开户行已记增加，企业未收到结算凭证尚未记增加；开户行已记减少，企业未收到结算凭证尚未记减少。

二、银行存款清查结果的处理

如银行存款日记账与银行对账单余额不符，应查明原因。如果是记账错漏造成的，则应更正错账；如果是未达账项造成的，则应编制“银行存款余额调节表”进行调节。

【业务处理】

(1) 核对银行存款日记账和银行对账单，找出未达账项有四笔，分别是：

① 1 月 28 日，企业收到违约金 5 000. 00 元，已入账，但开户银行尚未入账。

② 1 月 30 日，企业预付购料款 50 000. 00 元，已入账，但开户银行尚未入账。

③ 1 月 30 日，开户银行代付水费 1 200. 00 元，已入账，企业尚未入账。

④ 1 月 30 日，开户银行代收预购货款 100 000. 00 元，已入账，企业尚未入账。

（2）编制银行存款余额调节表（见表 2-12）。

表 2-12

银行存款余额调节表

银行账号：________　　　　2019 年 1 月 31 日　　　　币种：人民币

银行对账单	金额									银行存款日记账	金额								
	百	十	万	千	百	十	元	角	分		百	十	万	千	百	十	元	角	分
调节前的余额		9	5	2	9	7	0	0	0	调节前的余额		8	0	9	1	7	0	0	0
加：企业已收、银行未收的金额				5	0	0	0	0	0	加：银行已收、企业未收的金额		1	0	0	0	0	0	0	0
减：企业已付、银行未付的金额			5	0	0	0	0	0	0	减：银行已付、企业未付的金额				1	2	0	0	0	0
调节后的余额		9	0	7	9	7	0	0	0	调节后的余额		9	0	7	9	7	0	0	0

会计：杨家兴　　　　出纳：黄洋洋

任务三　其他货币资金的核算

其他货币资金是企业除库存现金、银行存款以外的其他货币性资产，包括银行本票存款、银行汇票存款、信用卡存款、信用证保证金存款、外埠存款、在途资金和存出投资款。

业务一

福建著成服饰有限公司为方便与主要材料供应商进行结算，经有关部门批准，在江苏省常熟市开设临时存款账户。现电汇 10 万元人民币到临时存款账户。

【业务单据】（见表 2-13）

表 2-13

中国工商银行　电汇凭证　（回　单）　1

委托日期 2019 年 2 月 5 日　　　　No. 0257859

汇款人	全称	福建著成服饰有限公司	收款人	全称	著成服饰常熟办事处
	账号或住址	350125966124756		账号或住址	860508108640352
	汇出地点	福建省晋江市		汇出地点	江苏省常熟市
汇出行名称		晋江工行金井分理处	汇入行名称		常熟工行向北营业点

金额	人民币（大写）壹拾万元整	千	百	十	万	千	百	十	元	角	分
			¥	1	0	0	0	0	0	0	0

汇款用途：常熟办事处业务备用金 上列款项已根据委托办理，如需查询，请持此回单来行面洽。	汇出行盖章

（印章：晋江工行金井分理处 2019.02.05 转讫；蔡家兴印）

单位主管　　会计　　出纳　　记账　　　　年　月　日

【知识准备】

一、设置账户

企业应设置“其他货币资金”账户，核算除库存现金、银行存款以外的其他货币性资产。同时，按其他货币资金的存放地点或用途开设明细账，进行明细核算。

二、账务处理

（1）银行存款转为其他货币性资产时，根据审核无误的单据编制记账凭证。

借：其他货币资金——某项其他货币性资产

　　贷：银行存款

（2）使用其他货币性资产时，根据审核无误的单据编制记账凭证。

借：相关账户

　　贷：其他货币资金——某项其他货币性资产

（3）企业收回或结清其他货币性资产时，根据审核无误的单据编制记账凭证。

借：银行存款

　　贷：其他货币资金——某项其他货币性资产

【业务处理】

（1）审核原始凭证。

（2）根据审核无误的原始凭证编制记账凭证（用“会计分录”代替）。

借：其他货币资金——外埠存款（江苏省常熟市）　　100 000.00

　　贷：银行存款　　100 000.00

（3）根据审核无误的记账凭证及其原始凭证登记其他货币资金明细账和银行存款日记账。

业务二

福建著成服饰有限公司常熟办事处转来由临时存款账户开出的转账支票存根联，以及材料供应商提供的增值税专用发票、材料出库单、运输部门承运单（运杂费由供应商承担）等单据，单据注明：福建著成服饰有限公司购买锦棉布总价 60 000.00 元，增值税进项税额 7 800.00 元，常熟办事处以转账支票支付价税款 67 800.00 元。

【业务单据】（略）

【业务处理】

（1）审核原始凭证。

（2）根据审核无误的原始凭证编制记账凭证（用“会计分录”代替）。

借：材料采购——锦棉布　　60 000.00

　　应交税费——应交增值税（进项税额）　　7 800.00

　　贷：其他货币资金——外埠存款（江苏省常熟市）　　67 800.00

（3）根据审核无误的记账凭证或原始凭证，登记其他货币资金明细账和相关账户的明细账，按账务处理程序的要求登记有关账户的总账。

想一想，练一练

如果撤销常熟临时存款账户，并将账户剩余的款项 32 200.00 元汇至基本存款账户，有关单据审核无误，应如何进行账务处理？

【知识延伸】

货币性资产是指企业持有的货币资金和将以固定或可确定的金额收取的资产，包括货币资金、应收账款和应收票据、其他应收款、准备持有至到期债券投资等。

任务四　外币业务的核算

一般意义上的外币是指外国货币，会计核算上的外币则指企业记账本位币以外的货币，外币业务就是以记账本位币以外的货币作为计量单位的经济业务。

业务一

海通公司（一般纳税人）以业务发生时的市场汇率为记账汇率。2019 年 6 月 2 日，将 10 万美元兑换成人民币，当日银行美元买入价为 1.00 美元 =6.59 元人民币，当日市场汇率为 1.00 美元兑换 6.60 元人民币。

【业务单据】（略）

【知识准备】

一、汇率（也称汇价）

汇率是一国（或一种）货币兑换他国（或另一种）货币的比率或折合价。按标价方式，分为直接标价法和间接标价法。目前我国汇率采用国际通用的直接标价法。

间接标价法：按一定单位本国货币可兑换外国货币金额表示的汇率。

企业发生外币业务时记账采用的汇率称为记账汇率。记账汇率可以是业务发生当期的期初市场汇率，也可以是业务发生时的市场汇率。记账汇率一经确定，不得随意变更。

> **知识窗**
>
> 直接标价法：按一定单位外国货币可兑换本国货币金额表示的汇率。

二、外币业务核算方法

核算外币业务的方法有外币统账制和外币分账制两种。外币统账制：企业发生外币业务时必须及时折算为记账本位币，并以此编制会计报表。外币分账制：企业的外币业务在日常核算时按原币记账，分不同的外币币种编制会计报表，在资产负债表日一次性地将外币会计报表折算为以记账本位币表示的会计报表，并与企业记账本位币业务的会计报表汇总成企业会计报表总表。目前，我国绝大部分企业采用外币统账制方法核算其外币业务。

【业务处理】

（1）审核原始凭证（兼业务分析）。

企业卖外币就是银行买外币，企业可获得 659 000.00（100 000.00 ×6.59）元人民币。同时企业银行存款美元户减少 100 000.00 美元，按业务发生时的市场汇率折合成人民币，应是 660 000.00（100 000.00 ×6.60）元，两者差额 1 000.00 元人民币为汇兑损失。

（2）编制记账凭证（以“会计分录”代替）。

借：银行存款——人民币　　　　659 000.00

　　财务费用　　　　　　　　　1 000.00

　　贷：银行存款——美元户　　　　660 000.00

（3）根据审核无误的记账凭证及其原始凭证登记人民币银行存款日记账、美元银行存款日记账及财务费用明细账，按账务处理程序的要求登记有关总账。

想一想，练一练

如果在“业务一”中，海通公司是从银行购入 10 万美元，当日银行美元卖出价是 1.00 美元= 6.61 元人民币，应如何进行账务处理?

业务二

2019 年 6 月 15 日，海通公司从日本购入原材料 400 吨，每吨售价 250.00 美元，当日市场汇率为 1.00 美元 = 6.59 元人民币，银行转账支付进口关税 79 800.00 元人民币，进口增值税 96 044.00元人民币，货款尚未支付。

【业务单据】（略）

【业务处理】

（1）审核原始凭证（兼业务分析）。

企业从境外购进原材料、商品或引进设备，在以外币结算时，应按企业的记账汇率（当日或期初的市场汇率）折合成人民币。本业务中，该公司工业原料的取得成本为 400 ×250.00 × 6.59 +79 800.00 =738 800.00 元人民币。

（2）编制记账凭证（以“会计分录”代替）。

借：原材料——工业原料　　　　738 800.00

　　应交税费——应交增值税（进项税额）　　96 044.00

　　贷：应付账款——美元户（100 000.00 美元）　　659 000.00

　　　　银行存款——人民币户　　　　175 844.00

（3）根据审核无误的记账凭证及其原始凭证登记人民币银行存款日记账和相关账户的明细账。

业务三

2019 年 6 月 21 日，海通公司出口一批免税商品，共 16 000 件，单价为 19.00 美元，当日市场汇率为 1.00 美元兑换 6.58 元人民币，已办妥托收，但货款尚未收到。

【业务单据】（略）

【业务处理】

（1）审核原始凭证（兼业务分析）。

按记账汇率将外币销售额折合成人民币销售额入账，将出口销售取得的款项或应收债权折合成人民币，同时还应按外币金额登记有关账户。本业务中的外币销售额：16 000 ×19.00 = 304 000.00（美元），折合成人民币是 304 000.00 ×6.58 = 2 000 320.00（元）。

（2）编制记账凭证（以"会计分录"代替）。

借：应收账款—— 美元户（304 000.00 美元）　2 000 320.00
　　贷：主营业务收入　　2 000 320.00

（3）根据审核无误的记账凭证及其原始凭证，登记美元银行存款日记账和相关账户的明细账，按账务处理程序的要求登记有关总账。

业务四

2019 年 6 月 25 日，海通公司通过银行存款美元户归还 1 个月前从中国银行借入的款项 150 000.00美元及利息 1 000.00 美元。当日市场汇率为 1.00 美元兑换 6.57 元人民币。

【业务单据】（略）

【业务处理】

（1）审核原始凭证（兼业务分析）。

企业归还（或借入）外币时应按照外币归还（或借入）时的市场汇率折合成记账本位币入账，同时按照归还（或借入）外币的金额登记相关的外币账户。本业务中 151 000.00 美元，折合成人民币是 151 000.00 ×6.57 =992 070.00（元）。

（2）编制记账凭证（以"会计分录"代替）。

借：短期借款—— 美元户（150 000.00 美元）　985 500.00
　　财务费用　　6 570.00
　　贷：银行存款—— 美元户（151 000.00 美元）　992 070.00

（3）根据审核无误的记账凭证及其原始凭证，登记美元银行存款日记账和相关账户的明细账，按账务处理程序的要求登记有关总账。

业务五

2019 年 6 月 28 日，海通公司收到一外商投入的资本 500 000.00 美元，当日市场汇率为 1.00 美元兑换 6.56 元人民币。

【业务单据】（略）

【业务处理】

（1）审核原始凭证（兼业务分析）。

收到投资者以外币投入的资本，应当采用交易发生日即期汇率折算，不得采用合同约定的汇率折算。

（2）编制记账凭证（以“会计分录”代替）。

借：银行存款—— 美元户（500 000. 00 美元） 3 280 000. 00

贷：实收资本—— 外商（500 000. 00 美元） 3 280 000. 00

（3）根据审核无误的记账凭证及其原始凭证登记美元银行存款日记账和相关账户的明细账。

业务六

假设海通公司 2019 年 6 月份共发生 5 笔外汇业务（见业务一～业务五），6 月 30 日当天的汇率为 1. 00 美元兑换 6. 55 元人民币，请计算海通公司 6 月份的期末汇兑损益。

【业务资料】

海通公司 6 月 30 日外币账户余额调整计算表如表 2-14 所示。

表 2-14

外币账户余额调整计算表

2019 年 6 月 30 日 单位：元

科目名称	美元余额	月末汇率	人民币余额		汇兑损益
①	②	③	调整后④=②×③	调整前⑤	⑥=④-⑤
银行存款（借）	300 000.00	6.60	1 980 000.00	1 990 000.00	–10 000.00
应收账款（借）			0	0	0
应付账款（贷）			0	0	0
短期借款（贷）	150 000.00		990 000.00	993 000.00	–3 000.00

制表：

【知识准备】

按照《企业会计准则》的规定，期末各种外币账户的期末外币余额，按期末市场汇率折算成记账本位币金额，与原账面记账本位币金额的差额，作为汇兑损益，分不同情况进行处理。

（1）筹建期间发生的汇兑损益，计入长期待摊费用。

（2）与购建固定资产、无形资产有关的汇兑损益，按借款费用的原则处理。

（3）外币货币性项目，包括货币性资产（货币资金、应收账款、应收票据、持有至到期的债券投资等）项目和货币性负债（短期借款、应付账款、长期借款、应付债券等）项目、在持有期间发生的汇兑损益计入“财务费用”账户。

（4）可供出售外币非货币性项目如交易性金融资产、不准备持有至到期的投资、长期股权投资等，在持有期间发生的汇兑损益应计入其他综合收益。

提示：境外经营的企业，向国内报送报表时，外币折算差额一律计入“其他综合收益”账户。

【业务处理】

（1）根据业务一～业务五的资料，结合5月末外币账户余额，编制6月份外币账户余额调整计算表（见表2-15）。

表2-15

外币账户余额调整计算表

2019年6月30日　　　　单位：元

科目名称	美元余额	月末汇率	人民币余额		汇兑损益
①	②	③	调整后④=②×③	调整前⑤	⑥=④-⑤
银行存款（借）	⑦549 000.00	6.55	3 595 950.00	⑨3 607 930.00	-11 980.00
应收账款（借）	304 000.00		1 991 200.00	2 000 320.00	-9 120.00
应付账款（贷）	100 000.00		655 000.00	659 000.00	-4 000.00
短期借款（贷）	⑧ 0		0	⑩4 500.00	-4 500.00

制表：

⑦ =300 000.00 -100 000.00（业务一）-151 000.00（业务四）+500 000.00（业务五）

⑧ =150 000.00 -150 000.00（业务四）

⑨ =1 980 000.00 -660 000.00（业务一）-992 070.00（业务四）+3 280 000.00（业务五）

⑩ =990 000.00 -985 500.00（业务四）

（2）根据审核无误的6月份外币账户余额调整计算表编制记账凭证。

借：短期借款——美元户　　4 500.00
　　应付账款——美元户　　4 000.00
　　财务费用——汇兑损益　　12 600.00
　　贷：银行存款——美元户　　11 980.00
　　　　应收账款——美元户　　9 120.00

（3）根据审核无误的记账凭证及其原始凭证登记日记账、明细账。

【业务延伸】

一、资产负债表

（1）资产和负债类所有项目均按合并报表决算日的市场汇率折算为母公司记账本位币。

（2）所有者权益类项目除未分配利润外，均按发生时的市场汇率折算为记账本位币。

（3）未分配利润项目以折算后的利润分配表中该项目的数额填列，折算后资产类合计数与权益类合计数的差额，在未分配利润项目后单独列示。

（4）年初数按上年折算后的资产负债表的数额列示。

二、利润表和利润分配表

（1）利润表所有项目及利润分配表中反映发生额的项目，应当按照合并会计报表的会计期间平均汇率折算为母公司记账本位币，如果采用合并报表决算日市场汇率折算为母公司记账本位币的，应在合并会计报表附注中进行说明。

（2）利润分配表的净利润，按折算后利润表中该项目的数额填列。

（3）利润分配表的年初未分配利润，填写上年期末折算后的未分配利润数额。

（4）利润分配表的未分配利润，按该表折算后的其他各项目数额计算填列。

（5）上年实际数按上年折算后的利润表及利润分配表的数额填列。

项目三

应收及预付款项

学习目标

应收及预付款项是企业在日常生产经营过程中发生的各项短期债权，包括应收账款、应收票据、其他应收款和预付账款。通过本项目的学习，你能够做到：

1. 了解应收及预付款项的核算内容、核算程序。
2. 能正确计算应收账款的入账金额、坏账准备的计提金额。
3. 能正确计算应收票据的入账金额、应收票据的贴现金额。
4. 掌握应收及预付款项的账务处理。

任务一　应收账款的核算

应收账款是商业企业在对外销售商品、材料以及提供劳务中形成的应向购货方或接受劳务方收取且尚未收回的款项。

业务一

2019 年 12 月 8 日，福建著成服饰有限公司向厦门海西商城股份有限公司销售夹克衫，并在发出商品时通过银行转账为对方代垫了运杂费。福建著成服饰有限公司出纳根据相关单据向银行办理托收手续。

【业务单据】

代垫费用清单（存根）见表 3-1、中国工商银行转账支票存根见表 3-2、中国工商银行异地托收承付结算凭证（回单）见表 3-3、福建省增值税专用发票记账联见表 3-4。

表 3-1

代垫费用清单（存根）①

日期：2019 年 12 月 8 日　　　　No.100201

单位名称	厦门海西商城股份有限公司	费用项目	运杂费（从晋江至厦门海西商城股份有限公司）
金　　额	捌佰柒拾贰元整　¥872.00	附送单据	2 张

单位：福建著成服饰有限公司　　复核：杨家兴　　制单：黄洋洋

表 3-2

中国工商银行
转账支票存根

BY/O2 00415209

附加信息

出票日期 2019 年 12 月 8 日

收款人：晋江四通物流公司
金 额：872.00 元
用 途：运费

单位主管：成庄印著 会计：杨家兴

表 3-3

中国工商银行异地托收承付结算凭证（回单） 第 号

委托日期 2019 年 12 月 8 日 托收号码：

付款人	全 称	厦门海西商城股份有限公司	收款人	全 称	福建著成服饰有限公司									
	账号或地址	350256912347651		账 号	350125966124756									
	开户银行	厦门工行翔安分理处		开户银行	晋江工行金井分理处	行号	3225							
委托金额	人民币（大写）	叁拾叁万玖仟伍佰叁拾叁元整			千	百	十	万	千	百	十	元	角	分
						¥	3	3	9	5	3	3	0	0
附件			商品发运情况		合同名称号码									
附寄单证张数或册数	3 张		2019 年 12 月 8 日发运		0466									
备注：	款项收妥日期 年 月 日		收款人开户银行盖章 月 日											

晋江工行金井分理处 2019.12.08 讫

此联是收款单位开户银行给收款人的回单

表 3-4

开票代码：042 005100234

福建省增值税专用发票

开票号码：9891823050

开票日期：2019 年 12 月 8 日

机器编号：350005015612

校 验 码：58115 99658 14958 83524

购买方	名 称：厦门海西商城股份有限公司 纳税人识别号：350582003137 地 址、电 话：厦门飞翔路 18 号 0592—8520812 开户行及账号：厦门工行翔安分理处 350256912347651	密码区	1*6**+03193<-9-2>0-3905/* 27*->+2-1+1128>0>8<6/493 2-3900←62-65>0/-136=999 +08<14>>>>2/3>>3><942011

货物或应税劳务、服务名称	规格型号	单位	数量	单价	金 额	税率	税 额
*服装*夹克衫		件	3 000	99.90	299 700.00	13%	38 961.00
合 计					¥299 700.00		¥38 961.00
价税合计（大写）	⊗ 叁拾叁万捌仟陆佰陆拾壹元整					（小写）	¥338 661.00

销售方	名 称：福建著成服饰有限公司 纳税人识别号：350582001393 地 址、电 话：晋江工业园区 0595—8320812 开户行及账号：晋江工行金井分理处 350125966124756	备注	福建著成服饰有限公司 350582001393 发票专用章

收款人： 复核： 开票人：曾 林 销售方：（章）

第一联：记账联 销售方记账凭证

【知识准备】

一、设置账户

福建著城服饰有限公司应设置"应收账款"总账，该账户借方登记因销售商品或提供劳务而应向购买方收取的款项，贷方登记收到购买方支付的账款，余额表示尚未收回的账款。同时在"应收账款"总账下按债务人设三栏式明细账（见表 3-5）。

表 3-5

明 细 账

科目 应收账款 户名 某公司

年		记账凭证		摘 要	借 方	核对号	贷 方	借或贷	结 余
月	日	种类	号数						

二、确定"应收账款"入账金额

"应收账款"的入账金额为发票上列明的金额，包括应收未收的价款或劳务款、增值税销项税额及代购货单位垫付的包装费、运杂费等。合同另有约定的除外。

【业务处理】

（1）审核原始凭证（包含对入账金额的审核）。

应收账款的入账金额＝价款+代收的增值税税款+各项代垫费用

本业务应收账款入账金额＝299 700.00+38 961.00+872.00＝339 533.00（元）

（2）编制记账凭证（见表3-6）。

表3-6

通用记账凭证

2019年12月8日　　　　记第59号

摘要	会计科目		过账	借方金额									贷方金额								
	总账	明细账		百	十	万	千	百	十	元	角	分	百	十	万	千	百	十	元	角	分
销售夹克衫	应收账款	厦门海西商城股份有限公司			3	3	9	5	3	3	0	0									
款项未收	主营业务收入	夹克衫												2	9	9	7	0	0	0	0
	应交税费	应交增值税（销项税额）													3	8	9	6	1	0	0
	银行存款																8	7	2	0	0
附件4张	合计				3	3	9	5	3	3	0	0		3	3	9	5	3	3	0	0

财务主管 杨家兴　记账　出纳 黄洋洋　审核 杨家兴　制单 张思

（3）根据审核无误的记账凭证及其原始凭证，登记银行存款日记账、主营业务收入、应交税费和应收账款明细账，按账务处理程序的要求登记相关总账。

业务二

2019年12月9日，福建著成服饰有限公司向福州市海峡商业城销售夹克衫。合同规定：商品由购货方自提，货款由福州市海峡商业城采用汇兑方式结算，销售方福建著成服饰有限公司给予“2/10、1/20、*n*/30”的商业折扣。

【业务单据】（见表3-7）

【知识准备】

一、商业折扣

商业折扣是商品交易中最常见的促销手段。企业根据供求关系、目标客户或其他因素，在商品标价上给予一定的扣除。商业折扣一般在交易发生时就已确定，对应收账款的入账金额没有影响，交易双方均不用在账面上反映。如果发生商业折扣，企业应收账款的入账金额应根据扣除商业折扣后的实际销售额确认。

表 3-7

福建省增值税专用发票

开票代码：0423005100252
开票号码：0719235836
开票日期：2019 年 12 月 9 日
校 验 码：91825 99658 14958 83543

机器编号：352006015627

购买方	名　　称：福州市海峡商业城 纳税人识别号：350582003248 地 址、电 话：福州市东街9号　0591—7205812 开户行及账号：建行福州东街口支行 35012596612456				密码区	*6*+32130<-1+3>0-3905/*8 7*3->+513+1209>>A8</4993 9+3001←29-56>0/+369=909 +8<014>>>2+/3>>5><472000		
货物或应税劳务、服务名称	规格型号	单位	数量	单价	金额	税率	税额	
*服装*夹克衫		件	2 000	199.90	399 800.00	13%	51 974.00	
合　　计					¥399 800.00		¥51 974.00	
价税合计（大写）	⊗肆拾伍万壹仟柒佰柒拾肆元整				（小写）		¥451 774.00	
销售方	名　　称：福建著成服饰有限公司 纳税人识别号：350582001393 地 址、电 话：晋江工业园区　0595—8320812 开户行及账号：晋江工行金井分理处 350125966124756				备注	福建著成服饰有限公司 350582001393 发票专用章		

第一联：记账联　销售方记账凭证

收款人：　　复核：　　开票人：曾 林　　销售方：（章）

二、现金折扣

现金折扣通常发生在以赊销方式销售商品或提供劳务的交易中。如果客户在折扣期内付款，供货方则在总价款上给予一定的优惠。其表现形式如表 3-8 所示。

表 3-8

现金折扣表

信用条件	含　　义
2/10	自发票日期起，10 天内付款，给予总价款 2% 的折扣
1/20	自发票日期起，20 天内付款，给予总价款 1% 的折扣
n/30	自发票日期起，全部账单价款在 30 天内付清，无折扣

对现金折扣的会计处理通常有两种方法，即总价法和净价法。我国目前的会计实务采用总价法，即应收账款以未减现金折扣前的实际发生额作为入账价值，实际发生的现金折扣，作为财务费用计入当期损益。

【业务处理】

（1）审核原始凭证（包含对入账金额的审核）。

本业务应收账款的入账金额=399 800. 00 +51 974. 00 =451 774. 00（元）

（2）编制记账凭证（用“会计分录”代替）。

借：应收账款——福州市海峡商业城　　451 774.00

　　贷：主营业务收入——夹克衫　　399 800.00

　　　　应交税费——应交增值税（销项税额）　　51 974.00

（3）根据审核无误的记账凭证及其原始凭证，登记应收账款、主营业务收入和应交税费明细账，按账务处理程序的要求登记相关总账。

【业务延伸】

2019 年 12 月 13 日，银行转来收款通知（见表 3-9），福州市海峡商业城的销货款已收。

表 3-9

中国工商银行电子汇兑贷方凭证（收款通知）

<table>
<tr><td rowspan="2">发报行</td><td>行号</td><td>03988</td><td>编制日期</td><td>2019.12.13</td><td rowspan="2">收报行</td><td>行号</td><td>28957</td><td>号码</td><td>6281</td></tr>
<tr><td>行名</td><td colspan="3">建行福州东街口支行</td><td>行名</td><td colspan="3">中国工商银行福建省分行晋江支行</td></tr>
<tr><td rowspan="2">收款单位</td><td>账号</td><td colspan="5">350125966124756</td><td colspan="3">收款行名称</td></tr>
<tr><td>名称</td><td colspan="5">福建著成服饰有限公司</td><td colspan="3">晋江工行金井分理处</td></tr>
<tr><td colspan="10">金额（大写）：肆拾肆万叁仟柒佰柒拾捌元整　　¥443 778.00</td></tr>
<tr><td colspan="6">付款单位名称：福州市海峡商业城
（账号）、事由：支付购买夹克衫的货款和税款</td><td colspan="2">业务种类</td><td colspan="2">汇兑</td></tr>
<tr><td colspan="4">上列款项已代转账，如有错误，请持此联来行面洽，此致（开户业）
（银行盖章）
年　月　日</td><td colspan="4">上列款项已照收无误
证件名称
证件号码
（收款单位章）2019 年 12 月 13 日</td><td colspan="2">科目（贷）
对方科目
记账　复核
核押　出纳</td></tr>
</table>

此联代收款通知

（报告表号）　　（业务编号）　　转账日期：

中国工商银行福建省分行 晋江支行 2019.12.13 转讫

【业务处理】

（1）审核原始凭证（包含对入账金额的审核）。

现金折扣：399 800.00 ×2% =7 996.00（元）（信用条件：2/10，1/10，*n*/30）

扣除折扣后的货款=399 800.00 −7 996.00 =391 804.00（元）

实收款项=扣除折扣后的货款+代收增值税税款=391 804.00 +51 974.00 =443 778.00（元）

（2）编制记账凭证（用“会计分录”代替）。

借：银行存款　　443 778.00

　　财务费用　　7 996.00

　　贷：应收账款——福州市海峡商业城　　451 774.00

（3）根据审核无误的记账凭证及其原始凭证，登记银行存款日记账、应收账款和财务费用的明细账，按账务处理程序的要求登记相关总账。

想一想，练一练

如果是在 2019 年 12 月 20 日或 12 月 30 日收到福州市海峡商业城汇来的款项，其金额是多少？应如何进行账务处理？

【知识延伸】

销售折让是企业因出售商品的质量不符合要求或者其他原因而在销售价款上给予购买方减让。销售折让如果发生在企业确认收入之前，视同商业折扣；如果发生在企业确认收入之后，则应冲减当期销售收入，并按税法的规定冲减已入账的销项税额。

借：主营业务收入（折让的销售金额）

　　贷：应交税费——应交增值税（销项税额）（金额要用红色墨水书写）

　　　　应收账款（或银行存款）

业务三

2019年12月31日，福建著成服饰有限公司之前对企业发生的坏账损失均采用直接转销法，从本年开始采用备抵法，会计人员自制"提取坏账准备"的原始凭证。

【业务单据】（见表3-10）

表3-10

福建著成服饰有限公司坏账准备提取表

2019年12月31日　　单位：元

项　　目	金　　额	备　　注
①坏账准备调整前的余额	0	从坏账准备账户录入
②坏账准备调整后的余额	200 000.00	②=应收账款年末余额×提取比例
③本年提取的坏账准备金额	200 000.00	③=②-①
附：应收账款年末余额	20 000 000.00	从应收账款账户录入
注：本公司采用应收账款余额百分比法计提坏账准备，提取比例为1%		

审核：杨家兴　　　　制表：张　思

【知识准备】

一、应收账款预期信用损失的确认

对一年以内或一年以上非融资性质形成的应收账款，以及分期收款销售形成的长期应收款等，企业在每个资产负债表日，应当采用简易方法计量其自初始确认起整个预计存续期的预期信用损失金额。

下面介绍常用的三种计量方法。

（1）账龄分析法：按账龄的长短估计应收账款预期信用损失。

（2）销货百分比法：按赊销百分比估计应收账款预期信用损失。

（3）应收账款余额百分比法：按年末应收账款余额的一定比例估计应收账款预期信用损失。

本知识点主要介绍"应收账款余额百分比法"。

二、坏账准备的计提

企业在每个资产负债表日，应当估计应收账款预期信用损失，确定应计提的坏账准备金额，建立坏账准备资金，待坏账实际发生时，冲销已计提的坏账准备和相应的应收账款。

企业应采用“应收账款余额百分比法”计算资产负债表日应计提或冲销的坏账准备金额。

坏账准备年末余额=应收账款年末余额×规定的计提比例

本年应计提或冲销的坏账准备的金额 = 坏账准备年末（调整后）余额 − 坏账准备调整前的余额

计算结果若是正数，为本年应补提的坏账准备金额；计算结果若是负数，为本年应冲销的坏账准备金额。

三、设置账户

企业应设置“信用减值损失——坏账损失”“坏账准备”等账户，其中：

“信用减值损失——坏账损失”属于损益类账户，借方登记损失增加，如提取损失等，贷方登记冲减或者结转损失，转后期末无余额；

“坏账准备”属于资产类备抵账户，贷方登记年末提取的坏账准备以及确认为坏账又收回的应收款项，借方登记年末冲销超过预计信用减值损失的金额以及当期确认为坏账的应收款项，期末贷方余额为预计信用减值损失（应收账款年末余额×规定的提取比例）的金额。

【业务处理】

（1）审核原始凭证（包括对入账金额的审核）。

① 坏账准备年末调整后余额=20 000 000.00（应收账款年末余额）×1% =200 000.00（元）

② 本年应计提或冲销的坏账准备金额 =200 000.00−0 =200 000.00（元）

分析：本年是第一次提取，所以坏账准备年初余额为 0，其他项目也为 0 。

（2）编制记账凭证（用“会计分录”代替）。

借：信用减值损失——坏账损失　　200 000.00

　　贷：坏账准备　　200 000.00

（3）根据审核无误的记账凭证及其原始凭证，登记信用减值损失和坏账准备的明细账，按账务处理程序的要求登记相关总账。

【业务延伸】

福建著成服饰有限公司于 2020 年 6 月确认一笔无法收回的应收账款为坏账。信用减值损失确认通知如图 3-1 所示。

【知识准备】

坏账是指企业无法收回或收回可能性极小的应收款项。由于发生的坏账而遭受的损失为信用损失。企业应收款项出现下列三种情况中任意一种情况的，就可确认为坏账。

（1）债务人破产，用其剩余资产偿还后不能收回的部分。

（2）债务人残废，用其遗产偿还后不能收回的部分。

（3）债务人逾期三年尚未归还，或有证据表明收回可能性极小的应收账款。

信用减值损失确认通知

因福州大宇股份有限公司资不抵债，且企业资产均为不良资产，确认福州大宇股份有限公司所欠款项 87 750.00 元已无法收回，经公司领导批准确认后，同意注销该笔应收账款。

总经理：　　　　会计主管：杨家兴

2020 年 6 月 28 日

图 3-1　信用减值损失确认通知

【业务处理】

（1）审核原始凭证。

（2）编制记账凭证。

借：坏账准备　　　　　　　　　　　　　　87 750. 00

　　贷：应收账款—— 福州大宇股份有限公司　　　　87 750. 00

（3）登记应收账款及坏账准备的明细账。

业务四

2020 年年末，福建著成服饰有限公司会计自制“提取坏账准备”的单据，计提坏账准备。

【业务单据】（见表 3-11）

表 3-11

福建著成服饰有限公司坏账准备提取表

2020 年 12 月 31 日　　　　单位：元

项　目	金　额	备　注
①坏账准备调整前的余额	112 250.00	从坏账准备账户录入
②坏账准备调整后的余额	100 000.00	②=应收账款年末余额×提取比例
③本年计提的坏账准备金额	−12 250.00	③＝②－①
附：应收账款年末余额	10 000 000.00	从应收账款账户录入
注：本公司采用应收账款余额百分比法计提坏账准备，提取比例为 1%		

审核：杨家兴　　　　制表：张 思

【业务处理】

（1）审核原始凭证（包括对入账金额的审核）。

① 坏账准备年末调整后余额＝10 000 000. 00（应收账款年末余额）×1%＝100 000. 00（元）

② 坏账准备年末调整前的余额为 112 250. 00 元（见“坏账准备”明细账），如表 3－12 所示。

表 3-12 相关资料

明　细　账

总页	账号	
	分页	

科 目 坏账准备

20年		记账凭证		摘　要	借方金额									核	贷方金额									核	余额									核
月	日	种类	号数		百	十	万	千	百	十	元	角	分	对	百	十	万	千	百	十	元	角	分	对	百	十	万	千	百	十	元	角	分	对
1	1			上年结转										√										贷		2	0	0	0	0	0	0	0	√
6	30	记		确认一笔坏账			8	7	7	5	0	0	0	√										贷		1	1	2	2	5	0	0	0	√

坏账准备调整前余额也可以通过公式计算得出：

$$\text{坏账准备调整前的余额} = \text{坏账准备年初余额} - \text{已确认的坏账金额} + \text{确认为坏账后又收回的金额}$$

③ 本年应冲销的坏账准备金额=100 000. 00 –112 250. 00 =–12 250. 00（元）

（2）编制记账凭证（用“会计分录”代替）。

借：坏账准备　　12 250. 00

　　贷：信用减值损失——坏账损失　　12 250. 00

（3）根据审核无误的记账凭证及其原始凭证，登记坏账准备明细账，如表 3-13 所示。

表 3-13

明　细　账

总页	账号	
	分页	

科 目 坏账准备

20年		记账凭证		摘　要	借方金额									核	贷方金额									核	余额									核
月	日	种类	号数		百	十	万	千	百	十	元	角	分	对	百	十	万	千	百	十	元	角	分	对	百	十	万	千	百	十	元	角	分	对
1	1			上年结转										√										贷		2	0	0	0	0	0	0	0	√
6	30	记		确认一笔坏账			8	7	7	5	0	0	0	√										贷		1	1	2	2	5	0	0	0	√
12	31	记	69	冲销多提金额			1	2	2	5	0	0	0	√										贷		1	0	0	0	0	0	0	0	√

说明：坏账准备总账、信用减值损失总账及明细账的登记略。

【业务延伸】

2021 年 5 月，福州大宇股份有限公司资产重组成功，新股东通过汇兑结算方式归还福州大宇股份有限公司所欠本公司账款 87 750. 00 元。该笔账款已于 2020 年 6 月确认为坏账。

【业务单据】（见表 3-14）

表 3-14

中国工商银行电子汇兑贷方凭证（收款通知）

<table>
<tr><td rowspan="2">发报行</td><td>行号</td><td>03988</td><td>编制日期</td><td>2021.5.19</td><td rowspan="2">收报行</td><td>行号</td><td>28957</td><td>号码</td><td>2981</td><td rowspan="6">此联代收款通知</td></tr>
<tr><td>行名</td><td colspan="3">福州工商银行东街口营业部</td><td>行名</td><td colspan="3">中国工商银行福建省分行晋江支行</td></tr>
<tr><td rowspan="2">收款单位</td><td>账号</td><td colspan="5">350125966124756</td><td colspan="3">收款行名称</td></tr>
<tr><td>名称</td><td colspan="5">福建著成服饰有限公司</td><td colspan="3">晋江工行金井分理处</td></tr>
<tr><td colspan="7">金额（大写）：捌万柒仟柒佰伍拾元整</td><td colspan="3">¥87 750.00</td></tr>
<tr><td colspan="6">付款单位名称：福州大宇股份有限公司
（账号）、事由：归还前欠账款</td><td>业务种类</td><td colspan="3">汇兑</td></tr>
<tr><td colspan="4">上列款项已代转账、如有错误，请持此联来行面洽，此致（开户业）
（银行盖章）
年　月　日</td><td colspan="3">上列款项已照收无误
证件名称
证件号码
（收款单位章）2021 年 5 月 19 日</td><td colspan="3">科目（贷）
对方科目
记账　复核
核押　出纳</td></tr>
</table>

（报告表号）　　（业务编号）　　转账日期：

【业务处理】

（1）审核原始凭证。

（2）编制记账凭证（以会计分录代替）。

借：应收账款——福州大宇股份有限公司　　87 750. 00

　　贷：坏账准备　　87 750. 00

借：银行存款　　87 750. 00

　　贷：应收账款——福州大宇股份有限公司　　87 750. 00

（3）登记应收账款和坏账准备的明细账。

想一想，练一练

2021 年，福建著成服饰有限公司除收回一笔已确认的坏账外，没有再发生与坏账相关的业务，年末公司应收账款余额为 30 000 000. 00 元，请编制 2021 年“福建著成服饰有限公司坏账准备提取表”，并进行相应的账务处理。

任务二　应收票据的核算

商品流通企业销售商品、材料或提供劳务时，采用商业汇票结算的，应设置并通过“应收票据”账户进行核算。

业务一

2019 年 2 月 8 日，福建著成服饰有限公司销售新款男衬衫 20 箱共 200 件给厦门海西商城股份有限公司，并代垫了运费，同时收到厦门海西商城股份有限公司签发的为期 3 个月的商业承兑汇票一张。

【业务单据】（见表 3-15～表 3-18）

表 3-15

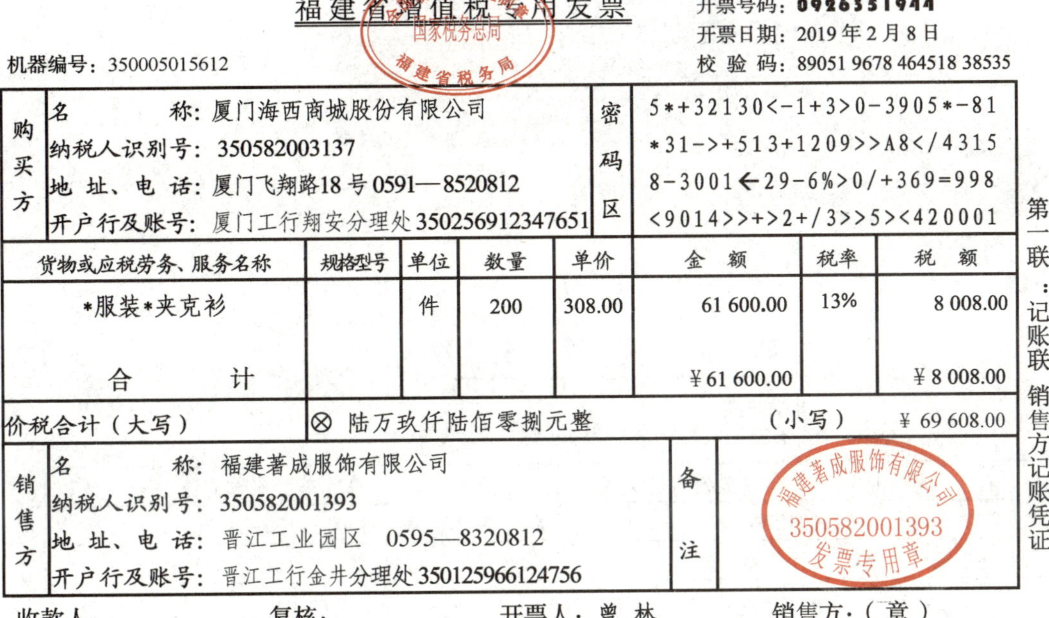

福建省增值税专用发票

开票代码：0539500200052
开票号码：0926351944
开票日期：2019 年 2 月 8 日
机器编号：350005015612　　校 验 码：89051 9678 464518 38535

购买方	名　　称：厦门海西商城股份有限公司 纳税人识别号：350582003137 地 址、电 话：厦门飞翔路18 号 0591—8520812 开户行及账号：厦门工行翔安分理处 350256912347651	密码区	5*+32130<-1+3>0-3905*-81 *31->+513+1209>>A8</4315 8-3001←29-6%>0/+369=998 <9014>>+>2+/3>>5><420001

货物或应税劳务、服务名称	规格型号	单位	数量	单价	金　额	税率	税　额
*服装*夹克衫		件	200	308.00	61 600.00	13%	8 008.00
合　　计					¥61 600.00		¥8 008.00
价税合计（大写）	⊗ 陆万玖仟陆佰零捌元整				（小写）		¥ 69 608.00

销售方	名　　称：福建著成服饰有限公司 纳税人识别号：350582001393 地 址、电 话：晋江工业园区　0595—8320812 开户行及账号：晋江工行金井分理处 350125966124756	备注	

收款人：　　复核：　　开票人：曾 林　　销售方：（章）

第一联：记账联 销售方记账凭证

表 3-16

代垫费用清单（存根）①

日期：2019 年 2 月 8 日　　No.110208

单位名称	厦门海西商城股份有限公司	费用项目	运杂费（从晋江至厦门海西商城股份有限公司）
金　　额	叁佰玖拾贰元整　　¥392.00	附送单据	2 张

单位：福建著成服饰有限公司　　复核：杨家兴　　制单：黄洋洋

表 3-17

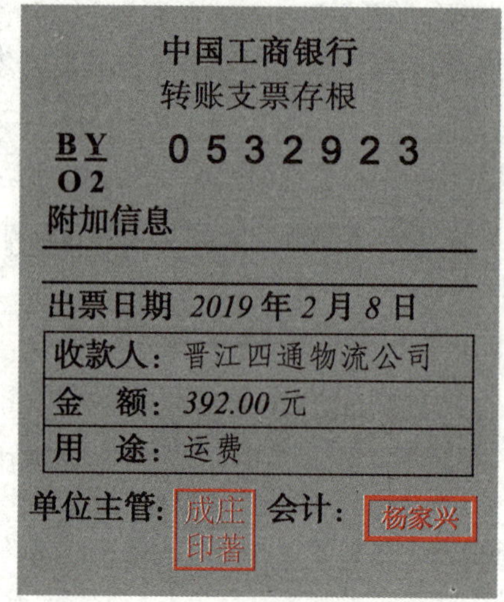

中国工商银行
转账支票存根
BY O2 0532923
附加信息

出票日期 2019年2月8日

收款人：晋江四通物流公司
金　额：392.00元
用　途：运费

单位主管：成庄印著　会计：杨家兴

表 3-18

商　业　承　兑　汇　票

出票日期（大写）　贰零壹玖年零贰月零捌日　　2 A/0 A/1 205377516

付款人	全　称	厦门海西商城股份有限公司	收款人	全　称	福建著成服饰有限公司
	账　号	350256912347651		账　号	350125966124756
	开户银行	厦门工行翔安分理处		开户银行	晋江工行金井分理处
出票金额		人民币（大写）柒万元整		千百十万千百十元角分	¥7000000
汇票到期日（大写）		贰零壹玖年伍月零捌日	付款人开户行	行号	3275
交易合同号码		0003521998		行址	厦门市翔安区飞翔路 9—11 号
厦门海西商城股份有限公司财务专用章　出票人盖章			备注：		

此联收款行寄付款行作借方凭证附件

【知识准备】

一、登记“应收票据备查簿”

收到商业汇票后，在到期前应妥善保管，并在应收票据备查簿（见表 3-19）上登记。

表 3-19

应收票据备查簿

票据种类：　　　　　　　　　　　　　　　　　　　　　　　第　页　　单位：元

<table>
<tr><th colspan="2">年</th><th rowspan="2">凭证号</th><th rowspan="2">摘要</th><th rowspan="2">交易合同号</th><th colspan="5">票据基本情况</th><th rowspan="2">承兑人及单位名称</th><th rowspan="2">背书人及单位名称</th><th colspan="3">贴　现</th><th colspan="2">承　兑</th><th colspan="4">转　让</th></tr>
<tr><th>月</th><th>日</th><th>票据号码</th><th>签发日期</th><th>到期日期</th><th>票面金额</th><th>票面利率</th><th>日期</th><th>利率</th><th>净额</th><th>日期</th><th>金额</th><th>日期</th><th>受理单位</th><th>票面金额</th><th>实收金额</th></tr>
<tr><td></td><td></td><td></td><td></td><td></td><td></td><td></td><td></td><td></td><td></td><td></td><td></td><td></td><td></td><td></td><td></td><td></td><td></td><td></td><td></td><td></td></tr>
</table>

二、账务处理

（1）发出商品，收到商业汇票，销售方根据审核无误的单据编制记账凭证。

借：应收票据—— 某公司

　　贷：主营业务收入（或其他业务收入）

　　　　应交税费—— 应交增值税（销项税额）

（2）商业汇票到期前的第 10 天，持商业汇票到银行办理委托收款手续并取回第一联，待银行从对方收到款项后，根据银行转来的收款通知联编制记账凭证。

借：银行存款

　　贷：应收票据——某公司

（3）商业汇票到期，对方无力付款，将票据款项转为应收账款。

借：应收账款——某公司

　　贷：应收票据——某公司

【业务处理】

（1）审核原始凭证（包括对入账金额的审核）。

（2）编制记账凭证（用“会计分录”代替）。

借：应收票据——某公司　　　　　　　　　　70 000. 00

　　贷：主营业务收入——男衬衫　　　　　　　　　61 600. 00

　　　　应交税费——应交增值税（销项税额）　　　8 008. 00

　　　　银行存款　　　　　　　　　　　　　　　　392. 00

（3）根据审核无误的记账凭证及其原始凭证，登记银行存款日记账、主营业务收入、应收票据、应交税费的明细账，按账务处理程序的要求登记相关总账。

（4）妥善保管商业汇票，并在应收票据备查簿上进行登记。

想一想，练一练

2019 年 5 月 8 日，福建著成服饰有限公司填写进账单，连同商业汇票一并提交银行，票据款及时入账，应如何进行业务处理？（可在老师的指导下完成）

业务二

假设 2019 年 4 月 7 日，福建著成服饰有限公司因资金周转需要，将商业汇票提交银行贴现。

【业务单据】（见表 3-20）

表 3-20

票据贴现凭证（收账通知）4

填写日期 2019 年 4 月 7 日　　第　号

申请人	全　称	福建著成服饰有限公司	贴现汇	种类及号码	商业承兑汇票
	账　号	350125966124756		发票日	2019 年 2 月 8 日
	开户银行	晋江工行金井分理处		到期日	2019 年 5 月 8 日
汇票承兑人	厦门海西商城股份有限公司	账号	350256912347651	开户银行	厦门工行翔安分理处
汇票金额	人民币（大写）柒万元整		千百十万千百十元角分		¥7000000
年贴现率	6%	实付金额	千百十万千百十元角分		¥6965000
贴现利息	350.00				
上述款项已入你单位账户。此致 银行盖章 2019 年 4 月 7 日		备注：			

中国工商银行福建省分行 晋江支行 2019.04.07 转讫

说明：商业承兑汇票已提交给银行。

【知识准备】

一、贴现的含义

所谓贴现，就是企业将未到期的票据转让给商业银行，银行将票据到期值扣除贴现利息后的净额支付给企业。

二、贴现的计算

（1）票据的到期值 $\begin{cases}\text{不带息票据=票面金额}\\\text{带息票据=票面金额+到期日的票面利息}\end{cases}$

（2）贴现天数=票据到期日－贴现日（注意：算头不算尾）

（3）贴现利息=票据到期值× 贴现率 × 贴现时间

（4）贴现净额（银行实付金额）=票据到期值 –贴现利息

三、贴现的账务处理

企业票据贴现后，应根据审核无误的有关单据编制记账凭证（用“会计分录”代替）。

借：银行存款（银行实付的贴现净额）

　　财务费用（贴现利息）

　　贷：应收票据（商业汇票面值）

【业务处理】

（1）审核原始凭证（包括对入账金额的审核）。

（2）编制记账凭证（用“会计分录”代替）。

借：银行存款　　　　　　　　　　　　　　69 650.00
　　财务费用　　　　　　　　　　　　　　　350.00
　　贷：应收票据——厦门海西商城股份有限公司　　70 000.00

（3）根据审核无误的记账凭证及其原始凭证，登记银行存款日记账、财务费用和应收票据的明细账，按账务处理程序的要求登记相关总账。

（4）专人负责登记“应收票据备查簿”。

任务三　预付账款的核算

预付账款是商品交易中采购方按合同约定预先支付给销售方的部分货款。

业务

2019 年 2 月 9 日，福建著成服饰有限公司预付采购材料款给佳兴有限责任公司。

【业务单据】（见表 3-21 和表 3-22）

表 3-21

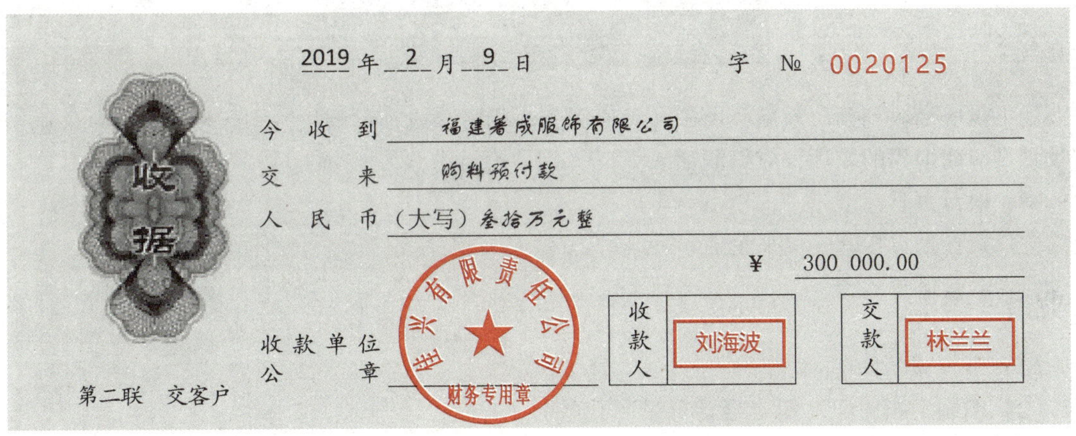

收据

2019 年 2 月 9 日　　　　字　№ 0020125

今收到　福建著成服饰有限公司

交来　购料预付款

人民币（大写）叁拾万元整

¥ 300 000.00

收款单位公章　佳兴有限责任公司 财务专用章

收款人　刘海波　　　交款人　林兰兰

第二联　交客户

【知识准备】

对于预付账款不多的企业，可以在“应付账款”账户中核算；对于经常发生预付账款的企业，应单独设置“预付账款”账户进行会计核算，并按供货单位设置明细账，进行明细核算。

企业预付款项购买商品或购货后补付款项，编制记账凭证（用“会计分录”代替）。

借：预付账款——某企业
　　贷：银行存款

采用预付账款方式购买的商品验收入库，编制记账凭证（用“会计分录”代替）。

借：库存商品（或原材料）

  应交税费——应交增值税（进项税额）

  贷：预付账款——某企业

表 3-22

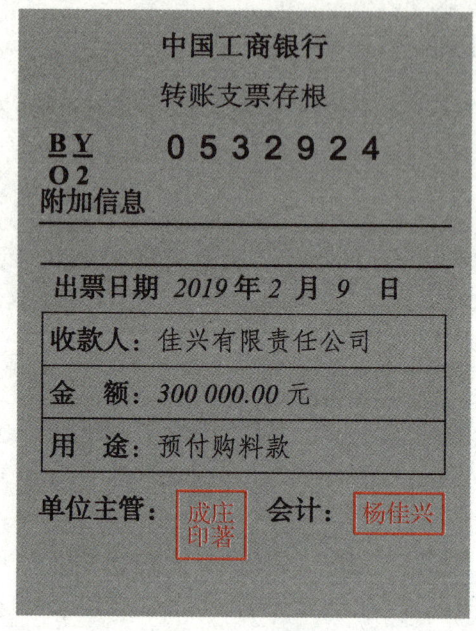
中国工商银行

转账支票存根

BY
O2 0532924

附加信息

出票日期 2019 年 2 月 9 日

收款人：佳兴有限责任公司
金　额：300 000.00 元
用　途：预付购料款

单位主管：成庄印著　会计：杨佳兴

如果供应商收到预付款后，由于种种原因无法供货，或预付款超过实际发生的货款，则销售方收到供应商退回的款项，应编制记账凭证（用“会计分录”代替）。

借：银行存款

  贷：预付账款——某企业

【业务处理】

（1）审核原始凭证。

（2）编制记账凭证（用“会计分录”代替）。

借：预付账款——佳兴有限责任公司　　300 000.00

  贷：银行存款　　300 000.00

（3）根据审核无误的记账凭证及其原始凭证，登记银行存款日记账、预付账款明细账，按账务处理程序的要求登记相关总账。

想一想，练一练

如果佳兴有限责任公司收到福建著成服饰有限公司预付款项后，由于种种原因既无法供货，又无力退款时，应该如何进行业务处理？（可在老师的指导下完成）

任务四　其他应收款的核算

其他应收款是指由商品流通企业非营业活动引起的各种应收债权和暂付款项，包括存出保证金、备用金、应收取的赔款和罚金、替职工垫付的各种款项等。

业务

2019 年 1 月 3 日，福建著成服饰有限公司支付本公司驻福建省石狮市办事处本年度定额备用金人民币壹拾万元。

【业务单据】（见表 3-23 和表 3-24）

表 3-23

福建著成服饰有限公司内部付款凭证

2019 年 1 月 3 日　　　　No. 2020081716

领款人	福建著成服饰有限公司石狮办事处	付出性质	内部往来								
款项内容	定额备用金										
人民币（大写）	壹拾万元整			十	万	千	百	十	元	角	分
				1	0	0	0	0	0	0	0
审批人 成庄印著	会计：（盖章）杨家兴	出纳：（盖章）黄洋洋	备注：石狮办事处为本公司非独立核算单位								

第三联　财务联

表 3-24

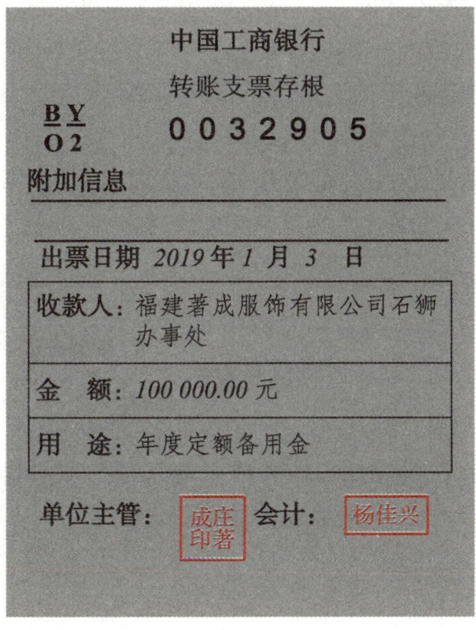
中国工商银行
转账支票存根
BY/02　0032905
附加信息

出票日期 2019 年 1 月 3 日

收款人：福建著成服饰有限公司石狮办事处
金　额：100 000.00 元
用　途：年度定额备用金

单位主管：成庄印著　会计：杨佳兴

【知识准备】

一、备用金的含义

备用金是企业为内部各单位或个人准备的货币资金，以满足这些部门或个人日常零星开支或出差等业务的需要。备用金分为一次报销制和定额备用制。

二、备用金的核算

备用金是其他应收款的一种，也通过“其他应收款”账户进行总分类核算，并按应收单位或个人设置相应的明细账，进行明细分类核算。

（1）企业某内部单位或职员按规定预借备用金，编制会计分录如下。

借：其他应收款——某内部单位或某职员

　　贷：库存现金（或银行存款）

（2）企业某内部单位或职员来报销（先以备用金支付），编制会计分录如下。

① 一次性备用金的报销（收回备用金）。

借：相关科目

　　借或贷：库存现金（或银行存款）

　　贷：其他应收款——某内部单位或某职员

② 定额备用金的日常报销（报销的同时补足备用金）。

借：相关科目

　　贷：库存现金（或银行存款）

（3）收回定额备用金。

借：库存现金（或银行存款）

　　贷：其他应收款——某内部单位或某职员

【业务处理】

（1）审核原始凭证。

（2）编制记账凭证（用“会计分录”代替）。

借：其他应收款——福建著成服饰有限公司石狮办事处　　100 000.00

　　贷：银行存款　　100 000.00

（3）根据审核无误的记账凭证及其原始凭证，登记银行存款日记账、其他应收款明细账，按账务处理程序的要求登记相关总账。

想一想，练一练

2019 年 1 月 31 日，石狮办事处出纳到总部报销当月各项办公费用 98 560.00 元，总部财务人员审核后以转账支票补足定额，应如何进行账务处理？

想一想，练一练

假设 2019 年 2 月底，总部决定撤销福建著成服饰有限公司石狮办事处，办事处报销当月各项办公费用 89 500.00 元，并转账退回剩余备用金 10 500.00 元，应如何进行账务处理？

项目四

商品流通概述

学习目标

商品流通又称商品流转，指商品流通部门通过购销行为，将商品从生产领域向消费领域转移的过程，商品流通是社会再生产过程的重要环节。通过本项目的学习，你能够：

1. 了解商品流通的特征、环节和交接货方式。
2. 熟悉商品流通的核算方法。
3. 熟悉商品流通的结算方式。

任务一　商品流通的特征

业务

甲方向乙方购进一批商品，双方协商采用送货制。请问送货费用和送货过程中发生的商品损耗应由哪方承担？

【知识准备】

一、商品流通的特征

（1）商品流通必须以商品实物的转移为前提。

（2）实物流通必须通过货币收付。

没有实物转移的货币收付，或没有货币收付的实物转移，都不属于商品流通。

二、商品流通的环节

商品流通的环节如图 4-1 所示。

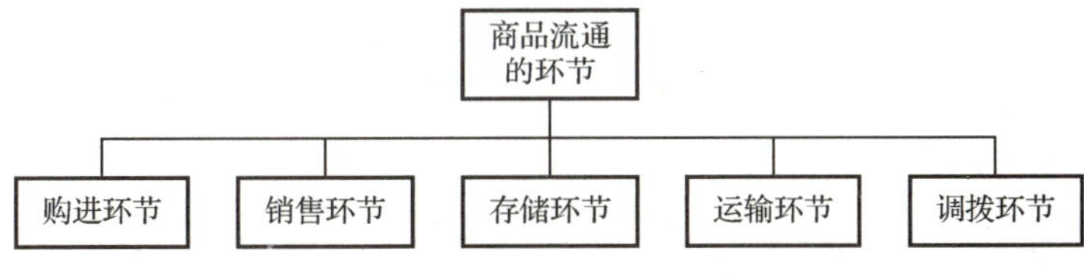

图 4-1　商品流通的环节

在商品流通各环节中，购进环节与销售环节是商品流通各环节中的关键环节。

三、商品购销的交接货方式

商品购销双方根据商品的特点和运输条件，协商确定交接货方式。目前商品购销的交接货方式有以下几种。

（1）送货制

送货制是供货单位将商品送到购货单位的仓库或指定地点，送货过程发生的费用和商品损耗一般由供货单位承担。

（2）提货制

提货制是购货单位到供货单位的仓库或指定地点提货，提货过程中所发生的费用和商品损耗一般由购货单位承担。

（3）发货制

发货制是供货单位委托物流部门，按照合同规定的日期，将符合合同规定的商品运送到购货单位指定的地点。发货过程中发生的商品损耗，在商品交接前由供货方承担，在商品交接后则由购货单位承担。发货过程中产生的费用则由双方协商确定承担者或各自承担的比例。

（4）门市收购制

门市收购制是收购方委托有关门市收购农副产品和废旧材料的方式，收购付款后的商品损耗以及商品存储费用、商品运送到企业指定地点的费用由收购方负担。

（5）自选商品货款两清制

自选商品货款两清制是指消费者到商场或企业卖场自行选购商品，然后一手取货一手付款的交易模式。

【业务处理】（同学们自行完成）

任务二　商品流通的核算方法

业务

小张毕业后到一家新成立的小型商品流通企业从事会计工作，该企业应采用哪种核算方法？小张想起了以前学过的商品流通的核算方法……

【知识准备】

商品流通的核算方法即商品购、销、存的核算方法。商品流通的核算方法主要有四种，分别是数量进价金额核算法、数量售价金额核算法、售价金额核算法和进价金额核算法。

一、数量进价金额核算法

1. 数量进价金额核算法的定义

数量进价金额核算法是指对库存商品的金额，无论是总账还是明细账，均按进价反映，同时明细账还必须反映商品实物数量的核算方法。

2. 数量进价金额核算法的内容

① 库存商品总账：按进价金额反映库存商品的收入、发出、库存情况。

② 库存商品明细账：按库存商品的品名、规格或等级分户，同时运用进价金额和实物数量两种量度记账。采用永续盘存制确认库存商品的数量。

③ 库存商品类目账：在库存商品总账和明细账之间，按照商品的大类分户设置库存商品类目账，记载大类商品进、销、存金额。

④ 商品保管账和商品调拨账：在业务部门和仓库设置，分户方法和库存商品明细账相同，但只记数量，不记金额。

⑤ 根据不同商品的特点，采用不同的方法确定发出商品的进价成本，定期计算和结转已销商品的成本。

3. 数量进价金额核算法的适用范围

大中型批发企业的经营规模和业务量都比较大，同时企业的内部分工协作体系相对完善，各项管理制度也比较健全，适宜采用数量进价金额核算法。

二、数量售价金额核算法

1. 数量售价金额核算法的定义

数量售价金额核算法是指对库存商品的金额，无论是总账还是明细账，均按售价反映，同时明细账还必须反映商品实物数量的核算方法。

2. 数量售价金额核算法的内容

① 库存商品总账：按售价金额反映库存商品的收入、发出、库存情况。

② 库存商品明细账：按库存商品的品名、规格或等级分户，同时运用售价金额和实物数量两种量度记账。采用永续盘存制确认库存商品的数量。

③ 商品保管账和商品调拨账：在业务部门和仓库设置，分户方法和库存商品明细账相同，但只记数量，不记金额。

④ 设置“商品进销差价”账户，反映库存商品售价金额与进价金额的差额。

3. 数量售价金额核算法的适用范围

小型批发企业和经营贵重物品的零售企业需要对库存商品的数量和售价进行双重控制，适宜采用数量售价金额核算法。

三、售价金额核算法

1. 售价金额核算法的定义

售价金额核算法是一种建立在实物负责制基础上的核算方法，商品流通企业库存商品的总账和明细账都只反映库存商品的售价，而不反映其实物数量。

2. 售价金额核算法的内容

① 建立实物负责制。按商品经营的品种和地点，划分为若干柜组，并由各柜组的实物负责人对其所经营的商品数量、质量承担全部责任。

② 售价记账、金额控制。库存商品的总账和明细账均按售价金额反映，不记数量。库存商品明细账按柜组或实物负责人分设，详细反映各实物负责人所经营商品的进、销、存售价金额，

通过总账控制，落实各实物负责人的经济责任。

③ 设置“商品进销差价”账户，核算商品进销差价，并定期计算和结转已销商品应分摊的进销差价。

④ 健全商品盘点制度。每月月末盘点库存商品，并按售价计算出每个营业柜组各种盘存商品的价值总和，通过与每个营业柜组的账面金额核对，加强对库存商品的实物管理，并落实每个营业柜组岗位责任制的执行情况。

⑤ 建立健全各个业务环节的手续制度。商业企业应建立健全商品购进、销售、调拨、盘点、损耗等各项业务手续制度，填制业务凭证，加强物价管理、商品管理和销货款管理。

3. 售价金额核算法的适用范围

商品流通零售企业一般具有经营网点多、品种丰富、交易频繁的特点，柜台和在库商品基本上是由同一实物负责人经营，因此适宜采用售价金额核算法。

四、进价金额核算法

1. 进价金额核算法的定义

进价金额核算法又称“进价记账、盘存计销”核算法，即库存商品的总账和明细账都只反映商品的进价金额，不反映实物数量。

2. 进价金额核算法的内容

① 库存商品的总分类账和明细分类账（按商品的大类或柜组设置）只记进价金额，不记数量。对于需要掌握数量的商品，可设置备查簿。

② 商品购进时，按进价登记“库存商品”账户。

③ 平时按商品销售额登记“主营业务收入”账户，不结转已销商品成本，也不注销“库存商品”账户。日常销售发生的一般损耗、等级变化等，财务部门也不进行账务处理，如果发生非常损失，应及时查明原因，分清责任，按规定处理。

④ 月末采取以存计销的方式，一次性计算结转本月已销商品的成本。

$$\text{期末库存商品进价总额}=\text{期末库存商品盘存数}\times\text{单位进价}$$

$$\frac{\text{本期已销商品}}{\text{的进价成本}}=\frac{\text{期初库存商品}}{\text{的进价总额}}+\frac{\text{本期进货}}{\text{进价总额}}-\frac{\text{期末库存商品}}{\text{的进价总额}}$$

3. 进价金额核算法的适用范围

经营鱼、肉、菜、果等鲜活商品的企业，经营过程中损耗量较大，数量不易掌握，其售价也随着商品的新鲜程度经常调整，因此宜采用进价金额核算法。

【业务处理】

小张明白了：商业企业采用哪种核算方法，应根据企业的类型，所经营商品的特点及管理的需要来确定。一家企业也可以采用两种以上的核算方法，如综合零售超市，应采用售价金额核算法，但对其中鲜活商品柜组可采用进价金额核算法，并辅以售价控制。

任务三　商品流通结算业务

商品流通企业在商品交易、劳务供应中，与其他单位或个人及本单位内部各部门发生的货币收付行为称为结算业务。结算业务按其货币收付方式的不同，可分为现金结算和转账结算；结算业务按收付双方所在地点的不同，可分为国内结算和国际结算。

知识窗

现金结算指收付双方直接使用现金的货币收付行为；转账结算指通过银行将款项从付款单位账户划转到收款单位账户的货币收付行为。

国内结算业务可以采用支票、银行本票、银行汇票、商业汇票、委托收款、托收承付、汇兑等结算方式。

业务一

2019 年 4 月 11 日，晋江华美织造公司向中国农业银行晋江支行金井营业点提取现金人民币 89 000.00 元，备发工资。

【业务资料】

晋江华美织造公司相关资料如表 4-1 所示。

表 4-1

相关资料

企业代码	地址、电话	开户银行	开户账号	开户行号
35058271110362	金井科技园 85384200	中国农业银行晋江 支行金井营业点	7630019586	27759

【知识准备】

一、支票的概念和种类

支票是出票人签发的，委托办理支票存款业务的银行或其他金融机构在见票时无条件支付确定金额给收款人或持票人的票据。单位或个人的各种款项结算均可使用支票。国家已建成全国支票影像交换系统，实现了支票的全国通用。

支票按付款方式不同分为现金支票、转账支票和普通支票。

现金支票的票面上印有“现金”字样的，只能支取现金；转账支票的票面上印有“转账”字样的，只能转账；普通支票的票面上未印有“现金”或者“转账”字样的，既可支取现金，也可转账。普通支票左上角画有两条平行线的是划线支票，划线支票不能支取现金，只能转账。

二、支票的记载事项

支票的绝对记载事项有：表明“支票”的字样、无条件支付的委托、确认的金额、付款人名称、出票日期、出票人签章。

支票的相对记载事项有付款地和出票地。

三、支票办理和使用的要求

（1）签发支票应使用碳素墨水或墨汁填写，中国人民银行另有规定的除外。

（2）签发现金支票或用于提现的普通支票，必须符合国家现金管理的规定。

（3）出票人不得签发空头支票以及与预留银行签章不相符的支票，如果使用支付密码的，出票人不得签发支付密码错误的支票。

（4）除中国人民银行另有规定，支票的持票人或收款人应自出票之日起 10 日内，向出票人的开户银行提示付款。

【业务处理】

1. 出纳岗位业务流程

① 出纳按规定填写现金支票（见图 4-2）。

中国农业银行现金支票存根

XIII　008002345

科　　目：

对方科目：

签发日期：2019 年 4 月 11 日

收款人：晋江华美织造公司

金　额：¥89 000.00

用　途：发放工资

单位主管 主管印　会计 会计印

中国农业银行　现金支票　（闽）　XIII 008002345

出票日期（大写）贰零壹玖年肆月壹拾壹日

付款行名称：晋江金井农行

收款人 晋江华美织造公司

出票人账号：763 001 9586

本支票付款期限十天

人民币（大写）	捌万玖仟元整	千	百	十	万	千	百	十	元	角	分
				¥	8	9	0	0	0	0	0

用途：发放工资

103754 013985

上列款项请从

我账户内支付

出票人盖章（略）　　复核　　记账

图 4-2　现金支票

② 银行预留印章保管人在银行支票上加盖印章。

③ 出纳在支票登记簿上进行登记。

④ 出纳持现金支票正联到开户银行提取现金。

⑤ 出纳根据现金支票存根等单据登记现金日记账和银行存款日记账。

⑥ 出纳将现金支票存根等单据递交会计。

2. 会计岗位业务流程

① 会计对支票存根联及相关的原始凭证审核无误后，根据现金支票存根联及相关的原始凭证填制记账凭证。

② 按公司账务处理程序要求登记总账。

业务二

2019 年 2 月 8 日，厦门海西商城股份有限公司出纳填制银行本票申请书，公司银行预留印章保管人在银行本票申请书上加盖印章后，出纳持银行本票申请书递交开户银行，银行审核后出票。

【业务单据】

业务单据如表 4-2 和表 4-3 所示。

表 4-2

中国工商银行本票申请书（存根）1

申请日期：2019 年 2 月 8 日

收款单位或个人名称：福建著成服饰有限公司	本票号码
申请 本票金额（大写）人民币伍万元整	（小写）¥50 000.00
签发	签发申请人名称：厦门海西商城股份有限公司 申请人地址（或账号）：350256912347651
申请人签章(略)　银行出纳	复核　验印

表 4-3

付款期
贰个月

本票　　2 地名 Ⅸ V00190027

出票日期（大写）　贰零壹玖年零贰月零捌日　第 1 号

收款人：福建著成服饰有限公司		
凭票即付人民币（大写）伍万元整		
转账 　现金 备注	中国工商银行厦门分行 翔安支行 2019.02.08 转讫	科目（借） 对方科目（贷） 付款日期　年　月　日 出纳　复核　经办

【知识准备】

一、银行本票的定义及分类

银行本票是申请人将款项交存银行，由银行签发的，给申请人办理转账结算或支取现金的票据。银行本票按其金额的不同，分为定额银行本票和不定额银行本票。定额银行本票的票面金额分别为壹仟元、伍仟元、壹万元、伍万元。

二、银行本票结算的基本规定

（1）银行本票可用于转账，注明“现金”字样的本票可用于支取现金。

（2）银行本票一律记名，允许背书，不予挂失。

（3）付款期限：自出票日起最长不超过2个月。

（4）适用范围：同城范围内的商品交易和劳务供应及其他款项的结算。

三、银行本票结算的账务处理

企业采用银行本票结算的，通过“其他货币资金——银行本票”账户核算。

（1）企业向银行提交“银行本票申请书”，并将款项交存银行，取得银行签发的银行本票后，根据盖章退回的申请书存根联编制记账凭证（用“会计分录”代替）。

借：其他货币资金——银行本票

　　贷：银行存款

（2）企业使用银行本票后，根据审核无误的有关单据编制记账凭证。

借：相关账户

　　贷：其他货币资金——银行本票

（3）本票超过付款期限需要退款的，应填写进账单，连同本票一并送交银行，根据盖章退回的进账单第一联编制记账凭证。

借：银行存款

　　贷：其他货币资金——银行本票

【业务处理】

1. 出纳岗位业务流程

① 出纳根据银行本票申请书存根联等单据登记银行存款日记账。

② 出纳根据现金支票存根等单据登记现金日记账和银行存款日记账。

2. 会计岗位业务流程

① 会计根据银行本票申请书存根联填制记账凭证。

借：其他货币资金——银行本票　　　　50 000.00

　　贷：银行存款　　　　　　　　　　　50 000.00

② 会计根据审核无误的记账凭证及其原始凭证登记“其他货币资金”明细账。

③ 按企业账务处理程序的要求登记有关总分类账。

业务三

2019年6月1日，厦门海西商城股份有限公司财务收到佳兴有限责任公司出具的增值税专用发票，向佳兴有限责任公司采购的丝光内衣已发货，厦门海西商城股份有限公司的采购员已将银行汇票、解讫通知提交销售方进行款项结算。

【业务单据】（见表 4-4）

表 4-4

江苏省增值税专用发票

发 票 联

开票代码：093 057102339
开票号码：1092835645
开票日期：2019 年 6 月 1 日
校 验 码：99115 88658 49258 33545

机器编号：570033015124

<table>
<tr><td rowspan="4">购买方</td><td colspan="5">名　　称：厦门海西商城股份有限公司</td><td rowspan="4">密码区</td><td colspan="3">3+6**+03193<-9-2>0-3905/*</td></tr>
<tr><td colspan="5">纳税人识别号：350582003137</td><td colspan="3">73*->+2-1+1128>0>8<6/493</td></tr>
<tr><td colspan="5">地 址、电 话：厦门飞翔路 18 号 0592—8520812</td><td colspan="3">8-9300←62-65>0/-136=999</td></tr>
<tr><td colspan="5">开户行及账号：厦门工行翔安分理处350256912347651</td><td colspan="3">… 08<14>>>>2/3>>3><94205</td></tr>
<tr><td colspan="2">货物或应税劳务、服务名称</td><td>规格型号</td><td>单位</td><td>数量</td><td>单价</td><td colspan="2">金　额</td><td>税率</td><td>税　额</td></tr>
<tr><td colspan="2">*服装*丝光内衣</td><td></td><td>套</td><td>500</td><td>180.00</td><td colspan="2">90 000.00</td><td>13%</td><td>11 700.00</td></tr>
<tr><td colspan="2">合　　计</td><td></td><td></td><td></td><td></td><td colspan="2">¥90 000.00</td><td></td><td>¥11 700.00</td></tr>
<tr><td colspan="2">价税合计（大写）</td><td colspan="6">⊗壹拾万壹仟柒佰元整</td><td>（小写）</td><td>¥101 700.00</td></tr>
<tr><td rowspan="4">销售方</td><td colspan="6">名　　称：佳兴有限责任公司</td><td rowspan="4">备注</td><td colspan="2" rowspan="4">佳兴有限责任公司
110628234168023
发票专用章</td></tr>
<tr><td colspan="6">纳税人识别号：110628234168023</td></tr>
<tr><td colspan="6">地 址、电 话：江苏镇江工业园区 83208102</td></tr>
<tr><td colspan="6">开户行及账号：江苏镇江工行 519032596612463</td></tr>
</table>

第三联：发票联 购售方记账凭证

收款人：　　复核：　　开票人：才向前　　销售方：（章）

【知识准备】

一、银行汇票的定义

银行汇票是出票银行签发的，由出票银行见票时按照实际结算金额无条件支付给收款人或持票人的票据。

二、银行汇票结算的基本规定

（1）银行汇票可以转账，填明“现金”字样的银行汇票也可以支取现金。

（2）银行汇票一律记名，起点金额为 500.00 元，可以背书转让。

（3）付款期限：自出票日起 1 个月。

（4）适用范围：单位及个人在同城、异地或统一票据交换区的各种款项结算。

三、银行汇票结算的账务处理

企业采用银行汇票结算的，通过“其他货币资金—— 银行汇票”账户核算。

（1）出纳填写一式三联的银行汇票申请书，并在第二联加盖预留银行的签章后送交银行，会计根据银行汇票申请书回单联编制记账凭证（用“会计分录”代替）。

借：其他货币资金—— 银行汇票

　　贷：银行存款

（2）采购员使用银行汇票和解讫通知采购物资并进行款项结算，会计根据从收款单位取得的增值税专用发票等单据编制记账凭证。

借：材料采购

　　应交税费—— 应交增值税（进项税额）

　　贷：其他货币资金—— 银行汇票

（3）有多余款项会自动划回，会计根据多余款收账通知联编制记账凭证。

借：银行存款

　　贷：其他货币资金—— 银行汇票

【业务处理】

（1）会计根据增值税专用发票等单据编制记账凭证。

借：材料采购——丝光内衣　　90 000.00

　　应交税费——应交增值税（进项税额）　　11 700.00

　　贷：其他货币资金——银行汇票　　101 700.00

（2）根据审核无误的记账凭证登记有关明细账。

（3）按企业账务处理程序要求登记有关总账。

【业务延伸】

2019 年 6 月 2 日，厦门海西商城股份有限公司收到银行汇票多余款收账通知联。

【业务单据】（见表 4-5）

表 4-5

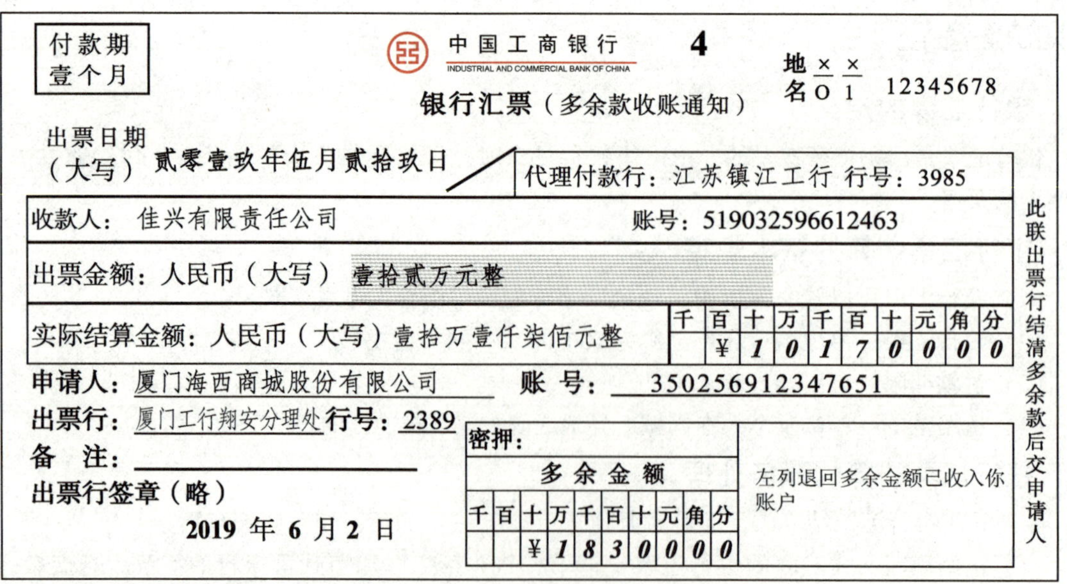

付款期 壹个月

中国工商银行 INDUSTRIAL AND COMMERCIAL BANK OF CHINA　　4　　地名 ×× O1　12345678

银行汇票（多余款收账通知）

出票日期（大写）贰零壹玖年伍月贰拾玖日　　代理付款行：江苏镇江工行 行号：3985

收款人：佳兴有限责任公司　　账号：519032596612463

出票金额：人民币（大写）壹拾贰万元整

实际结算金额：人民币（大写）壹拾万壹仟柒佰元整	千	百	十	万	千	百	十	元	角	分
		¥	1	0	1	7	0	0	0	0

申请人：厦门海西商城股份有限公司　　账 号：350256912347651

出票行：厦门工行翔安分理处 行号：2389

备 注：

出票行签章（略）

2019 年 6 月 2 日

密押：

多余金额									
千	百	十	万	千	百	十	元	角	分
		¥	1	8	3	0	0	0	0

左列退回多余金额已收入你账户

此联出票行结清多余款后交申请人

想一想，练一练

应如何对延伸业务进行处理？

业务四

2019 年 3 月 15 日，福建著成服饰有限公司财务收到福建省石狮台海贸易有限公司签发的为期 3 个月的银行承兑汇票一张（见表 4-6），用来抵付到期未付的前欠货款。

表 4-6

银 行 承 兑 汇 票

出票日期（大写） 贰零壹玖 年叁月 壹拾伍 日　　2　C/0 C/1　59131193

付款人	全　称	福建省石狮台海贸易有限公司	收款人	全　称	福建著成服饰有限公司
	账　号	350367912347619		账　号	350125966124756
	开户银行	工行石狮支行92路营业部		开户银行	晋江工行金井分理处
出票金额	人民币（大写）	壹拾万元整		千百十万千百十元角分	¥10000000
汇票到期日	贰零壹玖年陆月壹拾伍日		付款行	行号	3275
交易合同号码	0003521998			行址	厦门市翔安区飞翔路 9～11 号
本汇票请你行承兑，到期无条件付款（福建省石狮台海贸易有限公司财务专用章） 出票人签章		本汇票已经承兑，到期日由本行付款（工行石狮支行92路营业部） 承兑人签章 承兑日期 2019 年 3 月 15 日 备注：抵付前欠货款		复核　记账	

此联收款行寄付款行作借方凭证附件

【知识准备】

【业务单据】（见表 4-6）

> **知识窗**
>
> 商业承兑汇票是由收款人或付款人签发，经付款人承兑的票据。
>
> 银行承兑汇票是由收款人或承兑申请人签发，并由承兑申请人向开户银行申请，经开户银行审查后同意承兑的票据。

一、商业汇票的定义及分类

商业汇票是签发人签发，经承兑人承兑后，于到期日向收款人或者被背书人支付款项的票据。商业汇票按承兑人的不同，分为商业承兑汇票和银行承兑汇票。

二、商业汇票结算的基本规定

（1）在银行开立存款账户的法人组织和其他组织之间，在具有真实的交易关系或债权债务关系时，可以使用商业汇票进行结算。同城、异地均可使用。

（2）商业汇票一律记名，可以背书转让，也可以贴现。

（3）商业汇票的付款期限最长不得超过 6 个月。

三、商业汇票结算的账务处理

商业汇票结算的账务处理详见项目三中的“任务二　应收票据的核算”。

【业务处理】

（1）妥善保管商业汇票，并在应收票据备查簿上进行登记。

（2）编制记账凭证（用商业汇票的复印件作为原始单据）。

借：应收票据—— 福建省石狮台海贸易有限公司　　　　100 000. 00

　　贷：应收账款—— 福建省石狮台海贸易有限公司　　　　100 000. 00

（3）根据审核无误的记账凭证及其原始凭证，登记应收票据、应收账款的明细账，按账务处理程序的要求登记相关总账。

【知识延伸】

一、委托收款结算方式

1. 定义及分类

委托收款是指收款人向银行提供收款依据，委托银行向付款人收取款项的结算方式。按结算款项的划回方式不同，分为信汇（邮寄凭证）和电汇（拍发电报）两种。“委托收款凭证（回单）1”如表 4-7 所示。

表 4-7

委托收款凭证（回单）1

委 邮　　　　委托日期　　年　　月　　日　　　　委托号码：

<table>
<tr><td rowspan="3">付款人</td><td>全　称</td><td></td><td rowspan="3">收款人</td><td>全　称</td><td colspan="12"></td></tr>
<tr><td>账号或地址</td><td></td><td>账　号</td><td colspan="12"></td></tr>
<tr><td>开户银行</td><td></td><td>开户银行</td><td colspan="5"></td><td colspan="3">行号</td><td colspan="4"></td></tr>
<tr><td rowspan="2">委托金额</td><td colspan="4" rowspan="2">人民币
（大写）</td><td colspan="2">千</td><td>百</td><td>十</td><td>万</td><td>千</td><td>百</td><td>十</td><td>元</td><td>角</td><td>分</td><td></td></tr>
<tr><td colspan="2"></td><td></td><td></td><td></td><td></td><td></td><td></td><td></td><td></td><td></td><td></td></tr>
<tr><td>款项内容</td><td></td><td>委托收款
凭证名称</td><td colspan="2"></td><td colspan="3">附寄单
证张数</td><td colspan="9"></td></tr>
<tr><td colspan="3">备注</td><td colspan="2">款项收妥日期
年　月　日</td><td colspan="12">收款人开户银行盖章　　月　日</td></tr>
</table>

单位主管　　　　会计　　　　复核　　　　记账

2. 委托收款结算的基本规定

① 委托收款不受起点金额限制，也没有最高限额。

② 委托付款的付款期随付款人的不同而不同。

③ 委托收款同城、异地均可使用。

二、托收承付结算方式

1. 定义及分类

托收承付是指根据购销合同由收款人发货后委托银行向异地付款人收取款项，由付款人向银行承认付款的结算方式。托收承付按结算款项的划回方法不同，分为邮寄和电报两种。办理托收承付的双方必须重合同、守信用。收款方对同一付款方发货托收累计 3 次收不到货款的，收款方开户银行应暂停收款方向该付款方办理托收；付款方累计 3 次无理由拒付的，付款方开户银行应暂停其向外办理托收。“托收承付凭证（回单）1”如表 4–8 所示。

表 4–8

托收承付凭证（回单）1

邮

委托日期　　年　月　日　委托号码：

<table>
<tr><td rowspan="3">付款人</td><td>全　称</td><td></td><td rowspan="3">收款人</td><td>全　称</td><td colspan="10"></td></tr>
<tr><td>账号或地址</td><td></td><td>账　号</td><td colspan="10"></td></tr>
<tr><td>开户银行</td><td></td><td>开户银行</td><td colspan="4"></td><td colspan="2">行号</td><td colspan="4"></td></tr>
<tr><td rowspan="2">委托金额</td><td colspan="4" rowspan="2">人民币（大写）</td><td>千</td><td>百</td><td>十</td><td>万</td><td>千</td><td>百</td><td>十</td><td>元</td><td>角</td><td>分</td></tr>
<tr><td></td><td></td><td></td><td></td><td></td><td></td><td></td><td></td><td></td><td></td></tr>
<tr><td colspan="2">附件</td><td colspan="3">商品发运情况</td><td colspan="10">合同名称号码</td></tr>
<tr><td>附寄单证张数或册数</td><td></td><td colspan="3"></td><td colspan="10"></td></tr>
<tr><td colspan="3">备注</td><td colspan="2">款项收妥日期
年　月　日</td><td colspan="10">收款人开户银行盖章　月　日</td></tr>
</table>

单位主管　　　　会计　　　　复核　　　　记账

2. 托收承付结算的基本规定

① 资金性质：必须是商品交易以及由商品交易产生的劳务供应款。

② 托收承付结算起点金额为 10 000 元，新华书店系统的起点金额为 1 000 元。

③ 托收承付结算方式的货款承付期：验单付款为 3 天，验货付款为 10 天。

④ 托收承付适用于依法订有购销合同的异地结算。

三、汇兑结算方式

1. 定义及分类

汇兑结算是汇款人委托银行将款项支付给收款人的结算方式，分为信汇和电汇。

2. 汇兑结算的基本规定

① 汇兑适用于异地之间单位和个人的各种款项结算，手续简便，使用灵活。

② 汇兑不受结算起点金额的限制，也不受资金性质的限制。

项目五

商品流通的进价核算

学习目标

采用数量进价金额核算法，对库存商品的金额，无论是总账还是明细账，均按进价反映，同时明细账还必须反映商品的实物数量。数量进价金额核算法适用于商品流通批发企业。通过本项目的学习，你能够：

1. 熟悉批发商品购销业务的程序。
2. 掌握批发商品购进的核算。
3. 掌握批发商品销售的核算。
4. 掌握批发商品储存的核算。

任务一　批发商品购进的核算

业务一

2019 年 6 月 5 日，大型批发商业企业厦门海西商城股份有限公司收到厦门飞翔针织股份有限公司送来的条纹 V 领 T 恤 2 000 件。

【业务单据】（见表 5-1、表 5-2、表 5-3）

【知识准备】

一、账户设置

（1）“材料采购”账户，由借方登记购入商品的实际采购成本，贷方登记已验收入库商品的实际成本。期末余额在借方，反映在途商品的实际采购成本。

（2）“库存商品”账户，由借方登记已验收入库的购入商品、加工商品、销售退回商品及盘盈商品的实际成本，贷方登记销售发出、进货退出、加工发出及盘亏商品的实际成本，期末余额在借方，表示结存商品的实际成本。

“库存商品”账户按商品类别、名称、规格和存放地点设置明细账（见表 5-3）。

表 5-1

开票代码：039 057102393
开票号码：0928351783
开票日期：2019 年 6 月 5 日
校 验 码：88315 88758 91283 32554

福建省增值税专用发票

发 票 联

机器编号：380010195243

购买方	名　　称：厦门海西商城股份有限公司 纳税人识别号：350582003137 地 址、电 话：厦门飞翔路 18 号 0592—8520812 开户行及账号：厦门工行翔安分理处350256912347651	密码区	11+6*+03193<-9-2>0-3905/ 3*9>+12-1+1238>>08<6183? ?-9300←62-65>0/-136=988 ... <1234>>>>2/3>>3><942%&

货物或应税劳务、服务名称	规格型号	单位	数量	单价	金 额	税率	税 额
*服装*条纹 V 领 T 恤		件	2 000	60.00	120 000.00	13%	15 600.00
合　　计					¥120 000.00		¥15 600.00
价税合计（大写）	⊗壹拾叁万伍仟陆佰元整				（小写）		¥135 600.00

销售方	名　　称：厦门飞翔针织股份有限公司 纳税人识别号：350582004356 地 址、电 话：厦门翔安工业园区　83208102 开户行及账号：厦门翔安工行 3502561624631567	备注	厦门飞翔针织股份有限公司 350582004356 发票专用章

收款人：　　复核：　　开票人：刘文儒　　销售方：（章）

第三联：发票联　购货方记账凭证

表 5-2

开票代码：042 071002985
开票号码：0248511782
开票日期：2019 年 6 月 5 日
校 验 码：33415 7785 910237 24455

福建省增值税专用发票

发 票 联

机器编号：380110195239

购买方	名　　称：厦门海西商城股份有限公司 纳税人识别号：350582003137 地 址、电 话：厦门飞翔路 18 号 0592—8520812 开户行及账号：厦门工行翔安分理处350256912347651	密码区	11+6*+03193<-9-2>0-3905/ 3*9>+12-1+1238>>08<6137? ?-9300←62-65>0/-136=988 ... <1234>>>>2/3>>3><942%&

货物或应税劳务、服务名称	规格型号	单位	数量	单价	金 额	税率	税 额
*运输服务*运费		标准箱	40	12.50	5 00.00	9%	45.00
合　　计					¥500.00		¥45.00
价税合计（大写）	⊗伍佰肆拾伍元整				（小写）		¥545.00

销售方	名　　称：厦门意通物流股份有限公司 纳税人识别号：350583008946 地 址、电 话：厦门自贸区东路　89208188 开户行及账号：工行厦门自贸区营业部 350256162463296	备注	起运地：厦门翔安工业区 到达地：厦门飞翔路 18 号 车号：4500311 95327

收款人：　　复核：　　开票人：杨益通　　销售方：（章）

第三联：发票联　购货方记账凭证

表 5-3

库存商品明细账

<table>
<tr><td></td><td></td><td>总页</td><td></td></tr>
<tr><td>计量单位</td><td></td><td>页数</td><td></td></tr>
<tr><td>名称及规格</td><td colspan="3"></td></tr>
</table>

商品类别：　　　　　　　　存放地点：

<table>
<tr><td colspan="2">年</td><td rowspan="3">凭证号数</td><td rowspan="3">摘要</td><td colspan="11">借（收入）方</td><td rowspan="3">核对号</td><td colspan="11">贷（发出）方</td><td colspan="10">结　存</td></tr>
<tr><td rowspan="2">月</td><td rowspan="2">日</td><td colspan="2">数　量</td><td rowspan="2">单价</td><td colspan="8">金　额</td><td colspan="2">数量</td><td rowspan="2">单价</td><td colspan="8">金　额</td><td rowspan="2">数量</td><td rowspan="2">单价</td><td colspan="8">金　额</td></tr>
<tr><td>购进</td><td>其他</td><td>十</td><td>万</td><td>千</td><td>百</td><td>十</td><td>元</td><td>角</td><td>分</td><td>销售</td><td>其他</td><td>十</td><td>万</td><td>千</td><td>百</td><td>十</td><td>元</td><td>角</td><td>分</td><td>十</td><td>万</td><td>千</td><td>百</td><td>十</td><td>元</td><td>角</td><td>分</td></tr>
<tr><td></td><td></td><td></td><td></td><td></td><td></td><td></td><td></td><td></td><td></td><td></td><td></td><td></td><td></td><td></td><td></td><td></td><td></td><td></td><td></td><td></td><td></td><td></td><td></td><td></td><td></td><td></td><td></td><td></td><td></td><td></td><td></td><td></td><td></td><td></td><td></td><td></td></tr>
</table>

（3）“库存商品——进货费用”账户，由借方登记商品采购过程中发生的运输费、装卸费、保险费等可归属存货采购成本的进货费用，贷方登记已销商品应分摊的进货费用，期末借方余额，表示结存商品应承担的进货费用。如果企业进货费用金额较小，也可在发生时直接计入当期销售费用。

二、账务处理

（1）“单货同到”或者“单先到货后到”。这里“单”是指增值税专用发票及结算付款凭证等单据。无论是“单先到货后到”，还是“单货同到”，均应编制两笔会计分录。

① 根据增值税专用发票、结算付款凭证等单据编制记账凭证。

借：材料采购——某供货商或某商品

　　库存商品——进货费用

　　应交税费——应交增值税（进项税额）

　　贷：银行存款（或应付账款、应付票据等账户）

② 所购商品验收入库后，根据收货单及有关单据编制记账凭证。

借：库存商品——商品类别——商品名称

　　贷：材料采购——某供货商或某商品

（2）货到单未到，编制会计分录如下。

① 平时暂不入账，月末付款结算单仍未到达，则估价入账。

借：库存商品——商品类别——商品名称

　　贷：应付账款——暂估应付账款

② 次月初冲销（借贷科目均用蓝黑墨水书写，金额用红色墨水书写）估价入账。

借：库存商品——商品类别——商品名称

　　贷：应付账款——暂估应付账款

③ 冲销后，等单证到达再做账务处理，处理过程与“单货同到”一致。

【业务处理】

一、业务流程

本业务属于本地商品购进，采用送货制，购方各部门应进行如下业务处理。

（1）业务部门将供货单位提供的增值税专用发票与销售合同核对，确认所购商品的规格、品名、数量、单价、金额全部无误后，填制一式多联的“收货单”并留下存根联（见表 5-4）。

表 5-4

收　货　单

供应商：厦门飞翔针织股份有限公司　　2019 年 6 月 5 日　　存放仓库：2 号仓 3 号货架

货号	规格、品名	单位	数量	单价	金额	税率	进项税额
#602	M 号 1 000；L 号 600；XL 号 400	件	2 000	60.00	120 000.00	13%	15 600.00
合计			2 000	60.00	120 000.00	13%	15 600.00
价税合计（大写）壹拾叁万伍仟陆佰元整				￥135 600.00			
件数	40 箱	发票号码：增值税票 0928551785			合同　字　20115 号		

第一联　存根

业务主管：　　开票人：丁海亮　　收货人：华王印嘉

（2）仓库部门根据“收货单”的收货联验收商品并登记商品保管账。

（3）出纳员根据“收货单”结算联、“增值税专用发票”发票联等资料办理银行结算，开出转账支票（见表 5-5 和表 5-6）。

表 5-5

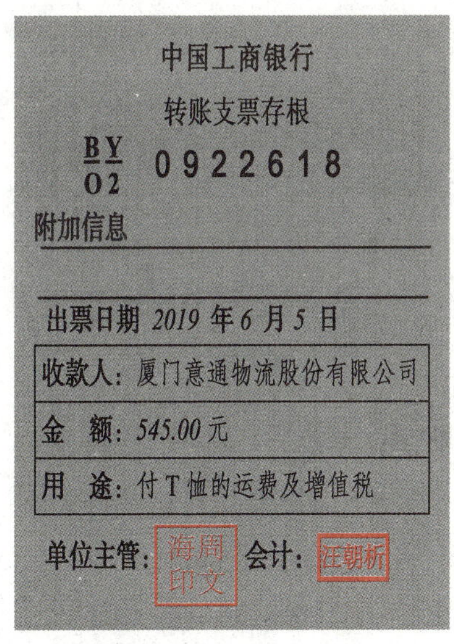
中国工商银行
转账支票存根
BY 02　0922618
附加信息
出票日期 2019 年 6 月 5 日
收款人：厦门意通物流股份有限公司
金　额：545.00 元
用　途：付 T 恤的运费及增值税
单位主管：海周印文　会计：汪朝析

表 5-6

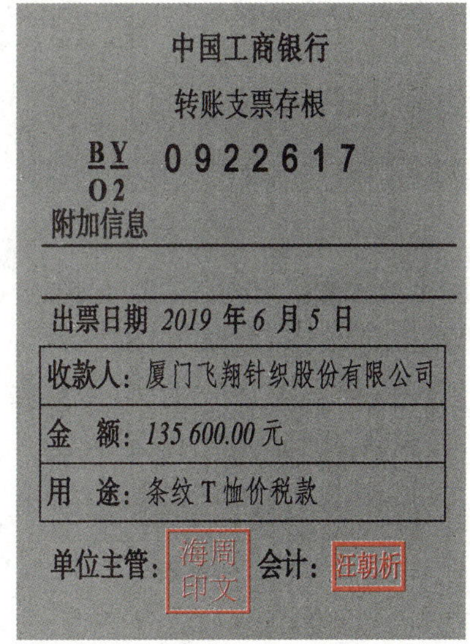
中国工商银行
转账支票存根
BY 02　0922617
附加信息
出票日期 2019 年 6 月 5 日
收款人：厦门飞翔针织股份有限公司
金　额：135 600.00 元
用　途：条纹 T 恤价税款
单位主管：海周印文　会计：汪朝析

二、账务处理

（1）根据增值税专用发票、转账支票存根联等编制记账凭证。

借：材料采购——厦门飞翔针织股份有限公司　　120 000.00
　　库存商品——进货费用　　500.00
　　应交税费——应交增值税（进项税额）　　15 645.00
　　贷：银行存款　　136 145.00

（2）根据“收货单”记账联编制记账凭证。

借：库存商品——服饰——男装——T 恤　　120 000.00
　　贷：材料采购——厦门飞翔针织股份有限公司　　120 000.00

（3）根据记账凭证登记“库存商品明细账”（见表 5-7），银行存款日记账及其他明细账的登记略。

表 5-7

库存商品明细账

总页	
计量单位	件	页数	
名称及规格	条纹V领T恤		

商品类别：服饰——男装　　**存放地点**：第 2 仓库 3 号货架

19年		凭证号数	摘要	借（收入）方											核对号	贷（发出）方											结存									
				数量		单价	金额									数量		单价	金额								数量	单价	金额							
月	日			购进	其他		十	万	千	百	十	元	角	分		销售	其他		十	万	千	百	十	元	角	分			十	万	千	百	十	元	角	分
6	1		期初																								100	61.05			6	1	0	5	0	0
6	5	略	入库	2000		60	1	2	0	0	0	0	0	0																						

（4）按照商业企业会计核算程序的要求登记库存商品总账。

业务二

2019 年 5 月 25 日，浪花超市采用延期付款方式向永春某芦柑生产大户购买 60 000kg 优质芦柑，总价为 240 000.00 元，销售时增值税税率为 13%。合同约定：采用送货制，送货费用由销售方负责，芦柑卖出 50% 后，采购方采用汇兑方式主动付款。

【业务单据】

业务单据：农产品收购发票、浪花超市收货单，汇兑凭证等。

【知识准备】

一、农副产品增值税的计算

根据《中华人民共和国增值税暂行条例》及其实施细则的规定：从事农业生产的单位和个人自产自销的初级农业产品免征增值税。

一般纳税人购进免征增值税的农产品，按农产品收购发票或者销售发票上注明的农产品买价和 9% 的扣除率计算进项税额。

进项税额＝买价×9%

库存商品入账金额＝买价×（1-9%）

如果一般纳税人购进免征增值税的农产品，该农产品用于生产或委托加工 13% 税率的货物，农产品收购发票或者销售发票上注明的农产品买价和 10% 的扣除率计算进项税额。

进项税额＝买价×10%

库存商品入账金额＝买价×（1-10%）

二、商品购进延期付款的核算

采用延期付款方式购进商品，购销双方应事先签订合同，规定账期或者约定商品卖出之后付款。商业经营经常采用这种方式。

【业务处理】

会计业务处理（其他部门的业务处理略）如下。

（1）根据农产品收购发票等单据编制记账凭证。

借：材料采购——永春某芦柑生产大户　　218 400.00
　　应交税费——应交增值税（进项税额）　　21 600.00
　　贷：应付账款——永春某芦柑生产大户　　240 000.00

（2）根据收料单编制记账凭证。

借：库存商品——永春芦柑　　218 400.00
　　贷：材料采购——永春某芦柑生产大户　　218 400.00

（3）芦柑售出50%后，浪花超市主动付款，根据银行退回的汇兑凭证编制记账凭证。

借：应付账款——永春某芦柑生产大户　　240 000.00
　　贷：银行存款　　240 000.00

（4）登记有关账户的明细账和总账。

业务三

某批发公司向A企业购进甲商品50 000kg，单价为2.40元，价款为120 000.00元，进项税额为15 600.00元，价税款已转账付讫并进行了相应的账务处理，但在商品验收入库时，发现溢余250kg，价款为600.00元。

【业务单据】

业务单据包括某批发公司的收货单及商品溢余单。

【知识准备】

一、账户设置

“待处理财产损溢——待处理流动资产损溢”账户，该账户借方登记商品短缺数、商品溢余转销数；贷方登记商品溢余数、商品短缺转销数。如果期末余额在借方，反映尚未处理的短缺数额；如果期末余额在贷方，则反映尚未处理的溢余数额。

二、购进商品发生溢余的核算

（1）购进商品验收入库，如果发生溢余，原因待查，编制会计分录如下。

借：库存商品——某商品（实际收到金额）
　　贷：材料采购——某供货商（实际采购金额）
　　　　待处理财产损溢——待处理流动资产损溢（溢余金额）

（2）查明原因，经批准后进行处理，编制会计分录如下。

① 自然升溢——增加商品数量，不增加金额，调减单位成本。如果已将自然升溢转入“待处理财产损溢”账户，则应编制冲销分录。

借：待处理财产损溢——待处理流动资产损溢（溢余金额）

贷：库存商品——某商品（溢余金额）

② 如果系供货方多发商品，可补作购进，或退回多发商品。

三、购进商品发生短缺的核算

（1）购进商品验收入库，如果发生短缺，原因待查。

借：库存商品——某商品（实收金额）

待处理财产损溢——待处理流动资产损溢（短缺金额）

贷：材料采购——某供货商（实际采购金额）

（2）查明原因，经批准后进行处理。

① 自然短缺——减少商品数量，不减少金额，调增单位成本。如果已将自然短缺转入“待处理财产损溢”，则应编制冲销分录。

借：库存商品——某商品（短缺金额）

贷：待处理财产损溢——待处理流动资产损溢（短缺金额）

② 如果系供货方少发商品，可由供货方补发商品，或退还货款。

③ 如果属于运输途中的责任事故，编制会计分录如下。

借：其他应收款——责任单位

贷：待处理财产损溢——待处理流动资产损溢（短缺金额）

应交税费——应交增值税（进项税额转出）

④ 如果系自然灾害造成的损失，编制会计分录如下。

借：其他应收款——保险公司（可获得理赔的金额）

营业外支出（净损失）

库存现金（残值收入）

贷：待处理财产损溢——待处理流动资产损溢（短缺金额）

应交税费——应交增值税（进项税额转出）

【业务处理】

（1）根据收货单、商品溢余单编制记账凭证。

借：库存商品——某商品　120 600.00

贷：材料采购——某供货商（实际采购金额）　120 000.00

待处理财产损溢——待处理流动资产损溢（溢余金额）　600.00

（2）假设经查溢余的商品为250kg，其中50kg为自然溢余，200kg为供货方多发。则对自然溢余部分，将其从“待处理财产损溢”账户转出。

借：待处理财产损溢——待处理流动资产损溢（溢余金额）　120.00

贷：库存商品——某商品　120.00

（3）假设与对方协商后，购货方同意多发的200kg补作购进。待供货方将增值税发票补寄过来后，购方补付价税款，根据有关凭证编制如下会计分录。

借：待处理财产损溢——待处理流动资产损溢（溢余金额）　480.00
　　应交税费——应交增值税（进项税额）　62.40
　　贷：银行存款　542.40

如果购货方不同意购进，则将多发商品退给供货方。

想一想，练一练

若“业务三”系商品短少250kg，其中，50kg为自然损耗，200kg为运输部门责任，运输部门同意赔偿，请完成处理前后的账务。

【知识延伸】

库存商品发生溢缺应如何进行核算？批发商品在储存过程中，由于自然条件的影响、人为过失或其他原因，往往会造成实存数量与账存数量不符，形成溢缺。

为了加强对商品储存过程的监控，保证账实相符，企业必须加强对储存商品的盘点。盘点结束应填制“库存商品盘点表”，如有盈亏，还要填制“库存商品溢余（短缺）报告单”，按规定的审批程序报请处理。

商品储存过程溢缺的账务处理与商品购进溢缺的账务处理基本相同。在未查明原因前，应先调整“库存商品”账户的账面记录，将溢缺额转入“待处理财产损溢”账户，查明原因后，按不同情况，将溢缺额从“待处理财产损溢”账户转到相关账户中去。

业务四

某批发公司从广东虎门服装厂购进一批时装，价款为30 000.00元，增值税税率为13%，增值税进项税额为3 900.00元，款项已付，但在验收商品时，发现质量不符合要求，与对方联系，对方同意马上退货。

【业务单据】

业务单据包括增值税专用发票、银行结算凭证等。

【知识准备】

一、拒付货款、拒收商品的核算

由于款项未付，不需要进行账务处理。如果是采用托收承付结算方式的，应在规定的承付期内说明拒付理由，填制拒付理由书。对拒收的商品，如果未入库而且是立即退还，仓库则不做任何处理；如果已入库或要代为保管一段时间，则应填制“代管商品收货单”，并妥善保管。

二、已付货款、拒收商品的核算

对已付款又拒收的商品，应将该批商品的货款、增值税进项税额转入“应收账款”账户，同时在代管商品物资辅助明细账中登记拒收商品的数量。

【业务处理】

（1）由于商品尚未入库，而且是马上退货，所以仓库不需要进行业务处理。

（2）会计部门待收到对方开来的红字增值税专用发票时，编制记账凭证。

借：应收账款——广东虎门服装厂　　33 900.00

　　应交税费——应交增值税（进项税额）　　3 900.00

　　贷：材料采购　　30 000.00

（3）收到对方退还的价税款，根据相关结算凭证编制记账凭证。

借：银行存款　　33 900.00

　　贷：应收账款——广东虎门服装厂　　33 900.00

（4）登记有关账户的明细账和总账。

业务五

某批发公司从石狮海天服装厂购进一批时装，价款为 98 000.00 元，增值税进项税额为 12 740.00元，商品已到，款项已付并入账，后接到供货方通知，价款应为 89 000.00 元，并退来货款 9 000.00 元，增值税 1 170.00 元。

【业务单据】

业务单据包括增值税专用发票（红字）、银行结算凭证等。

【知识准备】

一、进货退价的核算

进货退价是指已经结算的进货价款高于实际进货价款，进货方收到供货方退回的差价及相应的增值税税款。

收到销货方的销货更正单和红字专用发票的发票联时，应做如下处理。

（1）商品尚未售出或虽已售出，但尚未结转销售成本，编制会计分录如下。

借：应收账款（或银行存款）

　　应交税费——应交增值税（进项税额）（金额用红色墨水填写）

　　贷：库存商品——某商品

（2）商品已售出，且结转了商品的销售成本，编制会计分录如下。

借：应收账款（或银行存款）

　　应交税费——应交增值税（进项税额）（金额用红色墨水填写）

　　贷：主营业务成本——某商品

二、进货补价的核算

进货补价是指已结算的进价低于应计的进货价格，购货方应向销货方补付少给的货款。收到销货方的销货更正单和蓝字专用发票的发票联时，应做如下处理。

（1）商品尚未售出或虽已售出，但尚未结转销售成本，编制会计分录如下。

借：库存商品——某商品

　　应交税费——应交增值税（进项税额）

　　贷：银行存款（或应付账款）

（2）商品已售出，且结转了商品的销售成本，编制会计分录如下。

借：主营业务成本

　　应交税费——应交增值税（进项税额）

　　贷：银行存款（或应付账款）

【业务处理】

假设该批商品已售出，且结转了商品的销售成本，编制会计分录如下。

借：银行存款　　10 170.00

　　应交税费——应交增值税（进项税额）　　1 170.00

　　贷：主营业务成本　　9 000.00

想一想，练一练

若“业务五”中该批商品尚未销售或虽已销售，但尚未结转商品的销售成本，对退价应如何进行业务处理？

【知识延伸】

进货退出是指企业购入的商品已经验收入库并付完款，才发现该商品与合同规定不符，在与供货方协商后，将商品退还供货方。其业务程序如下。

（1）购货方到当地税务机关开具进货退出证明，送销货方，据以开红字发票。

（2）业务部门填写“进货退出发货单”或红字“收货单”，作为附件通知储运部门。

（3）储运部门将商品发运退还供货方。

（4）财务部门根据红字增值税发票、红字“收货单”等凭证编制转销分录。

① 根据“进货退出发货单”或红字“收货单”编制会计分录如下。

借：材料采购——某供货单位

　　贷：库存商品——某商品

② 根据红字增值税专用发票编制会计分录如下。

借：应收账款——某供货单位

　　应交税费——应交增值税（进项税额）（金额要用红色墨水填写）

　　贷：材料采购——某供货单位

③ 根据银行转来的收款通知及有关凭证编制会计分录如下。

借：银行存款

　　贷：应收账款——某供货单位

任务二　批发商品销售的核算

业务一

2019 年 6 月 8 日，大型批发商业企业厦门海西商城股份有限公司向服装零售企业厦门罩本裳股份有限公司出售条纹 V 领 T 恤 800 件，采用提货制。

【知识准备】

一、批发商品销售收入的确认

商品流通企业销售商品时，如果同时符合以下四个条件，即确认为收入。

（1）已将商品所有权的主要风险和报酬转移到购买方。

（2）没有保留与所有权相联系的继续管理权，也没有对已售出商品实施控制。

（3）与交易相关的经济利益能够流入企业。

（4）相关的收入和成本能够可靠地计量。

二、账户设置

（1）“主营业务收入”账户，该账户借方登记出售商品实现的销售收入，贷方登记期末转入“本年利润”的销售收入，期末一般无余额。按商品类别或品种设置明细账。

（2）“应交税费——应交增值税（销项税额）”账户，该账户贷方登记销售商品时向购货方收取的增值税，如果发生销售退回，则用红字登记退还购货方的增值税。

【业务处理】

一、业务流程

（1）购货方采购员到供货方选购商品，供货方“增值税专用发票”专管员按规定开具增值税专用发票，交付购货方采购员。

（2）采购员持增值税专用发票、现金支票到财务部门办理结算。供货方出纳员将现金支票连同“进账单”一并送交银行，办理转账后，收到退回的“进账单”（见表5-8）。

表 5-8

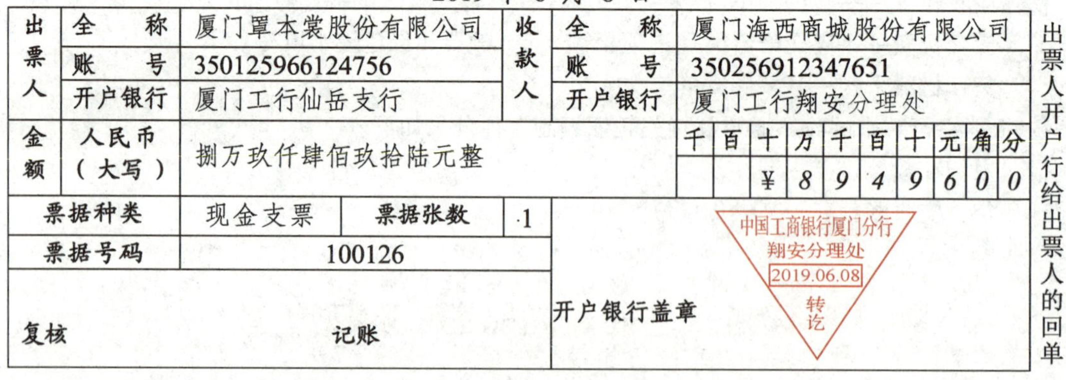

工商银行进账单（回单）　1

2019 年 6 月 8 日

出票人	全　称	厦门罩本裳股份有限公司	收款人	全　称	厦门海西商城股份有限公司
	账　号	350125966124756		账　号	350256912347651
	开户银行	厦门工行仙岳支行		开户银行	厦门工行翔安分理处

金额	人民币（大写）	捌万玖仟肆佰玖拾陆元整	千	百	十	万	千	百	十	元	角	分
					¥	8	9	4	9	6	0	0

票据种类	现金支票	票据张数	1	开户银行盖章
票据号码	100126			中国工商银行厦门分行 翔安分理处 2019.06.08 转讫
复核		记账		

出票人开户行给出票人的回单

（3）供货方财务部门在收妥价税款后，应在“增值税专用发票”发票联（见表5-9）、抵扣联上加盖发票专用章，并留下记账联。

表 5-9

福建省增值税专用发票

此联不作报销、扣税凭证使用

机器编号：353605175128

开票代码：027 059102244
开票号码：8898223009
开票日期：2019 年 6 月 8 日
校 验 码：81155 96058 41958 38548

购买方	名 称：厦门罩本裳股份有限公司 纳税人识别号：350582004356 地 址、电 话：厦门仙台路 82508129 开户行及账号：厦门工行仙岳支行 350125966124756	密码区	1*6**+03193<-9-2>0-3905/* 27*->+2-1+1128>0>8<6/511 2-3900←62-65>0/-136=999 +08<14>>>>2/3>>3><942011

货物或应税劳务、服务名称	规格型号	单位	数量	单价	金 额	税率	税 额
*服装*条纹 V 领 T 恤		件	800	99.00	79 200.00	13%	10 296.00
合 计					¥ 79 200.00		¥ 10 296.00
价税合计（大写）	⊗捌万玖仟肆佰玖拾陆元整				（小写）		¥ 89 496.00

销售方	名 称：厦门海西商城股份有限公司 纳税人识别号：350582003137 地 址、电 话：厦门飞翔路 18 号 8520812 开户行及账号：厦门工行翔安分理处350256912347651	备注	厦门海西商城股份有限公司 350582003137 发票专用章

第一联：记账联 销售方记账凭证

收款人： 复核： 开票人：黄积金 销售方：（章）

（4）采购员持加盖发票专用章的“福建省增值税专用发票”发票联到仓库提货。

二、账务处理

（1）财务根据增值税专用发票记账联、工商银行进账单（回单）编制记账凭证。

借：银行存款　　89 496. 00

　　贷：主营业务收入——服饰——男装（T 恤）　　79 200. 00

　　　　应交税费——应交增值税（销项税额）　　10 296. 00

（2）根据审核无误的记账凭证登记应交税费明细账、主营业务收入明细账（见表 5-10），按账务处理程序的要求登记总账。

表 5-10

主营业务收入

服饰类：男 装

19年 月	日	记账凭证 种类	号码	摘 要	贷方金额 百	十	万	千	百	十	元	角	分	核对号	T 恤		衬 衫		卫 衣		内 裤		休闲裤
6	8	记	05	销售商品			7	9	2	0	0	0	0	√	79200	00							

【知识延伸】

在实际工作中，如果批发企业每日销售商品的批次多、开出的增值税专用发票多、结算凭证多，品种、规格复杂，不必逐批填制记账凭证、登账，可简化处理。

（1）每日终了，业务部门根据当天开出的增值税专用发票，按品种、规格汇总销售数量和金额，填制“销货日报表”（见表 5-11），将财务联送交财务部门。

表 5-11

销货日报表

年　月　日　　　　　　　　　　单位：元

货号	大类	品名	规格	单位	数量	单价	金额	增值税额
合计								

复核：　　　　　　　　　　　　　　　　　　　　制单：

（2）收款部门根据当天收到的现金送存银行后的交款单（回单）、支票送存银行后的“进账单”（回单）等收款凭证，区分结算方式，汇总编制“收款日报表”（见表 5-12），并将财务联送交财务部门。

表 5-12

收款日报表

年　月　日　　　　　　　　　　单位：元

项目	凭证张数	金额	项目	凭证张数	金额
合计			合计		

复核：　　　　　　　　　　　　　　　　　　　　制单：

（3）财务部门将销货日报表与收款日报表核对无误后，据以编制记账凭证，登记日记账、明细账，按账务处理程序的要求登记总账。

业务二

2019 年 6 月 18 日，大型批发商业企业厦门海西商城股份有限公司向昆明新天地男装营销中心出售条纹 V 领 T 恤 1 250 件，每件售价为 99.00 元，采用发货制，并以库存现金支付运费 800 元，运费的增值税 72 元。

【业务处理】

一、业务流程（略）

二、账务处理

（1）财务部门根据委托收款回单（略）、增值税专用发票记账联（见表 5-13）、发货单（见表 5-14）编制“销售条纹 V 领 T 恤”的记账凭证。

借：应收账款——昆明新天地男装营销中心　　139 837.50

　　贷：主营业务收入——服饰——男装（T 恤）　　123 750.00

　　　　应交税费——应交增值税（销项税额）　　16 087.50

表 5-13

福建省增值税专用发票

开票代码：073 088102233

开票号码：9008223444

开票日期：2019 年 6 月 18 日

机器编号：353900175208　　校 验 码：65533 96058 41589 81582

购买方	名　称：昆明新天地男装营销中心 纳税人识别号：530827003512 地 址、电 话：昆明市高原路 88 号 53208128 开户行及账号：工行昆明高原路支行 5306467743786188	密码区	1*6*+03193<-9-2>0-3905/* 27*->+2-1+1128>0>8<6/211 2-3900←62-65>0/-136=999 +08<14>>>>2/3>>3><942011

货物或应税劳务、服务名称	规格型号	单位	数量	单价	金　额	税率	税　额
*服装*条纹 V 领 T 恤		件	1250	99.00	123 750.00	13%	16 087.50
合　　计					¥ 123 750.00		¥ 16 087.50
价税合计（大写）	⊗壹拾叁万玖仟捌佰叁拾柒元伍角整　（小写）¥139 837.50						

销售方	名　称：厦门海西商城股份有限公司 纳税人识别号：350582003137 地 址、电 话：厦门飞翔路 18 号　8520812 开户行及账号：厦门工行翔安分理处 350256912347651	备注	厦门海西商城股份有限公司 350582003137 发票专用章

收款人：　　复核：　　开票人：黄积金　　销售方：（章）

第一联：记账联　销售方记账凭证

表 5-14

发　货　单

客户：昆明新天地男装营销中心　　2019 年 6 月 18 日　　No. 0003364

品名及规格	单位	出仓数量	售价	十	万	千	百	十	元	角	分	备注
条纹 V 领 T 恤		1 250件（25箱）	99.00	1	2	3	7	5	0	0	0	
合　计	壹拾贰万叁仟柒佰伍拾零元零角零分　¥123 750.00											

（金额栏：十、万、千、百、十、元、角、分）

主管：　　仓管员：华王印嘉　　制单：　　提货人：王晨光

第二联：客户联

（2）财务部门根据增值税专用发票记账联（见表 5-15）等单据编制“支付条纹 V 领 T 恤托运费用”的记账凭证。

借：销售费用——运费　　800.00
　　应交税费——应交增值税（进项税额）　　72.00
　　贷：库存现金　　872.00

表 5-15

福建省增值税专用发票

开票代码：075 089024239
开票号码：9018223447
开票日期：2019 年 6 月 18 日
机器编号：354800756083
校 验 码：66339 46054 18591 15482

购买方	名　　称：厦门海西商城股份有限公司 纳税人识别号：350582003137 地 址、电 话：厦门飞翔路18号 8520812 开户行及账号：厦门工行翔安分理处350256912347651				密码区	**33+03193<-1-2>0-35/*66 ->123+2-1+1128>0>8<6666/ 3-3902←21-65>0/-136=99= 08<14>>>>2/3>>3><9420119		
货物或应税劳务、服务名称	规格型号	单位	数量	单价	金　额	税率	税　额	
*运输服务*运费		标准箱	25	32.00	800.00	9%	72.00	
合　　计					¥800.00		¥ 72.00	
价税合计（大写）	⊗ 捌佰柒拾贰元整				（小写） ¥872.00			
销售方	名　　称：厦门意通物流股份有限公司 纳税人识别号：350583008946 地 址、电 话：厦门自贸区东路 89208188 开户行及账号：工行厦门自贸区营业部 350256162463296				备注			

第三联：发票联　购货方记账凭证

收款人：　　复核：　　开票人：杨益通　　销售方：（章）

（3）2019 年 6 月 20 日，银行通知所托收款项已收到，根据银行转来的委托收款凭证（收款通知）（略）编制记账凭证。

借：银行存款　　139 837.50
　　贷：应收账款——昆明新天地男装营销中心　　139 837.50

业务三

2019 年 6 月 25 日，经协商，同意服装零售企业厦门罩本裳股份有限公司退还 6 月 8 日所购的条纹 V 领 T 恤 300 件（原先购买 800 件）。

【业务单据】

业务单据包括红字增值税专用发票、红字发货单、银行结算凭证（见表 5-16）等。

表 5-16

委托收款凭证（收款通知）4

委邮　　　　委托日期　2019 年 6 月 25 日　　　　委托号码：9236

<table>
<tr><td rowspan="3">付款人</td><td>全　称</td><td>厦门海西商城股份有限公司</td><td rowspan="3">收款人</td><td>全　称</td><td colspan="3">厦门罩本衫股份有限公司</td></tr>
<tr><td>账号或地址</td><td>350256912347651</td><td>账　号</td><td colspan="3">350125966124756</td></tr>
<tr><td>开户银行</td><td>厦门工行翔安分理处</td><td>开户银行</td><td>厦门工行仙岳支行</td><td>行号</td><td>2458</td></tr>
<tr><td>委托金额</td><td colspan="4">人民币（大写）叁万叁仟伍佰陆拾壹元整</td><td colspan="3">千 百 十 万 千 百 十 元 角 分
　 　 ¥ 3 3 5 6 1 0 0</td></tr>
<tr><td>款项内容</td><td>价税款</td><td>委托收款凭证名称</td><td colspan="2">增值税专用发票
发货单</td><td>附寄单证张数</td><td colspan="2">4</td></tr>
<tr><td colspan="3">备注：厦门海西商城股份有限公司</td><td colspan="2">款项收妥日期
2019 年 6 月 25 日</td><td colspan="3">厦门工行翔安支行 2019.06.25
收款人开户银行盖章 6 月 25 日</td></tr>
</table>

单位主管　　　　会计　　　　复核　　　　记账

【知识准备】

应如何进行销售退回的会计核算呢？无论退回的已售商品是何时出售的，均冲减退回当月的销售收入和增值税销项税额。如果退回商品的销售成本已经结转，应一并冲回。

根据红字增值税专用发票、银行结算凭证、红字发货单编制记账凭证。

借：主营业务收入——服饰——男装（T 恤）（退回商品的销售额）

　　贷：应交税费——应交增值税（销项税额）（金额要用红色墨水书写）

　　　　银行存款（或应付账款）

如果退回的商品已经结转销售成本，应同时编制记账凭证。

借：库存商品——退回的商品名称

　　贷：主营业务成本

【业务处理】

退回的 T 恤尚未结转销售成本，所以只需根据增值税专用发票（红字）、发货单（红字）、银行结算凭证编制冲减收入和销项税额的记账凭证。

借：主营业务收入——服饰——男装（T 恤）　　29 700.00

　　贷：应交税费——应交增值税（销项税额）　　3 861.00

　　　　银行存款（或应付账款）　　33 561.00

【知识延伸】

应如何进行销售退补价的会计核算呢？当实际售价低于已结算售价，销货方应退还的差价为销售退价；当实际售价高于已结算售价，购货方应补足的差价为销售补价。销售退价、销售补价均不涉及“库存商品”和“主营业务成本”账户。

销售退价，根据红字增值税专用发票、银行结算凭证等单据编制记账凭证。

借：主营业务收入（退还的价款）

　　贷：应交税费——应交增值税（销项税额）（金额要用红色墨水书写）

　　　　银行存款

销售补价，根据增值税专用发票、银行结算凭证等单据编制记账凭证。

借：银行存款

　　贷：主营业务收入（补来的价款）

　　　　应交税费——应交增值税（销项税额）

业务四

2019 年 6 月 9 日，厦门海西商城股份有限公司从泉州天绿食品有限公司购入鲜果汁 10 吨，每吨进价 3 000. 00 元，合计价款 30 000. 00 元，进项税额 3 900. 00 元，按合同规定直运销售到晋江先海百货，每吨售价 3 600. 00 元，合计价款 36 000. 00 元，销项税额 4 680. 00 元。运费 500. 00 元由厦门海西商城股份有限公司承担。

【知识准备】

应如何进行直运商品销售的会计核算？直运商品销售是指批发企业从供货方所在地，将所采购商品直接运到购货方的一种销售方式。

直运商品销售的特点是商品不经过本企业仓库，不通过“库存商品”账户核算，商品购进与商品销售同时发生，随时结转成本。

直运商品销售方式适用于数量大、规格单一、质量稳定的商品。

【业务处理】

（1）厦门海西商城股份有限公司驻泉州天绿食品有限公司采购员，办理鲜果汁发运、支付运杂费以及委托所在地银行向购货单位收取货款等事项。

（2）厦门海西商城股份有限公司财务收到采购员寄回的直运商品发货单，即向购货单位托收货款的回单，货物及运费的增值税专用发票记账联、抵扣联等，编制记账凭证。

借：应收账款——晋江先海百货　　40 680. 00

　　贷：主营业务收入——直运商品销售收入　　36 000. 00

　　　　应交税费——应交增值税（销项税额）　　4 680. 00

借：销售费用——运杂费　　500. 00

　　应交税费——应交增值税（进项税额）　　45. 00

　　贷：银行存款　　545. 00

（3）厦门海西商城股份有限公司财务收到银行转来的供货方托收凭证、增值税专用发票发票联等单据，支付货款，编制记账凭证。

借：材料采购——泉州天绿食品有限公司　　30 000. 00

　　应交税费——应交增值税（进项税额）　　3 900. 00

　　贷：银行存款　　33 900. 00

（4）厦门海西商城股份有限公司财务结转直运销售商品成本，编制记账凭证。

借：主营业务成本　　　　　　　　　　　　　　　30 000.00
　　贷：材料采购　　　　　　　　　　　　　　　　　30 000.00

“业务四”属于先托收销售款、后承付购货款，在实际工作中还有先承付购货款、后托收销售款的，也有承付购货款与托收销售款是在同一天发生的。

想一想，练一练

若“业务四”采用“委托供货方代办商品发运，代垫运杂费和代向购货方结算款项”的方式，在单据的填制与传递上会有不同吗？在会计核算上会有不同吗？

任务三　批发商品储存的核算

业务一

厦门海西商城股份有限公司的业务部门、财务部门、仓库部门在不同的办公地点，业务部门和财务部门办公地点接近，仓库部门办公地点设在某中心仓库内。业务部门、财务部门和仓库部门均需要掌握库存商品明细资料，该商业企业应如何设置库存商品明细账？

【知识准备】

商品批发企业商品储存的核算应有利于商品流通业务的开展，有利于保护商品安全，有利于商品销售成本的计算和结转，有利于企业内部协作。

在实际工作中，商业企业库存商品明细账的设置，一般有以下几种方式。

(1) 三账分设，指财务、业务、仓库三个部门各设一套库存商品明细账，分别核算。其优点是账簿体系完整，可以相互牵制；缺点是重复劳动，效率低，容易造成三账之间的未达账项。三账分设过程如表 5-17 所示。

表 5-17

三账分设过程

设账部门	账簿名称	核算范围	掌握内容
财务部门	商品明细账	数量、金额	掌握会计库存
业务部门	商品调拨账	数量	掌握业务库存、可调库存
仓库部门	商品保管账	数量	掌握实际库存、保管库存

(2) 两账合一，指财务和业务部门合并设置一套库存商品明细账，既核算库存商品数量，又核算金额，提供财务和业务两个部门所需要的库存商品明细资料；仓库部门单独设置库存商品保管账，只核算库存商品数量，不核算金额。两账合一适用于财务与业务在同一处办公的大中型批发企业。

(3) 三账合一，指财务、业务、仓库三个部门合设一套库存商品明细账，既核算库存商品数量，又核算金额。三账合一可避免重复劳动，但账簿体系不完整，不利于部门间相互监督。三账合一适用于财务、业务、仓库同在一处办公，“前店后仓”的企业。

【业务处理】

厦门海西商城股份有限公司的业务部门、财务部门、仓库部门在不同的地点办公，业务部门和财务部门办公地点接近，仓库部门办公地点设在某中心仓库内。可采用两账合一核算库存商品明细账。

业务二

2019 年 6 月 30 日，根据任务一中的“业务一”和任务二中“业务一”“业务二”“业务三”的有关资料，采用先进先出法，定期结转条纹 V 领 T 恤的销售成本。

【知识准备】

一、发出商品成本的计算方法

企业每次进货的单价不尽相同，确定已销售商品的进货单价是计算商品销售成本的关键。在库存商品采用数量进价金额核算的企业中，商品销售成本的计算方法主要有个别计价法、先进先出法、加权平均法和毛利率法。

1. 个别计价法

① 含义：个别计价法也称分批实际法，是按每一批商品购入时所确定的单位成本计算各批发出商品的期末库存商品成本的一种方法。

② 操作：业务部门在发货单上注明进货批次；仓库部门按进货批次分别堆放商品；财务部门按进货批次设置商品明细账。

每批商品销售成本 = 每批商品的销售数量×该批商品的实际进货单价

③ 适用范围及优缺点。适用范围：能够分清进货批次的大件贵重商品、不能代替商品、为特定项目专门购入的商品等。优点：计算结果比较准确。缺点：工作量大。

2. 先进先出法

① 含义：先进先出法就是假定先入库的存货最先发出。

② 操作：对入库存货，财务部门要按时间的先后顺序逐笔登记其数量、单价和金额；每次发出存货时，按照商品购进的先后顺序依次确定发出存货的单价，并计算其销售成本。

③ 适用范围及优缺点。适用范围：适用于时效性强、价格较稳定、收发频率不大的商品。优点：期末存货成本接近市价，能及时、准确地反映存货的资金占用情况。缺点：物价变动大时，成本与收入不能恰当配比，影响利润的准确性。

3. 加权平均法

① 含义：加权平均法就是定期（如按月）计算每种库存商品的存（期初库存）进（本期入库）均价，作为该商品本期发出和期末结存的单价，并一次性计算出本期发出商品的实际成本。

② 公式：

$$\text{加权平均单价}=\frac{\text{期初存货结存余额}+\text{本期入库存货金额}}{\text{期初存货结存数量}+\text{本期入库存货数量}}$$

本期发出存货的实际价格 = 本期发出存货的数量×加权平均单价

③ 优缺点。优点：方法简单、容易理解与操作，工作量小。缺点：发出存货的成本月末才

能算出，无法随时了解其资金占用情况。

4. 毛利率法

① 含义：毛利率法就是根据本期销售商品净额乘以上期（或本月计划）毛利率来估算出本期销售毛利，并计算本期发出商品成本的一种方法。

② 公式：

本期销售成本=本期销售商品净额×（1−毛利率）

其中：销售商品净额=商品销售收入—销售退回与折让

期末库存商品成本=期初库存商品成本+本期增加商品成本−本期销售商品成本

二、已销商品成本的结转

（1）按结转时间不同，分为逐笔结转和定期（一般在月终）结转两种。

（2）按结转方式不同，分为分散结转和集中结转两种。

① 分散结转：逐户登记库存商品明细账，逐户计算并结转已销商品成本，逐户结出库存商品期末金额。其账务处理如下。

借：主营业务成本——某商品

　　贷：库存商品——某商品

分散结转工作量较大，但能详细提供每个品种的商品销售成本。

② 集中结转：平日在库存商品明细账上只登记商品销售数量，期末（如月末）结转已销商品成本时，按确定的库存商品单价在明细账中计算出每种商品的结存金额，然后按类（或全部商品）汇总计算出大类商品（或全部商品）的期末结存金额，根据类目账（或总账上）的资料倒挤出大类（或全部）销售商品的成本。

其公式如下。

大类（或全部）商品销售成本=大类（或全部）商品期初余额+大类（或全部）商品本期购进金额−大类（或全部）商品期末余额

其账务处理如下。

借：主营业务成本——某大类商品（或全部商品）

　　贷：库存商品——某大类商品（或全部商品）

集中结转减少了会计的工作量，但无法详细提供每种已销商品的进价成本。

库存商品类目账是在库存商品总账和明细账之间，再按商品大类设置的库存商品二级明细账。各类目账既受库存商品总账的控制，又控制这类商品所属的各明细账。库存商品类目账如表5-18所示。

表 5-18

库存商品类目账

商品类别：

年		凭证号数	摘要	收入										核对号	发出										结余									
月	日			千	百	十	万	千	百	十	元	角	分		千	百	十	万	千	百	十	元	角	分	千	百	十	万	千	百	十	元	角	分

【业务处理】

一、采用先进先出法计算发出条纹 V 领 T 恤的销售成本

（1）登记 6 月 5 日入库的条纹 V 领 T 恤的数量、单价、金额，并按不同的进价算出 6 月 5 日条纹 V 领 T 恤的结存数量，计算出总的结存金额（见表 5-19 对应的行次）。

表 5-19

库存商品明细账

总页	
计量单位	件
页数	
名称及规格	条纹V领T恤

商品类别：服饰——男装　　**存放地点**：第 2 仓库 3 号货架

19年		凭证号数	摘要	借（收入）方										核对号	贷（发出）方										结存									
月	日			数量	单价	金额									数量	单价	金额								数量	单价	金额							
						十	万	千	百	十	元	角	分				十	万	千	百	十	元	角	分			十	万	千	百	十	元	角	分
6	1		期初																						100	61.05			6	1	0	5	0	0
6	5	略	入库	2000	60	1	2	0	0	0	0	0	0												100 2000	61.05 60.00	1	2	6	1	0	5	0	0

（2）按先进先出法，登记 6 月 8 日发出的 V 领 T 恤 800 件（见表 5-20 对应的行次）。

（3）按先进先出法，登记 6 月 18 日发出的条纹 V 领 T 恤 1 250 件（见表 5-20 对应的行次）。

（4）按先进先出法，登记 6 月 25 日退回的条纹 V 领 T 恤 300 件（见表 5-20 对应的行次）。

表 5-20

库存商品明细账

总页	
计量单位	件
页数	
名称及规格	条纹V领T恤

商品类别：服饰——男装　　**存放地点**：第 2 仓库 3 号货架

19年		凭证号数	摘要	借（收入）方										核对号	贷（发出）方										结存									
月	日			数量	单价	金额									数量	单价	金额								数量	单价	金额							
						十	万	千	百	十	元	角	分				十	万	千	百	十	元	角	分			十	万	千	百	十	元	角	分
6	1		期初																						100	61.05			6	1	0	5	0	0
6	5	略	入库	2 000	60	1	2	0	0	0	0	0	0												100 2 000	61.05 60.00	1	2	6	1	0	5	0	0
6	8	略	销售												100 700										1300									
6	18	略	销售												1250										50									
6	25	略	退回												300										350									

（5）6 月 30 日，确定每批发出条纹 V 领 T 恤的单价及金额，并结出余额（见表 5-21 加粗部分）。

表 5-21

库存商品明细账

总页	
计量单位	件
页数	
名称及规格	条纹V领T恤

商品类别：服饰——男装　　**存放地点**：第 2 仓库 3 号货架

19年		凭证号数	摘要	借（收入）方										核对号	贷（发出）方										结存									
月	日			数量	单价	金额									数量	单价	金额								数量	单价	金额							
						十	万	千	百	十	元	角	分				十	万	千	百	十	元	角	分			十	万	千	百	十	元	角	分
6	1		期初																						100	61.05			6	1	0	5	0	0
6	5	略	入库	2 000	60	1	2	0	0	0	0	0	0												100 2 000	61.05 60.00	1	2	6	1	0	5	0	0
6	8	略	销售												100 700	61.05 60.00		4	8	1	0	5	0	0	1 300	60.00		7	8	0	0	0	0	0
6	18	略	销售												1 250	60.00		7	5	0	0	0	0	0	50	60.00			3	0	0	0	0	0
6	25	略	退回												300	60.00		1	8	0	0	0	0	0	350	60.00		2	1	0	0	0	0	0
6	30		本月合计	2 000	60	1	2	0	0	0	0	0	0		1 750		1	0	5	1	0	5	0	0										

二、定期结转当月发出条纹 V 领 T 恤的销售成本

借：主营业务成本——条纹 V 领 T 恤　　　　105 105.00

　　贷：库存商品——条纹 V 领 T 恤　　　　105 105.00

想一想，练一练

若“业务二”要求根据有关资料，采用加权平均法，定期结转条纹 V 领 T 恤的销售成本。该如何进行业务处理？

业务三

天街百货 2018 年 8 月“库存商品”账户期初金额为 320 000.00 元，当月购进商品总成本为 1 580 000.00 元，当月销售商品的总成本为 1 690 000.00 元；天街百货 8 月“库存商品——进货费用”期初账面金额为 12 900.00 元，8 月进货费用借方发生额为 63 100.00 元。请分摊 8 月已销商品应承担的进货费用。

【知识准备】

如何分摊已销商品应承担的进货费用？

（1）进货费用分摊率：

$$\text{进货费用分摊率}=\frac{\text{进货费用期初金额}+\text{本期进货费用发生额}}{\text{期初结存商品金额}+\text{本期购进商品金额}}$$

（2）期末结存商品应分摊的进货费用：

$$\text{期末结存商品应分摊的进货费用}=\text{期末结存商品金额}\times\text{进货费用分摊率}$$

（3）本期已销商品应分摊的进货费用：

$$\text{本期已销商品应分摊的进货费用}=\text{进货费用期初金额}+\text{进货费用本期发生金额}-\text{进货费用期末结存金额}$$

【业务处理】

（1）天街百货8月份进货费用分摊率：

$$\text{天街百货8月份进货费用分摊率}=\frac{12\ 900.00+63\ 100.00}{320\ 000.00+1\ 580\ 000.00}=0.04$$

（2）天街百货8月份期末结存商品应分摊的进货费用：

（320 000.00+1 580 000.00 −1 690 000.00）×0.04＝8 400.00（元）

（3）天街百货8月份已销商品应分摊的进货费用：

12 900.00+63 100.00 −8 400.00＝67 600.00（元）

（4）编制天街百货8月份分摊进货费用的记账凭证。

借：主营业务成本　　67 600.00

　　贷：库存商品——进货费用　　67 600.00

业务四

天街百货采用成本与可变现净值孰低法进行期末存货计价。2018年，天街百货某商品账面成本为78 000.00元，其可变现净值为72 000.00元，请进行计提存货跌价准备的业务处理。

【知识准备】

因市场发生变化或企业库存商品自身的原因，导致该商品市价低于其账面成本，并且在可预见的未来无回升的可能，则应对该商品计提存货跌价准备。

借：资产减值损失——存货跌价准备　　（账面成本−可变现净值）

　　贷：存货跌价准备　　（账面成本−可变现净值）

将账面成本与可变现净值进行比较的具体方法有单项比较法、分类比较法和总额比较法三种。按会计制度的规定，一般采用单项比较法。

某商品可变现净值＝估计售价 −估计销售费用和相关税金

商品提取跌价准备后，市价上升，则应转回已提的存货跌价准备，但转回的金额不得高于原提取的金额。

借：存货跌价准备　　（不高于原提取额的回升价值）

　　贷：资产减值损失——存货跌价准备　　（不高于原提取额的回升价值）

计提了跌价准备的库存商品对外出售时，企业按正常的销售进行取得收入和结转成本的账务处理后，还应结转对其已计提的存货跌价准备。

借：存货跌价准备

　　贷：资产减值损失——计提的库存商品跌价准备

如果企业的库存商品已无使用价值和转让价值（如霉烂变质的商品、过了保质期的食品），则应将其账面价值全部转入当期损益。

如果该商品没有提取存货跌价准备，其会计分录如下。

借：资产减值损失——计提的库存商品跌价准备

　　贷：库存商品——某商品

如果该商品已经提取存货跌价准备，其会计分录如下。

借：资产减值损失——计提的库存商品跌价准备（账面价值-已提部分）

　　存货跌价准备（已提部分）

　　贷：库存商品——某商品（账面价值）

【业务处理】

（1）天街百货该商品归口管理部门应填写“计提存货跌价准备申请表”，详细说明对该商品计提存货跌价准备的理由，并附相关证明材料。

（2）天街百货财务部门审批。

（3）天街百货经理办公会审批。

（4）天街百货财务部门计提存货跌价准备。

借：资产减值损失——计提的库存商品跌价准备　　6 000.00

　　贷：存货跌价准备　　6 000.00

想一想，练一练

若“业务四”提取了坏账准备的存货，到2019年年末，其市价已回升到85 000.00元，请进行转回已提跌价准备的账务处理。

项目六

商品流通的售价核算

学习目标

商品流通的售价核算是建立在实物负责制基础上的一种核算方法。采用售价核算法，库存商品无论是总账还是明细账，都只反映售价金额，而不反映实物数量。售价核算法适用于商品零售企业。通过本项目的学习，你能够：

1. 熟悉零售商品购销业务程序。
2. 掌握零售商品购进的核算。
3. 掌握零售商品销售的核算。
4. 掌握零售商品储存的核算。
5. 掌握鲜活商品的核算。

任务一　零售商品购进的核算

业务一

2019 年 4 月 20 日，晋江亲亲新零售股份有限公司向厦门海西商城股份有限公司购买喜饼 3 500盒。

【业务单据】

业务单据包括“中国工商银行转账支票存根”（见表 6-1 和表 6-2）、“福建省增值税专用发票”发票联（见表 6-3 和表 6-4）等。

【知识准备】

一、账户设置

（1）“材料采购”账户，借方登记商品采购的实际成本（含进货费用），贷方登记已验收入库商品的实际采购成本。期末如有借方余额，表示在途商品的实际采购成本。

本账户按供货方或商品类别设置明细账。

（2）“库存商品”账户，该账户借方登记入库商品的售价金额，贷方登记出库商品的售价金额。期末借方余额，反映各种库存商品的售价金额。

本账户按商品类别、实物负责人或营业柜组设置明细账。

(3)“商品进销差价”账户，借方登记已销商品应分摊的进销差价、商品损失等库存商品减少时转出的进销差价，贷方登记购进（含进货费用）、溢余、销售退回、加工收回等商品增加时产生的进销差价。期末余额一般在贷方，表示结存商品应承担的进销差价。

本账户按照商品类别、实物负责人或营业柜组设置明细账。

二、账务处理

(1) 无论是“单货同到”还是“单先到货后到”，均应编制两笔会计分录。

① 根据增值税专用发票、结算付款凭证等单据编制“单到”的记账凭证。

借：材料采购——某供货商（含进货费用的采购成本）

　　应交税费——应交增值税（进项税额）

　　贷：银行存款（或应付账款、应付票据等账户）

② 所购商品验收入库，根据收货单及有关单据编制“货到”的记账凭证。

借：库存商品——某营业柜组或实物负责人（售价金额）

　　贷：材料采购——某供货商（含进货费用的采购成本）

　　　　商品进销差价——某营业柜组或实物负责人

(2) 货到单未到，编制会计分录。

① 平时暂不入账，月底付款结算时单证仍未到，则估价入账。

借：库存商品——某营业柜组或实物负责人（售价金额）

　　贷：应付账款——暂估应付款

　　　　商品进销差价——某营业柜组或实物负责人

② 次月初冲销（科目、借贷均用蓝黑墨水书写，金额用红色墨水书写）估价入账。

借：库存商品——某营业柜组或实物负责人（售价金额）

　　贷：应付账款——暂估应付款

　　　　商品进销差价——某营业柜组或实物负责人

③ 冲销后，等待单证到达再做账务处理，处理过程与“单货同到”一样。

【业务处理】

一、业务流程

(1) 组织进货。

晋江亲亲新零售股份有限公司采用“售价记账、实物负责制”，此次喜饼采购首先由食品柜负责人江海涛提出进货计划，接着由采购专员陈敏负责签订采购合同，组织进货。

(2) 购进商品验收工作。

陈敏采购的喜饼到货后，江海涛根据发票及购销合同，核对商品编号和品名，清点商品数量，检查商品质量、单价和金额等，验收无误后，填制一式数联的“商品验收单”，实物负责人留下存根联，其余各联分送各有关部门。

(3) 财务部门根据“收货单”结算联和“增值税专用发票”发票联等单据办理银行结算，开出转账支票（见表6-1和表6-2）。

表 6-1

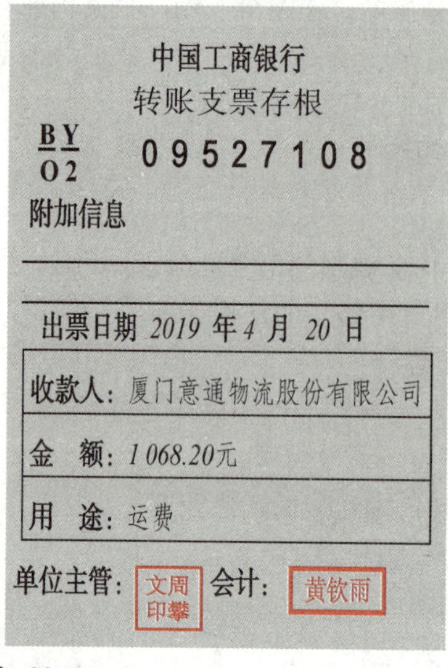

中国工商银行
转账支票存根

$\frac{BY}{02}$ 09527108

附加信息

出票日期 2019 年 4 月 20 日

收款人：厦门意通物流股份有限公司
金　额：1 068.20元
用　途：运费

单位主管：文周印攀　会计：黄钦雨

表 6-2

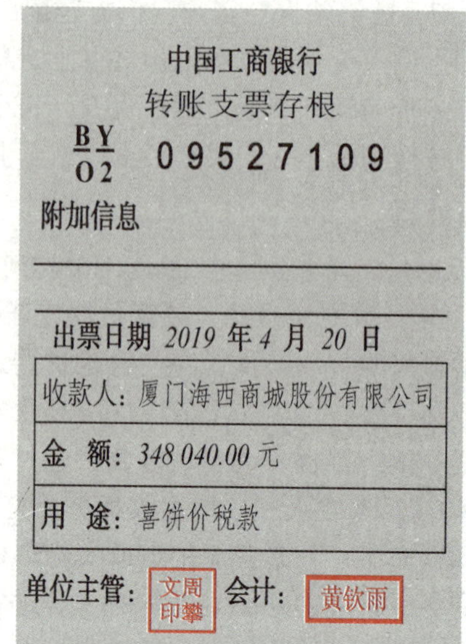

中国工商银行
转账支票存根

$\frac{BY}{02}$ 09527109

附加信息

出票日期 2019 年 4 月 20 日

收款人：厦门海西商城股份有限公司
金　额：348 040.00 元
用　途：喜饼价税款

单位主管：文周印攀　会计：黄钦雨

二、账务处理

（1）根据福建省增值税专用发票（见表 6-3 和表 6-4）、转账支票存根联编制会计分录。

借：材料采购——厦门海西商城股份有限公司　　308 980. 00
　　应交税费——应交增值税（进项税额）　　40 128. 20
　　贷：银行存款　　349 108. 20

表 6-3

福建省增值税专用发票
发　票　联

开票代码：362 059100251
开票号码：3911822300
开票日期：2019 年 4 月 20 日
机器编号：353622517523
校 验 码：71531906058 19058 0315

购买方	名　称：晋江亲亲新零售股份有限公司 纳税人识别号：059582004356 地 址、电 话：晋江金井亲海路　83508247 开户行及账号：工行金井支行 350641247692237	密码区	*36*225193<-9-2>0-3905/* 72*>+22-1+1285>0>1</4935 +-9000←25-51>/0-136999+ =8814>0>0>2/3>>3><9425

货物或应税劳务、服务名称	规格型号	单位	数量	单价	金　额	税率	税　额
*农副食品*喜饼		盒	3 500	88.00	308 000.00	13%	40 040.00
合　　计					¥308 000.00		¥40 040.00
价税合计（大写）	⊗叁拾肆万捌仟零肆拾元整						（小写）¥348 040.00

销售方	名　称：厦门海西商城股份有限公司 纳税人识别号：350582003137 地 址、电 话：厦门飞翔路 18 号　8520812 开户行及账号：厦门工行翔安分理处 350256912347651	备注	厦门海西商城股份有限公司 350582003137 发票专用章

收款人：　　　复核：　　　开票人：黄积金　　　销售方：（章）

第三联：发票联　购货方记账凭证

表 6-4

福建省增值税专用发票
发票联

开票代码：352 251000219
开票号码：9118223022
开票日期：2019 年 4 月 20 日
校 验 码：71531906058 19058 0315

机器编号：352251752388

<table>
<tr><td rowspan="4">购买方</td><td colspan="5">名　　称：晋江亲亲新零售股份有限公司</td><td rowspan="4">密码区</td><td colspan="3" rowspan="4">6-*250038<911>0--805/*55
*>55+221+285>0>1</4935%4
9099←205-5-1>/0-36+++66
@=815>>110>>/315>8><4250</td></tr>
<tr><td colspan="5">纳税人识别号：059582004356</td></tr>
<tr><td colspan="5">地 址、电 话：晋江金井亲海路　83508247</td></tr>
<tr><td colspan="5">开户行及账号：工行金井支行350641247692237</td></tr>
<tr><td colspan="2">货物或应税劳务、服务名称</td><td>规格型号</td><td>单位</td><td>数量</td><td colspan="2">单价</td><td>金　额</td><td>税率</td><td>税　额</td></tr>
<tr><td colspan="2">*运输服务*运费</td><td></td><td>箱</td><td>175</td><td colspan="2">5.60</td><td>980.00</td><td>9%</td><td>88.20</td></tr>
<tr><td colspan="2">合　　计</td><td></td><td></td><td></td><td colspan="2"></td><td>¥980.00</td><td></td><td>¥88.20</td></tr>
<tr><td colspan="2">价税合计（大写）</td><td colspan="6">⊗ 壹仟零陆拾捌元贰角整</td><td colspan="2">（小写）¥1 068.20</td></tr>
<tr><td rowspan="4">销售方</td><td colspan="6">名　　称：厦门意通物流股份有限公司</td><td rowspan="4">备注</td><td colspan="2" rowspan="4">起运地：厦门
到达地：晋江
车号：350311083249</td></tr>
<tr><td colspan="6">纳税人识别号：350583008946</td></tr>
<tr><td colspan="6">地 址、电 话：厦门自贸区东路　89208188</td></tr>
<tr><td colspan="6">开户行及账号：工行厦门自贸区营业部350256162463296</td></tr>
</table>

收款人：　　　　复核：　　　　开票人：黄积金　　　　销售方：（章）

第三联：发票联　购货方记账凭证

（2）根据“商品验收单”记账联（见表 6-5）编制记账凭证。

借：库存商品——食品柜　　　448 000.00
　贷：材料采购——厦门海西商城股份有限公司　　　308 980.00
　　　商品进销差价——食品柜　　　139 020.00

表 6-5

商　品　验　收　单

进货柜组：食品柜　　　　2019 年 4 月 20 日　　　　字第 20180420 号

商品类别	品名	单位	购进价			零售价			进销差价
			数量	单价	金额	数量	单价	金额	
食品	喜饼	件	3 500	88.28	308 980.00	3 500	128.00	448 000.00	139 020.00
备　注	购进金额 = 308 000.00 + 980.00 = 308 980.00（元）								

主管：　　　采购：陈敏　　　收货：江海涛　　　制单：江海涛

第二联：记账联

（3）登记“库存商品明细账”（见表 6-6）、“商品进销差价明细账”（见表 6-7）及其他账目。

表 6-6

库存商品明细账

商品类别：食品类　　　　存放地点：食品柜组　　　　实物负责人：江海涛

19年		凭证号数	摘要	收入										核对号	发出										结余									
月	日			千	百	十	万	千	百	十	元	角	分		千	百	十	万	千	百	十	元	角	分	千	百	十	万	千	百	十	元	角	分
4	18		承上页																										4	2	5	0	0	0
4	20	略	喜饼3 500			4	4	8	0	0	0	0	0														4	5	2	2	5	0	0	0

表 6-7

商品进销差价明细账

商品类别：食品类

19年		凭证号数	摘要	借方										核对号	贷方										借或贷	余额									
月	日			千	百	十	万	千	百	十	元	角	分		千	百	十	万	千	百	十	元	角	分		千	百	十	万	千	百	十	元	角	分
4	20	略	喜饼差价														1	3	9	0	2	0	0	0	贷			1	9	1	6	1	3	2	0

业务二

假设“业务一”晋江亲亲新零售股份有限公司向厦门海西商城股份有限公司购买的喜饼3 500盒，在验收入库时发现短少1箱（20盒）。

【业务单据】

业务单据包括商品验收单、商品短缺单等。

【知识准备】

零售企业商品购进发生溢缺时应如何进行核算？原因未查明前，将溢缺转入“待处理财产损溢”账户。

（1）零售企业商品购进，验收入库时发现溢余，原因待查。编制会计分录。

借：库存商品——某柜组或实物负责人（实收数量×单位售价）

　　贷：材料采购——某供货商（实际采购成本）

　　　　商品进销差价（实收数量×单位进销差价）

　　　　待处理财产损溢——待处理流动资产损溢（溢余数量×进价）

（2）零售企业商品购进，验收入库时发现短缺，原因待查。编制会计分录。

借：库存商品——某柜组或实物负责人（实收数量×单位售价）

　　待处理财产损溢——待处理流动资产损溢（短缺数量×进价）

　　贷：材料采购——某供货商（实际采购成本）

　　　　商品进销差价（实收数量×单位进销差价）

零售企业购进商品出现溢余或短缺，如果是自然损耗，应将进价从“待处理财产损溢”账户转入“商品进销差价”账户，如果是其他原因造成的损耗，其核算方法与批发企业相同，即根据不同的原因，将进价从“待处理财产损溢”账户转入各有关账户。

【业务处理】

（1）根据商品验收单、商品短缺单等编制记账凭证。

借：库存商品——食品柜 445 440.00
　　待处理财产损溢——待处理流动资产损溢 1 760.00
　　贷：材料采购——厦门海西商城股份有限公司 308 980.00
　　　　商品进销差价——食品柜 138 220.00

（2）经查，短缺部分乃对方少发货所致，经协商，对方于2019年4月21日补发。根据补发商品的商品验收单编制记账凭证。

借：库存商品——食品柜 2 560.00
　　贷：待处理财产损溢——待处理流动资产损溢 1 760.00
　　　　商品进销差价——食品柜 800.00

业务三

晋江亲亲新零售股份有限公司服装柜从海天服装厂购进一批时装，不含税进价为89 000.00元，含税零售价为201 140.00元，商品已到、款项已付并已入账，后接到供货方通知，价款应为98 000.00元，应补货款9 000.00元，增值税为1 170.00元。

【业务处理】

业务单据包括商品验收单、商品短缺单等。

【知识准备】

进货退补价应如何核算？退补价业务一般不会引起零售价的变动，对于采用售价核算法的商品流通企业，发生退补价时只要调整"商品进销差价"账户即可。

退价：根据供货单位的销货更正单和红字增值税专用发票编制记账凭证。

借：应收账款（或银行存款）
　　应交税费——应交增值税（进项税额）（金额用红色墨水填写）
　　贷：商品进销差价——某柜组

补价：根据供货单位销货更正单和蓝字增值税专用发票编制记账凭证。

借：商品进销差价——某柜组
　　应交税费——应交增值税（进项税额）
　　贷：应付账款（或银行存款）

【业务处理】

根据供货单位销货更正单和蓝字增值税专用发票编制记账凭证。

借：商品进销差价——某柜组 9 000.00
　　应交税费——应交增值税（进项税额） 1 170.00
　　贷：银行存款 10 170.00

业务四

2019年4月21日，晋江亲亲新零售股份有限公司食品柜从盼盼食品公司购进散装威化饼干29箱，每千克进价为10.00元，含税零售价为19.21元。验收时每个包装箱按2kg计，共58kg。4月28日腾空后，29个包装箱共61kg，超重3kg，造成商品短缺。经查，其超重乃商品粘黏所致，请进行相应的账务处理。

【知识准备】

包装物超重或减重应如何核算？零售企业购进带有包装的散装商品，应按扣除包装物实际重量后的净重验收入库。但某些包装物不能腾空，无法单独称重，商品净重只能暂按毛重减去包装物标准重量或估计重量后计算。如果包装物腾空后，实际重量超过标准重量或估计重量时，称为包装物的超重；反之，称为包装物的减重。

包装物的超重或减重，实际上是商品购进过程中发生的商品短缺或溢余。

一、包装物超重的核算

包装物超重，一般有三种处理方法。第一种是作为商品购进的自然损耗，第二种是作为进货退价，第三种是要求供货方补货。

二、包装物减重的核算

包装物减重，也有三种处理方法。第一种是作为商品购进的自然溢余，第二种是作为进货补价，第三种是购买方退货给供货方。

【业务处理】

（1）实物负责人填制“包装物超重、减重报告单”（见表6-8）。

表6-8

包装物超重、减重报告单

2019年4月28日

接收日期		凭证字号	商品包装	包装物商品	件数	包装物重量			包装物超重或减重金额		
月	日					预计	实际	超减重	进价金额	售价金额	进销差价
4	21	略	纸箱	威化饼干	29	58	61	3	30.00	57.63	27.63

验收人：江海涛　　　　　　制表：江海涛

（2）包装物超重乃商品粘黏所致，所以作为购进中的自然损耗。编制会计分录如下。

借：商品进销差价——某柜组　　57.63

　　贷：库存商品——食品组　　57.63

想一想，练一练

若“业务四”系包装物减重2kg，按供销合同规定：包装物减重不超过5%的，作为自然溢余处理，请完成相应的账务处理。

【知识延伸】

进货退回应如何核算？采用售价核算法发生进货退回，应根据相关的原始凭证，按含税零售价冲减“库存商品”账户金额，同时调整“商品进销差价”账户。

(1) 根据“进货退出发货单”或红字“收货单”，编制如下会计分录。

借：库存商品——某柜组或某实物负责人

　　贷：材料采购——某供货单位

　　　　商品进销差价——某柜组或某实物负责人

提示：科目、借贷均用蓝黑墨水书写，金额要用红色墨水书写。

(2) 根据红字增值税专用发票编制如下会计分录。

借：材料采购——供货单位

　　应交税费——应交增值税（进项税额）

　　贷：应收账款——某供货单位

提示：科目、借贷均用蓝黑墨水书写，金额要用红色墨水书写。

(3) 根据银行转来的收款通知及有关凭证，编制如下会计分录。

借：银行存款

　　贷：应收账款——某供货单位

任务二　零售商品销售的核算

业务一

2019 年 4 月 30 日当天，晋江亲亲新零售股份有限公司实现含税销售额人民币 93 260. 50 元，详见表 6-11。

【知识准备】

一、零售商品销售的业务程序

(1) 钱货兼管与钱货分管：钱货兼管是指营业员销售时，一手交货，一手收款；钱货分管是指营业员只管售货，另设收款员专门负责收款。

(2) 分散缴款和集中缴款：分散缴款是指每日终了，由各实物负责人将各柜组实收的销货款送存银行；集中缴款是指每日终了，各实物负责人将各柜组实收的销货款送交企业财务部门，由财务部出纳员集中送存银行。

零售商品销售的一般业务程序如图 6-1 所示。

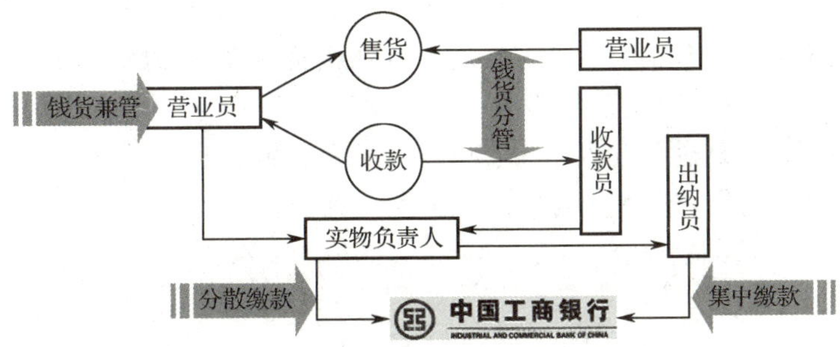

图 6-1　零售商品销售的一般业务程序图

二、账务处理

（1）财务部门根据每日的“商品进销存报告单”“内部缴款单”“银行进账单回单”等单据编制记账凭证。

借：银行存款

　　贷：主营业务收入（按含税售价）——某柜组或某实物负责人

（2）同时编制“注销实物负责人商品库存”的记账凭证。

借：主营业务成本

　　贷：库存商品（按含税售价）——某柜组或某实物负责人

（3）月末，将“主营业务收入”各明细账汇总的含税销售额进行价税分解，并编制记账凭证。

借：主营业务收入

　　贷：应交税费——应交增值税（销项税额）

如果销项税额不记入“主营业务收入”账户，应在销售收入发生时就进行价税分解工作。

【业务处理】

一、业务流程

晋江亲亲新零售股份有限公司执行“钱货分管”和“分散缴款”制度。

（1）4月28日终了，各实物负责人根据当日销售收入等情况，填制商品进销存报告单（见表6-9）和内部缴款单（见表6-10）。

表 6-9

商 品 进 销 存 报 告 单

缴款单位：　　　　　　年　月　日　　　　　　**编号：**20180428

收入			付出		
项目	本日发生额	本月累计数	项目	本日发生额	本月累计数
上期结存 本日进货 本日调入 提价增值 盘点溢余			本日销货 本日调出 降价减值 盘点短缺 本日结存		

制表：

（2）各实物负责人将当日销售款送存银行，取回银行进账单收账通知，连同“商品进销存报告单”“内部缴款单”一并送交财务部门。

（3）财务部门审核商品进销存报告单、内部缴款单、银行进账单回单，确认无误后，编制晋江亲亲新零售股份有限公司销售（含税）汇总表（见表6-11）。

表 6-10

内 部 缴 款 单

缴款单位：　　　　　　　　　　年　　月　　日　　　　　　　　编号：11004028

款项类别	摘 要	应缴款项	实缴款项	长款	短款	备注
现金 支票 其他票据						
合计						
人民币大写						

验收人：　　　　　　　　　　　　　　　　　　　　　　制表：

表 6-11

晋江亲亲新零售股份有限公司销售（含税）汇总表

2019 年 *4* 月 *30* 日　　　　　　　　　　单位：元

项目 柜组	销售金额	现金收入	转账收入	现金溢缺	备 注
食品柜	*19 801.00*		*19 801.00*		各柜组都将销售款存入银行，因此没有现金收入
图书柜	*7 900.50*		*7 900.50*		
服装柜	*38 609.00*		*38 609.00*		
家电柜	*26 950.00*		*26 950.00*		
合　计	*93 260.50*		*93 260.50*		

复核：　　　　　　　　　　　　　　　　　　　　　　制表：

二、财务处理

（1）晋江亲亲新零售股份有限公司会计根据销售（含税）汇总表及其附件、银行进账单收账通知等原始凭证编制记账凭证。

借：银行存款　　　　　　　　　　　　　　93 260. 50
　　贷：主营业务收入——食品柜　　　　　　　19 801. 00
　　　　　　　　　　——图书柜　　　　　　　 7 900. 50
　　　　　　　　　　——服装柜　　　　　　　38 609. 00
　　　　　　　　　　——家电柜　　　　　　　26 950. 00

（2）同时编制“注销实物负责人商品库存”的记账凭证。

借：主营业务成本　　　　　　　　　　　　93 260. 50
　　贷：库存商品——食品柜　　　　　　　　　19 801. 00
　　　　　　　——图书柜　　　　　　　　　　 7 900. 50
　　　　　　　——服装柜　　　　　　　　　　38 609. 00
　　　　　　　——家电柜　　　　　　　　　　26 950. 00

（3）4 月 30 日，会计将本月“主营业务收入”各明细账汇总的含税销售额进行价税分解，并编制记账凭证。

借：主营业务收入——食品柜　　73 959.86
　　　　　　　　——图书柜　　17 065.08
　　　　　　　　——服装柜　　125 554.00
　　　　　　　　——家电柜　　104 715.00
　贷：应交税费——应交增值税（销项税额）　　321 293.94

附原始凭证：公司 2019 年 4 月份的含税销售收入分解计算表见表 6-12。

表 6-12

晋江亲亲新零售股份有限公司含税销售收入分解计算表

2019 年 *4* 月 *30* 日　　单位：元

柜组	含税收入	增值税税率	不含税收入	增值税销项税额
食品柜	642 881.86	13%	568 922.00	73 959.86
图书柜	206 677.08	9%	189 612.00	17 065.08
服装柜	1 091 354.00	13%	965 800.00	125 554.00
家电柜	910 215.00	13%	805 500.00	104 715.00
合　计	2 851 127.94		2 529 834.00	321 293.94

复核：　　制表：

业务二

2019 年 4 月 30 日，晋江亲民百货财务计算并结转当月已销商品的进销差价。

【业务资料】

（1）2019 年4 月，库存商品明细账（4 月 30 日当天的账全部登记完毕）如表 6-13~表 6-16 所示。

表 6-13

库 存 商 品 明 细 账

商品类别：食品类　　存放地点：食品柜组　　实物负责人：江海涛

19 年		凭证号数	摘　要	收　入										核对号	发　出										结　存									
月	日			千	百	十	万	千	百	十	元	角	分		千	百	十	万	千	百	十	元	角	分	千	百	十	万	千	百	十	元	角	分
4	*18*		承前页																										*4*	*2*	*5*	*0*	*0*	*0*
4	*30*		销售成本															*1*	*9*	*8*	*0*	*1*	*0*	*0*			*1*	*3*	*3*	*1*	*2*	*7*	*1*	*4*

表 6-14

库存商品明细账

商品类别： 图书类　　　　**存放地点：** 图书柜组　　　　**实物负责人：** 江奕龙

19年		凭证号数	摘要	收入										核对号	发出										结存									
月	日			千	百	十	万	千	百	十	元	角	分		千	百	十	万	千	百	十	元	角	分	千	百	十	万	千	百	十	元	角	分
4	1		承前页																									9	8	3	6	9	0	0
4	30		销售成本																7	9	0	0	5	0			1	2	8	5	2	9	7	2

表 6-15

库存商品明细账

商品类别： 服装类　　　　**存放地点：** 服装柜组　　　　**实物负责人：** 林全英

19年		凭证号数	摘要	收入										核对号	发出										结存									
月	日			千	百	十	万	千	百	十	元	角	分		千	百	十	万	千	百	十	元	角	分	千	百	十	万	千	百	十	元	角	分
4	5		承前页																								1	7	4	2	9	0	0	0
4	30		销售成本															3	8	6	0	9	0	0			2	2	9	5	7	3	0	0

表 6-16

库存商品明细账

商品类别： 家电类　　　　**存放地点：** 家电柜组　　　　**实物负责人：** 李华超

19年		凭证号数	摘要	收入										核对号	发出										结存									
月	日			千	百	十	万	千	百	十	元	角	分		千	百	十	万	千	百	十	元	角	分	千	百	十	万	千	百	十	元	角	分
4	25		承前页																								6	1	2	0	0	0	0	0
4	30		销售成本															2	6	9	5	0	0	0			4	3	9	5	0	0	0	0

（2）2019 年 4 月，商品进销差价明细账（账页上的最后余额均为调整前的余额）如表 6-17～表 6-20 所示。

表 6-17

商品进销差价明细账

商品类别： 食品类

19年		凭证号数	摘要	借方										核对号	贷方										借或贷	余额									
月	日			千	百	十	万	千	百	十	元	角	分		千	百	十	万	千	百	十	元	角	分		千	百	十	万	千	百	十	元	角	分
4	28	略	调味品差价															1	2	0	5	0	0	0	贷			3	1	0	4	0	3	6	0

表 6-18

商品进销差价明细账

商品类别：图书类

19年		凭证号数	摘要	借方										核对号	贷方										借或贷	余额									
月	日			千	百	十	万	千	百	十	元	角	分		千	百	十	万	千	百	十	元	角	分		千	百	十	万	千	百	十	元	角	分
4	22	略	漫画书差价																3	1	2	5	0	0	贷			1	1	7	3	2	2	3	8

表 6-19

商品进销差价明细账

商品类别：服装类

19年		凭证号数	摘要	借方										核对号	贷方										借或贷	余额									
月	日			千	百	十	万	千	百	十	元	角	分		千	百	十	万	千	百	十	元	角	分		千	百	十	万	千	百	十	元	角	分
4	29	略	男夏装差价															9	4	7	8	6	5	6	贷			5	5	4	7	8	9	3	4

表 6-20

商品进销差价明细账

商品类别：家电类

19年		凭证号数	摘要	借方										核对号	贷方										借或贷	余额									
月	日			千	百	十	万	千	百	十	元	角	分		千	百	十	万	千	百	十	元	角	分		千	百	十	万	千	百	十	元	角	分
4	27	略	空调差价															5	4	3	3	2	0	0	贷			3	6	4	4	2	3	0	5

（3）2019 年 4 月，主营业务收入明细账如表 6-21 所示。

表 6-21

主营业务收入

19年		记账凭证		摘要	贷方金额									核对号	食品类		图书类		服装类		家电类	
月	日	种类	号码		百	十	万	千	百	十	元	角	分									
4	30			本月合计	2	8	5	1	1	2	7	9	4	√	642 881	86	206 677	08	1 091 354	00	910 215	00
4	30	记	略	价税分解		3	2	1	2	9	3	9	4	√	73 959	86	17 065	08	125 554	00	104 715	00

“本月合计”只对本月含税销售收入进行合计，以方便在月末一次性对当月含税销售收入进行价税分解和差价率的计算。

【知识准备】

商品流转按售价核算，主营业务成本的借方发生额为已销商品售价，月末需要用一定的方法，计算并结转当月已销商品的进销差价，使主营业务成本真正反映当月已销商品的进价。

已销商品进销差价的计算方法主要有综合差价率计算法、分类（或柜组）差价率计算法和盘存差价计算法。

一、综合差价率计算法

$$综合差价率=\frac{月末调整前“商品进销差价”账户的余额}{“库存商品”月末余额+本月主营业务含税销售收入}$$

本月已销商品的进销差价=本月主营业务含税销售额×综合差价率

综合差价率计算法简便易行，但准确性较差。因为各类商品的实际进销差价率不一样，企业各类商品销售额占总销售额的比例结构，会使已销商品按综合差价率计算出的进销差价数额与实际发生的进销差价数额存在差距。

二、分类（或柜组）差价率计算法

分别求出一定时期各实物负责人（分商品大类或柜组）所经营的商品的差价率，据以分别计算各实物负责人（分商品大类或柜组）一定时期已销商品的进销差价，然后汇总得出企业一定时期全部已销商品的进销差价。

采用分类（或柜组）差价率计算法，“库存商品”账户、“商品进销差价”账户、“主营业务收入”账户、“主营业务成本”账户必须按各实物负责人（分商品大类或柜组）设置明细账户。

三、盘存差价计算法

盘存差价计算法也称实际进销差价计算法，是按期末库存商品盘点数，逐一计算其进销差价，进而逆算已销商品进销差价的一种方法。具体公式如下。

库存商品期末总进价=∑各种库存商品的期末盘存数×各种库存商品的进价

库存商品期末总售价=∑各种库存商品的期末盘存数×各种库存商品的售价

期末库存商品应摊进销差价=库存商品期末总售价−库存商品期末总进价

已销商品进销差价=商品进销差价期初贷方余额+商品进销差价本期贷方发生额−期末库存商品应摊进销差价

【业务处理】

一、业务流程

（1）晋江亲民百货采用分类（或柜组）差价率计算法。4月末，会计将“库存商品”各明细账期末余额、“商品进销差价”各明细账调整前余额、“主营业务收入”各明细账本期贷方发生额合计填入“已销商品进销差价计算表”相关栏目内，如表6−22所示。

（2）根据表6−22中所示的计算公式，在该表上计算并填写分类差价率、已销商品的进销差价金额和库存商品的进销差价金额，计算结果如表6−23所示。

表 6-22

晋江亲民百货已销商品进销差价计算表

2019 年 4 月 30 日　　　　单位：元

实物负责人	商品进销差价调整前余额	主营业务收入贷方发生额	库存商品期末余额	分类差价率	商品进销差价	
					已销商品	库存商品
①	②	③	④	⑤=②÷（③+④）	⑥=③×⑤	⑦=②-⑥
食品柜	310 403.60	642 881.86	133 127.14			
图书柜	117 322.38	206 677.08	128 529.72			
服装柜	554 789.34	1 091 354.00	229 573.00			
家电柜	364 423.05	910 215.00	439 500.00			
合计	1 346 938.37	2 851 127.94	930 730.10			

制表：

表 6-23

晋江亲民百货已销商品进销差价计算表

2019 年 4 月 30 日　　　　单位：元

实物负责人	商品进销差价调整前余额	主营业务收入贷方发生额	库存商品余额	分类差价率	商品进销差价	
					已销商品	库存商品
①	②	③	④	⑤=②÷（③+④）	⑥=③×⑤	⑦=②-⑥
食品柜	310 403.60	642 881.86	133 127.14	40%	257 152.74	53 250.86
图书柜	117 322.38	206 677.08	128 529.72	35%	72 336.98	44 985.40
服装柜	554 789.34	1 091 354.00	229 573.00	42%	458 368.68	96 420.66
家电柜	364 423.05	910 215.00	439 500.00	27%	245 758.05	118 665.00
合计	1 346 938.37	2 851 127.94	930 730.10		1 033 616.45	313 321.92

制表：

二、账务处理

（1）编制分摊本月已销商品进销差价的记账凭证。

借：商品进销差价——食品柜　　257 152.74
　　　　　　　　——图书柜　　72 336.98
　　　　　　　　——服装柜　　458 368.68
　　　　　　　　——家电柜　　245 758.05
　贷：主营业务成本——食品柜　　257 152.74
　　　　　　　　——图书柜　　72 336.98
　　　　　　　　——服装柜　　458 368.68
　　　　　　　　——家电柜　　245 758.05

（2）登记商品进销差价明细账和主营业务成本明细账。

【业务延伸】

晋江亲民百货平时采用分类（或柜组）差价率计算法，所以算出的进销差价与实际情况会有一定的出入。为了确保年终决算准确无误，该公司财务制度规定：12 月份必须采用盘存差价计算法。请采用盘存差价计算法计算并结转该公司 2019 年 12 月的已销商品进销差价。

【业务处理】

一、业务流程

（1）将 2019 年 12 月份“库存商品进销差价”各明细账的期初余额、本月贷方发生额分别填入 12 月份“晋江亲民百货已销商品进销差价计算表”（见表 6–24）的第 2 列、第 3 列中。

表 6–24

晋江亲民百货已销商品进销差价计算表

2019 年 12 月 31 日　　单位：元

柜　组	月初库存商品已分摊的进销差价	本月增加商品的进销差价	本月已销商品应分摊的进销差价	月末库存商品应分摊的进销差价
①	②	③	④=②+③−⑤	⑤
食品柜	67 240. 54	297 256. 94		
图书柜	32 643. 00	95 336. 92		
服装柜	125 453. 00	544 569. 78		
家电柜	89 850. 00	284 220. 15		
合　计	315 186. 54	1 221 383. 79		

制表：

（2）晋江亲民百货各实物负责人月末盘点，填写盘存表（见表 6–25～表 6–28），并计算出本柜组月末库存商品的实际进销差价，填入 12 月份“晋江亲民百货已销商品进销差价计算表”（见表 6–29）的第 5 列中。

表 6–25

晋江亲民百货食品柜月末盘存表

2019 年 12 月 31 日　　单位：元

编号	品名	单位	盘存数量	进价金额		售价金额		进销差价
				单价	金额	单价	金额	
S101	喜饼	盒	60	98. 00	5 880. 00	168. 00	10 080. 00	4 200. 00
…								
合计					145 290. 90		218 891. 50	73 600. 60

实物负责人 ：李星　　制表：李星

表 6–26

晋江亲民百货图书柜月末盘存表

2019 年 12 月 31 日　　　　单位：元

编号	品名	单位	盘存数量	进价金额		售价金额		进销差价
				单价	金额	单价	金额	
T101	三国演义	套	15	88.00	1 320.00	129.00	1 935.00	615.00
…								
合计					95 728.00		132 956.00	37 228.00

实物负责人 ：曲歌　　　　制表：曲歌

表 6–27

晋江亲民百货服装柜月末盘存表

2019 年 12 月 31 日　　　　单位：元

编号	品名	单位	盘存数量	进价金额		售价金额		进销差价
				单价	金额	单价	金额	
F101	劲霸夹克	件	25	158.00	3 950.00	298.00	7 450.00	3 500.00
…								
合计					268 349.00		451 256.00	182 907.00

实物负责人 ：林全英　　　　制表：林全英

表 6–28

晋江亲民百货家电柜月末盘存表

2019 年 12 月 31 日　　　　单位：元

编号	品名	单位	盘存数量	不含税进价金额		含税售价金额		进销差价
				单价	金额	单价	金额	
D101	康佳电视	台	8	2 580.00	20 640.00	3 580.00	28 640.00	8 000.00
…								
合计					409 860.00		569 250.00	159 390.00

实物负责人 ：李华君　　　　制表：李华君

表 6–29

晋江亲民百货已销商品进销差价计算表

2019 年 12 月 31 日　　　　单位：元

柜　组	月初库存商品已分摊的进销差价	本月增加商品的进销差价	本月已销商品应分摊的进销差价	月末库存商品应分摊的进销差价
①	②	③	④＝②＋③－⑤	⑤
食品柜	67 240.54	297 256.94		73 600.60
图书柜	32 643.00	95 336.92		37 228.00
服装柜	125 453.00	544 569.78		182 907.00
家电柜	89 850.00	284 220.15		159 390.00
合　计	315 186.54	1 221 383.79		453 125.60

制表：

说明：表6-29中，第2列、第3列的金额均来自“商品进销差价”各明细账户，第5列的金额分别来自表6-25~表6-28的“进销差价”合计栏。

（3）根据公式“④=②+③-⑤”，计算本月已销商品应分摊的进销差价，并填写到“晋江亲民百货已销商品进销差价计算表”（见表6-30）的第4列中。

表6-30

晋江亲民百货已销商品进销差价计算表

2019年12月31日　　　　单位：元

柜　组	月初库存商品已分摊的进销差价	本月增加商品的进销差价	本月已销商品应分摊的进销差价	月末库存商品应分摊的进销差价
①	②	③	④=②+③-⑤	⑤
食品柜	67 240. 54	297 256. 94	290 896. 88	73 600. 60
图书柜	32 643. 00	95 336. 92	90 751. 92	37 228. 00
服装柜	125 453. 00	544 569. 78	487 115. 78	182 907. 00
家电柜	89 850. 00	284 220. 15	214 680. 15	159 390. 00
合　计	315 186. 54	1 221 383. 79	1 083 444. 73	453 125. 60

制表：

二、账务处理

（1）编制分摊本月已销商品进销差价的记账凭证。

借：商品进销差价——食品柜　290 896. 88
　　　　　　　　——图书柜　90 751. 92
　　　　　　　　——服装柜　487 115. 78
　　　　　　　　——家电柜　214 680. 15
　贷：主营业务成本——食品柜　290 896. 88
　　　　　　　　——图书柜　90 751. 92
　　　　　　　　——服装柜　487 115. 78
　　　　　　　　——家电柜　214 680. 15

（2）登记商品进销差价明细账和主营业务成本明细账。

任务三　零售商品储存的核算

业务一

晋江亲民百货食品柜于2019年6月末进行半年度盘点，发现实际库存金额小于账面结存金额683.00元。食品柜月末分类差价率为32%，请进行相应的业务处理。

【知识准备】

一、商品盘点

（1）定期对库存商品进行实地盘点（点数、过磅计量等）。

（2）各实物负责小组将盘点出的实存数量填入“商品盘存单”，并按商品的品名、规格、零售单价计算出各种商品实存数的售价总额。

（3）汇总并计算出实物负责小组所经营商品的售价总金额，并与“库存商品”账户的余额进行核对，以了解和控制商品的实存数量，确保账实相符。

二、溢缺核算

（1）设置“待处理财产损溢——待处理流动资产损溢”账户。

（2）溢缺核算的账务处理如表6-31所示。

表6-31

溢缺核算的账务处理

类别	批准前	批准后
盘盈	借：库存商品——某商品 贷：待处理财产损溢——待处理流动资产损溢 商品进销差价	借：待处理财产损溢——待处理流动资产损溢 贷：销售费用（自然溢余、正常溢余） 营业外收入（非正常溢余）
盘亏	借：待处理财产损溢——待处理流动资产损溢 商品进销差价 贷：库存商品——某商品	借：销售费用（正常、自然损耗） 其他应收款——责任人或保险公司赔偿 营业外支出（非常损失） 贷：待处理财产损溢——待处理流动资产损溢

【业务处理】

（1）根据晋江亲民百货盘存单编制批准前的记账凭证。

借：待处理财产损溢——待处理流动资产损溢　　464.44

　　商品进销差价　　218.56

　　贷：库存商品　　683.00

（2）根据处理意见编制批准后的记账凭证。

借：管理费用　　464.44

　　贷：待处理财产损溢——待处理流动资产损溢　　464.44

附：有关原始凭证（见表6-32）。

表6-32

晋江亲民百货盘存单

柜组：　　2019年6月30日　　单位：元

商品编号	品名规格	单位	库存数量	实存售价金额		库存商品账面余额	溢余（售价）	短缺（售价）
				单价	金额			
①	②	③	④	⑤	⑥	⑦	⑧	⑨
S103	散装白糖	kg	560	12.00	6 720.00	7 025.00		305.00
S112	散装大米	kg	1 985	6.00	11 910.00	12 120.00		210.00
S125	散装面粉	kg	1 509	7.00	10 563.00	10 731.00		168.00
合计					29 193.00	29 876.00		683.00
处理意见	白糖、大米、面粉减重是7月高温导致，按自然损耗处理 周宏胜（经理）							

实物负责人：石小庆　　制单：石小庆

业务二

2019 年 8 月 5 日，晋江亲民百货管理层根据物价政策，做出将绿豆含税零售价从每斤（1 斤 = 0.5 千克）10.00 元调整为每斤 8.00 元的调价决策。请进行相应的业务处理。

【知识准备】

一、调价程序

（1）企业管理层根据有关物价政策、市场信息做出调价决策。

（2）仓储部门接到物价部门通知临时进行局部盘点。

（3）物价部门根据盘点结果计算调整金额，填制一式数联的“调价商品差价调整单”，交有关部门。

（4）销售部门接单后执行新售价，财务部门接单后做相应的账务处理。

二、账务处理

（1）调增，编制会计分录如下。

借：库存商品——某柜组

　　贷：商品进销差价——某柜组

（2）调减，编制会计分录如下。

借：商品进销差价——某柜组

　　贷：库存商品——某柜组

【业务处理】

一、业务流程

（1）仓储部门根据物价部门通知，盘点绿豆，实存 523 斤。

（2）物价部门填制“晋江亲民百货调价商品差价调整单”（见表 6-33）。

表 6-33

晋江亲民百货调价商品差价调整单

实物所在柜组：食品柜　　2019 年 8 月 5 日　　调价起始日：8 月 1 日　　单位：元

商品编号	品名	单位	盘存数量	原售价		新售价		库存商品	
				单价	金额	单价	金额	增加金额	减少金额
S126	绿豆	斤	523	10.00	5 230.00	8.00	4 184.00		1 046.00
调价理由	国家发展和改革委员会要求各地稳定农产品价格，企业主动让利消费者								

负责人：张涛　　　　制单：陈顺荣

二、账务处理

（1）财务部门根据物价部门传递过来的“晋江亲民百货调价商品差价调整单”财务联编制记账凭证。

借：商品进销差价——食品柜　　　　1 046.00
　　贷：库存商品——食品柜　　　　1 046.00

（2）财务部门根据审核无误的记账凭证登记相关明细账。

业务三

2019 年 9 月 8 日，晋江亲民百货单独成立一个原生态食品柜，决定将食品柜中的土鸡 18 只拨给生态食品柜经营。请进行相应的业务处理。

【业务处理】

（1）商品内部调拨是企业所属不独立核算的营业组、门市部之间调剂余缺而进行的商品调拨。调出部门应填一式数联的“商品内部调拨单”（见表 6-34）作为办理商品交接及转账的依据。

表 6-34

商品内部调拨单

收货单位柜组：食品柜
发货单位柜组：生态食品柜　　　　2019 年 9 月 8 日　　　　单位：元

商品编号	品名	单位	数量	购进价		零售价		进销差价	备注
				单价	金额	单价	金额		
S139	土鸡	斤	29	45.00	1 305.00	88.00	2 552.00	1 247.00	
合计									

制单：陈代鑫

（2）财务部门根据“商品内部调拨单”编制记账凭证。

借：库存商品——生态食品柜　　　　2 552.00
　　商品进销差价——食品柜　　　　1 247.00
　　贷：库存商品——食品柜　　　　2 552.00
　　　　商品进销差价——生态食品柜　　　　1 247.00

任务四　鲜活商品的核算

业务

2019 年 6 月 30 日，晋江亲民百货生态食品柜肉食组月初库存农家原生态猪肉 2 500.00 元，本月向农户购进原生态猪肉 930 000.00 元，款项全部转账付讫，当月原生态猪肉含税销售收入总额为 1 418 715.00 元，月末盘存原生态猪肉 1 500.00 元。请进行相应的业务处理。

【知识准备】

原生态猪肉属于鲜活商品，宜采用进价金额核算法（相关知识详见项目四）。

【业务处理】

(1) 本月向农户采购原生态猪肉，按进价编制记账凭证。

借：材料采购——某农户（930 000.00×90%）　　837 000.00
　　应交税费——应交增值税（进项税额）　　93 000.00
　　贷：银行存款　　930 000.00

(2) 原生态猪肉验收入库，根据入库单按进价编制记账凭证。

借：库存商品——原生态食品柜　　837 000.00
　　贷：材料采购——某农户　　837 000.00

(3) 本月销售，按售价编制记账凭证。

借：银行存款　　1418 715.00
　　贷：主营业务收入　　1255 500.00
　　　　应交税费——应交增值税（销项税额）　　163 215.00

(4) 月末一次计算结转商品销售的进价成本。

本月已销商品成本=2 500.00+837 000.00 −1 500.00（月末盘点实存数）= 838 000.00（元）

借：主营业务成本　　838 000.00
　　贷：库存商品——原生态食品柜　　838 000.00

(5) 在采用“进价记账、盘存计销”方法的同时辅以售价控制。

① 购进原生态猪肉，先由业务部门总验收，再填制“商品内部调拨单”，按售价拨给原生态食品柜，由实物负责人直接验收。

② 每日营业终了，原生态食品柜实物负责人盘点存货，填制“鲜活商品核算日报表”（见表6-35)，计算本日应收销货款金额，再将本日应收销货款与本日实收销货款相核对，如有不符，应及时查明原因。对溢余或短缺数额不进行账务处理，只作为分析、研究时的参考。

本日应销金额=（昨日存货数+本日进货数−本日存货数）×销货零售单价

表 6-35

鲜活商品核算日报表

填报单位：　　　　年　月　日　　　　字第　　号　　　单位：元

品名规格	摘要	昨日存货		本日进货		本日盘存		本日应收销货款			备注
		数量	单价	数量	单价	数量	单价	数量	单价	金额	
合计											
销售记录	本日应销	本日实销		本日溢余		本日损耗		本日成本		本日毛利	

制表：

想一想，练一练

鲜活商品采用进价金额核算法时，为什么要辅以售价控制？为什么对每日盘存中发现的短缺与溢余只分析原因，不进行账务处理？

项目七

其他业务的核算

学习目标

商品流通企业经常发生商品加工、代购代销、商品出租等业务。同时，商品流通企业在经营管理过程中还要使用、消耗一定数量的低值易耗品、包装物等周转材料。通过本项目的学习，你能够：

1. 掌握加工商品的核算。
2. 掌握代购代销商品的核算。
3. 掌握出租商品的核算。
4. 掌握周转材料的核算。
5. 掌握包装物、低值易耗品的核算。

任务一 加工商品的核算

业务

2019 年 5 月，四季美布行委托五彩公司印染一批坯布，请进行相关的业务处理。

【知识准备】

一、加工商品业务概述

加工商品业务是商品流通企业因为销售需要，改变库存商品原有形态或性能的一种经营活动，可以采用委托加工或自行加工等方式。

二、委托加工商品的核算

1. 设置账户

应设置“委托加工商品”总账，该账户借方登记发出加工的库存商品进价、各项加工费用、应计入加工成本的税金，贷方登记加工完毕收回的库存商品成本，期末余额在借方，反映尚未完成的需要继续加工的委托加工商品。同时，根据受托加工单位或委托加工的具体商品设置明细账。

2. 账务处理

① 发出商品委托加工的账务处理如表 7-1 所示。

表 7-1

发出商品委托加工的账务处理

按进价核算的企业	按售价核算的企业
借：委托加工商品——受托加工单位 　　贷：库存商品——某商品	借：委托加工商品——受托加工单位 　　商品进销差价 　　贷：库存商品——某商品

② 支付往返运费及加工费的账务处理。

借：委托加工商品——受托加工单位

　　应交税费——应交增值税（进项税额）

　　贷：银行存款

③ 应税消费品应交消费税的账务处理如表 7-2 所示。

表 7-2

应税消费品应交消费税的账务处理

收回后直接用于销售的	收回后用于连续生产的
借：委托加工商品——受托单位 　　贷：应付账款（银行存款）	借：应交税费——应交消费税 　　贷：应付账款（银行存款）

④ 加工完成收回加工物资的账务处理如表 7-3 所示。

表 7-3

加工完成收回加工物资的账务处理

按进价核算的企业	按售价核算的企业
借：库存商品——某商品 　　贷：委托加工商品——受托单位	借：库存商品——某商品 　　贷：委托加工商品——受托单位 　　　　商品进销差价

委托加工商品成本=拨付加工商品进价+往返运杂费+加工费+应计入成本税金

三、自行加工商品的核算

自行加工商品应设置“加工商品”账户，其账务处理与委托加工商品类似，加工费由企业统一制定标准，统一进行核算，而且不一定要支付现金或银行存款。

自行加工商品发出、加工完收回、应税消费品提取或应交消费税的账务处理类似于委托加工商品，但加工时发生的各项费用，应编制如下记账凭证。

借：加工商品——某商品

　　贷：应付职工薪酬（加工人员工资及福利费）

　　　　累计折旧（加工设备的折旧费）

　　　　辅助生产成本（因接受辅助车间提供的服务而应承担的费用）

　　　　库存现金、银行存款等（用库存现金或银行存款支付与加工有关的费用）

【业务处理】

（1）四季美布行于 2019 年 5 月 5 日向五彩公司发出待印染的白坯布 6 000 码（1 码＝0. 9 144 米）。请根据加工商品发料单编制记账凭证。

借：委托加工商品——五彩公司　　39 240. 00

　　贷：库存商品——白坯布　　39 240. 00

附原始凭证："委托加工商品发货单"财务联（见表 7-4）。

表 7-4

委托加工商品发货单

受托单位：五彩公司　　　　第　　号

合同编号：委加 2010533 号　　2019 年 5 月 5 日　　单位：元

编号	品名规格	计量单位	应发数量	实发数量	单价	实发金额
S136	白坯布	码	6 000	6 000	6.54	39 240.00
加工项目		印染	回收日期		2019 年 5 月 28 日	

发货人：才向前　　　　制表：才向前

（2）2019 年 5 月 28 日，四季美布行支付三联运输公司白坯布往返运费 600. 00 元，运费的增值税税率为 9%，根据三联运输公司开具的"增值税专用发票"发票联及有关银行结算凭证编制记账凭证。

借：委托加工商品——五彩公司　　600. 00

　　应交税费——应交增值税（进项税额）　　54. 00

　　贷：银行存款　　654. 00

（3）2019 年 5 月 28 日，四季美布行转账支付五彩公司印染费（加工费）3 900. 00 元，增值税 507. 00 元。根据五彩公司开具的"增值税专用发票"发票联及有关结算凭证编制记账凭证。

借：委托加工商品——五彩公司　　3 900. 00

　　应交税费——应交增值税（进项税额）　　507. 00

　　贷：银行存款　　4 407. 00

（4）2019 年 5 月 28 日，四季美布行委托五彩公司印染的白坯布印染完毕，全部回收入库。根据委托加工商品入库单（见表 7-5）等相关原始凭证计算加工后的实际成本，并编制记账凭证。

借：库存商品——彩色布　　43 740. 00

　　贷：委托加工商品——五彩公司　　43 740. 00

表 7-5

委托加工商品入库单

验收单位：第 1 仓库　　　　第　　号

合同编号：委加 2010533 号　　2019 年 5 月 28 日　　单位：元

编号	品名规格	计量单位	应收数量	实收数量	单位成本	加工商品总成本				
						总额	原料	加工费	运杂费	税金
S236	彩色布	码	6 000	6 000	7.29	43 740.00	39 240.00	3 900.00	600.00	0

验收人：才向前　　　　制表：才向前

任务二　代购代销商品的核算

业务一

2019 年 6 月，长江副食品公司与新天农收购站签订代购合同，长江副食品公司委托新天农收购站代购绿豆 8 000kg，收购价为 8.00 元/kg，代购费用实报实销。

【知识准备】

委托代购商品是收购企业委托其他单位代为收购指定商品的经营活动。委托方与受托方应签订代购合同，确定代购商品的品种、质量、数量、单价、费用负担、手续费标准、交接货方式及货款结算方式等事项。

按代购费用分摊方式的不同，委托代购可以分为实报实销、定额包干和作价交接三种。

一、代购费用实报实销时委托方的核算

1. 汇出收购资金

借：应收账款——某受托代购公司
　　贷：银行存款

2. 收到代购清单，补付货款及代购费用

借：物资采购——某商品（含代购费用）
　　应交税费——应交增值税（进项税额）
　　贷：银行存款
　　　　应收账款——某受托代购公司

3. 代购商品验收入库

① 进价金额核算法

借：库存商品——某商品（进价 = 收购价 + 实报实销的代购费用）
　　贷：物资采购——某商品（含代购费用）

② 售价金额核算法

借：库存商品——某商品（售价）
　　贷：物资采购——某商品（含代购费用）
　　　　商品进销差价

二、代购费用定额包干时委托方的核算

代购费用定额包干的会计分录与代购费用实报实销相同，只是金额不同。

代购商品进价 = 收购价 + 定额包干的代购费用

三、代购费用作价交接时委托方的核算

作价交接，视同一般购进，不再详述。

【业务处理】

（1）2019年6月5日，长江副食品公司签发转账支票，汇出绿豆代购资金50 000.00元，请根据审核无误的有关单据，进行相应的账务处理。

借：应收账款——新天农收购站　　50 000.00

　　贷：银行存款　　50 000.00

（2）2019年6月9日，长江副食品公司收到代购清单：代购8 000kg绿豆，总收购价48 000.00元，人工费4 200.00元，代垫运费600.00元、代垫运费增值税54.00元（增值税专用发票）。经核查无误，转账补付货款2 854.00元，请进行相应的账务处理。

借：物资采购——绿豆（48 000.00×90%+4200.00+600.00）　　48 000.00

　　应交税费——应交增值税（进项税额）（48 000.00×10%+54.00）　　4 854.00

　　贷：银行存款　　2 854.00

　　　　应收账款——新天农收购站　　50 000.00

（3）委托代购的绿豆8 000kg全部验收入库，单位售价（含税）为11.30元，请审核“收货单”等相关原始凭证，并编制记账凭证。

借：库存商品——绿豆　　90 400.00

　　贷：物资采购——绿豆　　48 000.00

　　　　商品进销差价　　42 400.00

业务二

2019年9月，新天农收购站与黄河副食品公司签订代购合同，新天农收购站受黄河副食品公司委托代购白菜25 000kg，收购价为1.60元/kg，代购手续费按收购价的15%计算，代购过程中的实际费用由受托方承担。

【知识准备】

一、代购费用实报实销时受托方的核算

（1）新天农收购站收到汇入的代购资金（含代购费用），根据相关单据编制记账凭证。

借：银行存款

　　贷：应付账款——某委托代购公司

（2）新天农收购站支付代购商品价款，编制记账凭证。

借：应付账款——某委托代购公司

　　贷：银行存款

（3）新天农收购站支付代购费用，编制记账凭证。

借：应付账款——某委托代购公司

　　贷：银行存款（或库存现金）

（4）与委托方结清代购款项，编制记账凭证。

委托方补付款，会计分录与（1）相同；归还委托方多付款，会计分录与（1）相反。

二、代购费用定额包干时受托方的核算

（1）新天农收购站收到汇入的代购资金，会计分录与“代购费用实报实销”的会计分录相同。

（2）新天农收购站支付代购商品价款，会计分录与“代购费用实报实销”的会计分录相同。

（3）新天农收购站支付代购费用，编制如下会计分录。

借：其他业务成本

　　贷：银行存款（或库存现金等）

（4）新天农收购站与委托方结清代购款项，会计分录与“代购费用实报实销”的会计分录相同。

（5）新天农收购站结转定额包干代购费用，编制如下会计分录。

借：应付账款——某委托代购公司

　　贷：其他业务收入

三、代购费用作价交接时受托方的核算

作价交接，当作一般购进与销售进行会计核算，此处不再详述。

【业务处理】

（1）2019 年 9 月 10 日，新天农收购站收到黄河副食品公司汇入的代购资金 30 000.00 元，请根据银行进账单等单据编制记账凭证。

借：银行存款　　　　30 000.00

　　贷：应付账款——黄河副食品公司　　　　30 000.00

（2）2019 年 9 月 11 日，新天农收购站以现金支付向农民收购的白菜款项 40 000.00 元，根据付款凭证等单据编制记账凭证。

借：应付账款——黄河副食品公司　　　　40 000.00

　　贷：库存现金　　　　40 000.00

（3）2019 年 9 月 11 日，新天农收购站以现金支付白菜采购费用 2 852.00 元，根据付款凭证等单据编制记账凭证。

借：其他业务成本　　　　2 852.00

　　贷：库存现金　　　　2 852.00

（4）2019 年 9 月 12 日，黄河副食品公司补汇代购白菜价款及定额包干费用的差额16 000.00 元，请根据银行进账单等单据编制记账凭证。

借：银行存款　　　　16 000.00

　　贷：应付账款——黄河副食品公司　　　　16 000.00

（5）新天农收购站编制结转定额包干费用（40 000.00×15%）的记账凭证。

借：应付账款——黄河副食品公司　　　　6 000.00

　　贷：其他业务收入　　　　6 000.00

业务三

2019 年 5 月，吸吸饮品与百联商场签订代销新产品潜能茶合同。合同规定：A. 委托方吸吸饮品委托百联商场代销潜能茶，每箱供货价为 50.00 元，另按售价的 13% 计算增值税；B. 受托方百联商场可自行决定潜能茶的零售价，但不再向委托方收取代销手续费；C. 受托方每月提供一份代销清单，结算一次货款。

【知识准备】

企业为了扩大销售，委托其他单位或个人代销本企业的商品。委托方与受托方应签订代销

合同，确定代销商品的品种、数量、质量、代销价格、代销手续费标准、结算时间、结算方式和违约责任等事项。发生委托代销业务时，委托方应设置“委托代销商品”账户进行会计核算。

按照代销货款和手续费结算方式的不同，分为以下两种。

一、受托方采用“视同自购自销”方式时委托方的核算

（1）委托方发出商品给受托方，编制如下会计分录。

借：委托代销商品——受托方
　　贷：库存商品——某商品

（2）委托方收到受托方报送的代销清单，编制如下会计分录。

借：应收账款——受托方
　　贷：主营业务收入
　　　　应交税费——应交增值税（销项税额）

（3）委托方同时结转已销的代销商品成本，编制如下会计分录。

借：主营业务成本
　　贷：委托代销商品——受托方

二、受托方采用“收取手续费”方式时委托方的核算

（1）委托方发出商品给受托方（与采用“视同自购自销”方式相同）。

（2）委托方收到受托方报送的代销清单，编制如下会计分录。

借：应收账款——受托方
　　销售费用——手续费
　　贷：主营业务收入
　　　　应交税费——应交增值税（销项税额）

（3）委托方同时结转已销的代销商品成本（与采用“视同自购自销”方式相同）。

【业务处理】

（1）2019 年 5 月 3 日，吸吸饮品根据合同规定发出潜能茶 500 箱，每箱的生产成本为 30.00 元。根据“委托代销商品发货单”财务联编制记账凭证。

借：委托代销商品——百联商场　　15 000.00
　　贷：库存商品——潜能茶　　15 000.00

（2）2019 年 5 月 29 日，吸吸饮品收到百联商场开具的代销清单及增值税专用发票，注明：销售 500 箱，价款 25 000.00 元，增值税税额 3 250.00 元，根据有关单据编制记账凭证。

借：应收账款——百联商场　　28 250.00
　　贷：主营业务收入　　25 000.00
　　　　应交税费——应交增值税（销项税额）　　3 250.00

吸吸饮品同时结转已销的代销商品成本。

借：主营业务成本　　15 000.00
　　贷：委托代销商品 ——百联商场　　15 000.00

? 想一想，练一练

委托方向受托方发出商品时，为什么不能确认收入？

业务四

百联商场财务科和相关部门对“业务三”及与此相关的业务应如何处理？

【知识准备】

受托方应设置“受托代销商品”和“代销商品款”等账户，并进行会计核算。

一、采用“视同自购自销”方式时受托方的核算

（1）受托方收到代销商品，根据“代销商品入库单”等单据编制记账凭证。

① 进价核算法下的会计分录如下。

借：受托代销商品——委托方（接受价）

　　贷：代销商品款——委托方（接受价）

② 售价核算法下的会计分录如下。

借：受托代销商品——委托方（零售价）

　　贷：代销商品款——委托方（接受价）

　　　　商品进销差价

（2）受托方出售代销商品，根据代销清单、银行缴款单等单据编制记账凭证。

① 进价核算法下的会计分录如下。

借：银行存款

　　贷：主营业务收入

　　　　应交税费——应交增值税（销项税额）

② 售价核算法下的会计分录如下。

借：银行存款

　　贷：主营业务收入

（3）受托方同时结转已销售的代销商品成本。

① 进价核算法下的会计分录如下。

借：主营业务成本（接受价）

　　贷：受托代销商品——委托方（接受价）

② 售价核算法下的会计分录如下。

借：主营业务成本（零售价）

　　贷：受托代销商品——委托方（零售价）

（4）受托方收到委托方开具的增值税专用发票，无论是进价核算还是售价核算，均编制如下记账凭证。

借：代销商品款——委托方（接受价）

　　应交税费——应交增值税（进项税额）

　　贷：应付账款——委托方（接受价+进项税额）

（5）采用售价金额核算法时，期末还应将增值税销项税额从收入中分离出来，以及结转已销受托代销商品的进销差价（相关会计分录见项目六）。

二、采用“收取手续费”方式时受托方的核算

（1）受托方收到代销商品，根据“代销商品入库单”等单据编制记账凭证如下。

借：受托代销商品——委托方（零售价）

贷：代销商品款——委托方（零售价）

注：代销商品售出后，应编制相反的会计分录。

（2）受托方出售代销商品，根据代销清单、银行缴款单等单据编制记账凭证如下。

借：银行存款

贷：应付账款——委托方

应交税费——应交增值税（销项税额）

（3）受托方收到委托方开具的增值税专用发票，编制记账凭证如下。

借：应交税费——应交增值税（进项税额）

贷：应付账款——委托方

（4）受托方扣除手续费后向委托方支付价税款，编制记账凭证如下。

借：应付账款——委托方

贷：其他业务收入（手续费）

银行存款

【业务处理】

（1）2019年5月3日，百联商场收到吸吸饮品发来的潜能茶500箱，每箱接受价为50.00元，含税零售价为76.84元。根据“代销商品入库单”财务联编制记账凭证。

借：受托代销商品——潜能茶　　38 420.00

贷：代销商品款——吸吸饮品　　25 000.00

商品进销差价　　13 420.00

（2）2019年5月29日，食品柜送来的“缴款单”和“商品进销存报告表”显示：500箱潜能茶全部销售完毕，款项均已直接存入银行基本存款账户，编制记账凭证如下。

借：银行存款　　38 420.00

贷：主营业务收入　　38 420.00

百联商场同时结转已销的代销商品成本。

借：主营业务成本　　38 420.00

贷：受托代销商品——潜能茶　　38 420.00

（3）2019年5月30日，百联商场收到吸吸饮品开具的增值税专用发票，编制记账凭证如下。

借：代销商品款——吸吸饮品　　25 000.00

应交税费——应交增值税（进项税额）　　3 250.00

贷：应付账款——吸吸饮品　　28 250.00

（4）百联商场单独结转受托代销商品潜能茶的进销差价，编制记账凭证如下。

借：商品进销差价　　13 420.00

贷：主营业务成本　　13 420.00

（5）百联商场单独分离受托代销商品潜能茶的增值税销项税额，编制记账凭证如下。

借：主营业务收入　　4 420.00

贷：应交税费——应交增值税（销项税额）　　4 420.00

想一想，练一练

如果百联商场采用收取手续费的方式代销潜能茶，代销手续费为含税零售价的 10%，请编制以下会计分录：① 收到代销潜能茶；② 售出潜能茶；③ 收到委托方开具的增值税专用发票；④ 扣除手续费后向委托方支付价税款。

任务三　出租商品的核算

业务

2019 年 4 月，闽海百货将 5 台 T188 型数码照相机转为出租专用，请进行相应的账务处理。

【知识准备】

企业将一部分存货的使用权在某一时期内转移给消费者，并向消费者收取一定的租金或押金，这部分存货就是出租商品。

企业应设“出租商品”账户，该账户借方反映出租商品的实际成本，贷方摊销报废出租商品的金额，期末余额在借方，反映尚未摊销报废的出租商品成本。

“出租商品”按出租商品的类别、品名、规格设置明细账。

【业务处理】

（1）闽海百货采用进价金额核算法。2019 年 4 月 3 日，企业的“商品内部调拨单”显示，5 台单位进价为 1 800.00 元的 T188 型数码照相机转为出租用。编制会计分录如下。

借：出租商品——T188 型数码照相机　　　9 000.00
　　贷：库存商品——T188 型数码照相机　　　9 000.00

（2）出租 T188 型数码照相机一台，租期为一年，转账收取押金 4 000.00 元，根据有关原始单据编制会计分录如下。

借：银行存款　　　4 000.00
　　贷：其他应付款——某客户　　　4 000.00

（3）一年到期，收回出租 T188 型数码照相机一台，扣除租金（含税）1 695.00 元后转账退还剩余押金，编制会计分录如下。

借：其他应付款——某客户　　　4 000.00
　　贷：其他业务收入　　　1 500.00
　　　　应交税费——应交增值税（销项税额）　　　195.00
　　　　银行存款　　　2 305.00

（4）分 12 个月摊销出租 T188 型数码照相机成本，每月应摊 150.00 元，编制会计分录如下。

借：其他业务成本　　　150.00
　　贷：出租商品——T188 型数码照相机　　　150.00

想一想，练一练

如果闽海百货采用售价金额核算法，T188 型数码照相机每台含税零售价为 3 390.00 元，将

5 台转为出租用，应如何进行账务处理？

任务四　周转材料的核算

业务

2019 年 5 月，闽海百货购入螺丝钉等材料物资，请进行相关的账务处理。

【知识准备】

一、周转材料概述

周转材料是商业企业用于业务经营、设备维修、劳动保护、办公等方面的材料物资，包装物，低值易耗品及废旧物资等。周转材料是企业非商品存货，多供企业内部使用，除包装物外，一般不随商品流转而转移。

企业周转材料的价值一次或分次转入所服务对象的成本费用中去，企业应设置“周转材料”账户，反映周转材料的增减变动及其结存情况。

二、周转材料的账务处理

（1）周转材料购进与商品购进一样，也通过“材料采购”账户核算，也区分单货同到、单先到货后到、货到单未到三种情形，与项目五批发商品购进情况类似，只是在验收入库时，借记“周转材料”而已。

（2）领用的核算（如果领用的是材料物资，一般采用一次摊销）。

借：管理费用（管理部门领用）

　　销售费用（销售部门使用或为销售商品而用）

　　在建工程（工程建设领用）

　　贷：周转材料——某材料

（3）销售的核算（一般不对外销售，但在特殊情况下也允许对外销售）。

① 取得收入。

借：银行存款

　　贷：其他业务收入

　　　　应交税费——应交增值税（销项税额）

② 结转成本。

借：其他业务成本

　　贷：周转材料——某材料

（4）周转材料的盘点，其账务处理与库存商品的盘点基本相同。

【业务处理】

（1）闽海百货于 2019 年 5 月 2 日购进的材料物资系螺丝钉，增值税专用发票显示：价款 3 200.00元，增值税 416.00 元。螺丝钉已验收入库，价税款尚未支付。编制会计分录如下。

借：周转材料——螺丝钉　　　　　　　　3 200.00
　　应交税费——应交增值税（进项税额）　　416.00
　　贷：应付账款——某供货商　　　　　　　　3 616.00

（2）各部门按企业“周转材料领用制度”领用材料，月末“材料物资领用汇总表”显示：本月对管理部门设备进行小修理，领用螺丝钉的价值为852.00元。编制会计分录如下。

借：管理费用——维修费　　　　　　　　852.00
　　贷：周转材料——螺丝钉　　　　　　　　852.00

任务五　包装物的核算

业务一

新华都晋江店购进纸箱500个，每个单价6.00元，计价款3 000.00元，增值税390.00元，价税款转账付讫，纸箱全部验收入库，根据有关凭证进行账务处理。

【知识准备】

一、包装物概述

商品流通企业的包装物是用于盛装和包扎商品的物资，包括一次性耗用的包装材料、周转用包装物和储存保管用包装物。

一次性包装材料如纸、绳、铁丝等，应在“周转材料”账户核算；储存保管用的包装物如储油罐、铁桶等，应在“固定资产”或“低值易耗品”账户核算；作为商品经营购进的包装物，应在“库存商品”账户核算；只有周转用包装物才通过“包装物”账户核算。

二、设置账户

“包装物”账户，该账户借方登记购进、腾空、回收、盘盈包装物的实际成本，贷方登记领用、出租、出借、出售、摊销、报废、盘亏包装物的实际成本，期末余额在借方，反映结存包装物的成本。

“包装物”账户下设“库存包装物”“在用包装物”“包装物摊销”“出租包装物”“出借包装物”等明细账，也可以按包装物的类别或品名设明细账。

商品流通企业的包装物也可以在“周转材料——包装物”账户核算。

【业务处理】

根据“增值税专用发票”、“包装物入库单”和银行结算单据编制记账凭证。

借：包装物——库存包装物（纸箱）　　　　3 000.00
　　应交税费——应交增值税（进项税额）　　390.00
　　贷：银行存款　　　　　　　　　　　　　　3 390.00

注：包装物的采购成本包括买价和采购费用，但如果采购费用数额较小，不便于分配，可以直接计入当期损益。

业务二

新华都晋江店水果柜腾空纸箱 50 个，40 个可作为包装物继续使用，每个估价 5. 00 元，10 个当废品出售，共收到现金 20. 00 元。请根据有关单据进行账务处理。

【知识准备】

随货购进的包装物，如果单独计价，与单独购进包装物一样核算；如果不单独计价，在腾空前不单独核算。

商品售出，包装物腾空后，能继续作为包装物使用的包装材料，借记“包装物”账户，不能作为包装物使用的包装材料，借记“周转材料”，废旧包装物出售收到现金的，借记“库存现金”账户，相应的贷记“其他业务收入”账户。

【业务处理】

根据“包装物入库单”和“收款收据”等单据编制记账凭证。

借：包装物——库存包装物（纸箱）　　200. 00
　　库存现金　　20. 00
　　贷：其他业务收入　　220. 00

业务三

新华都晋江店受青岛啤酒厂委托，回收啤酒瓶 3 000 只，每只回收价 0. 40 元，共支付现金 1 200. 00元；青岛啤酒厂取回啤酒瓶时，支付代垫款 1 200. 00 元及手续费 300. 00 元，请根据有关凭证进行相应的账务处理。

【业务处理】

（1）回收啤酒瓶，支付款项，应编制记账凭证如下。

借：其他应收款——青岛啤酒厂　　1 200. 00
　　贷：库存现金　　1 200. 00

注：回收的啤酒瓶计入备查账（如果是自用回收的包装物，视同单独购进）。

（2）青岛啤酒厂取走酒瓶，支付价款及手续费，应编制记账凭证如下。

借：库存现金　　1 500. 00
　　贷：其他应收款——青岛啤酒厂　　1 200. 00
　　　　其他业务收入——手续费　　300. 00

注：注销备查账上的啤酒瓶。

业务四

新华都晋江店食品柜领用铁桶 20 个，每个 50. 00 元。其中 8 个随同商品出售，不单独计价，12 个作为食品柜存放商品周转使用，请进行相应的账务处理。

【业务处理】

一、包装物领用的核算

（1）因销售业务需要一次性领用，编制会计分录如下。

借：销售费用
　　贷：包装物——库存包装物（某包装物）

（2）内部领用供周转使用的包装物，编制会计分录如下（交回时编制相反的会计分录）。

借：包装物——在用包装物（某包装物）
　　贷：包装物——库存包装物（某包装物）

说明：由于内部周转使用，并没有转移所有权，也可以不进行账务处理。

二、包装物出售的核算

（1）随同产品出售且不单独计价的包装物，视同销售费用，与“因销售业务需要一次性领用”的包装物进行相同的账务处理。

（2）随同产品出售单独计价、单独出售的包装物，账务处理如下。

① 确认收入实现时，根据增值税专用发票等单据编制记账凭证。

借：银行存款
　　贷：其他业务收入
　　　　应交税费——应交增值税（销项税额）

② 结转已销包装物成本，编制会计分录如下。

借：其他业务成本
　　贷：包装物——库存包装物

【业务处理】

根据相关原始凭证编制记账凭证。

借：销售费用——包装费　　400.00
　　包装物——在用包装物（铁桶）　　600.00
　　贷：包装物——库存包装物（某包装物）　　1 000.00

业务五

新华都晋江店食品柜在销售商品时出租铁桶一批，租期为 6 个月，每个月租金为 678.00 元（含增值税），从押金中扣除。该批铁桶实际成本 3 300.00 元，收取押金 4 500.00 元。根据审核无误的有关凭证，进行相应的账务处理。

【知识准备】

出租、出借包装物就是将包装物提供给客户暂时使用，区别在于出借是无偿使用，出租是有偿使用。包装物领用的核算如下。

（1）一次摊销法下出租、出借包装物的核算。

① 发出包装物，编制会计分录如下。

借：销售费用（出借）
　　其他业务成本（出租）
　　贷：包装物——库存包装物（某包装物）

② 收回被租借包装物的残料，编制会计分录如下。

借：周转材料——残料

　　贷：销售费用（出借）

　　　　其他业务成本（出租）

（2）分次摊销法下出租、出借包装物的核算。

① 发出包装物，编制会计分录如下。

借：包装物——出租（借）包装物

　　贷：包装物——库存包装物（某包装物）

② 出租（借）包装物摊销，编制会计分录如下。

借：销售费用（出借）

　　其他业务成本（出租）

　　贷：包装物——包装物摊销

③ 收回被租借包装物的残料，编制会计分录如下。

借：周转材料——残料

　　包装物——包装物摊销

　　贷：销售费用（出借）

　　　　其他业务成本（出租）

　　　　包装物——出租（出借）包装物

注：出租、出借包装物收回可用的，计入备查账，不计入“包装物”账户。

（3）包装物押金收取、退还与没收的会计核算。

① 收取押金，编制会计分录如下。

借：银行存款（或库存现金）

　　贷：其他应付款——某客户

注：退还押金时编制相反的会计分录。

② 没收押金或以押金抵租金，编制会计分录如下。

借：其他应付款——某客户

　　贷：其他业务收入

　　　　应交税费——应交增值税（销项税额）

注：如果是直接收取租金，则将②的借方科目改为银行存款或库存现金。

【业务处理】

（1）发出包装物铁桶，根据包装物出库单编制记账凭证。

	借方	贷方
借：包装物——出租包装物（铁桶）	3 300.00	
贷：包装物——库存包装物（铁桶）		3 300.00

（2）收到押金，根据收款收据和银行进账单编制记账凭证。

	借方	贷方
借：银行存款	4 500.00	
贷：其他应付款——客户		4 500.00

（3）按月摊销出租包装物，编制记账凭证。

	借方	贷方
借：其他业务成本	550.00	
贷：包装物——包装物摊销		550.00

(4) 按月确认租金收入（从押金中扣除），编制记账凭证。

借：其他应付款——客户　　678.00
　　贷：其他业务收入　　600.00
　　　　应交税费——应交增值税（销项税额）　　78.00

(5) 客户按时归还铁桶，扣除6个月租金后，用现金退还剩余押金，编制记账凭证。

借：其他应付款——客户　　432.00
　　贷：库存现金　　432.00

(6) 收回铁桶报废处理，残料入库，作价288.00元，编制记账凭证。

借：周转材料——旧铁皮　　288.00
　　其他业务成本　　262.00
　　包装物——包装物摊销（假设只摊了5个月）　　2 750.00
　　贷：包装物——出租包装物　　3 300.00

任务六　低值易耗品的核算

业务

新华都晋江店对低值易耗品采用五五摊销法。2019年8月2日，管理部门领用工具一批，成本为2 400.00元。请进行相应的账务处理。

【知识准备】

一、低值易耗品的概念

低值易耗品是指单位价值较低或者使用年限较短的用具和设备，如柜台、货柜、仪器、玻璃器皿、办公用具等。为了方便管理，有些用具虽然单位价值较高而且使用年限较长，也作为低值易耗品处理，如各种磅秤、非机动车辆等。

二、设置账户

商品流通企业的低值易耗品可通过“周转材料”账户进行核算，也可单设“低值易耗品”账户进行核算。“低值易耗品”账户借方登记企业因购入、调入、盘盈等原因增加的低值易耗品价值，贷方登记企业因领用、调出、报废、盘亏等原因减少的低值易耗品价值，期末余额在借方，反映结存低值易耗品价值。

“低值易耗品”总账下设“库存低值易耗品”“在用低值易耗品”“低值易耗品摊销”等明细账，也可以按低值易耗品的类别或品名设置明细账。

三、账务处理

（一）购进的核算

借：低值易耗品——库存低值易耗品（买价+运杂费等采购费用）
　　应交税费——应交增值税（进项税额）
　　贷：银行存款（或“应付账款”等账户）

注：采购费用数额较少不便分配的，直接计入当期损益。

（二）领用与摊销的核算

（1）一次摊销法（在领用时将低值易耗品价值一次性计入费用），账务处理如下。

借：销售费用（专设销售机构领用）
　　管理费用（管理部门领用）
　　　贷：低值易耗品——库存低值易耗品

（2）五五摊销法，账务处理如下。

① 领用低值易耗品。

借：低值易耗品——在用低值易耗品
　　　贷：低值易耗品——库存低值易耗品

② 首次摊销50%。

借：销售费用（或管理费用）
　　　贷：低值易耗品——低值易耗品摊销

③ 报废时摊销另50%。

借：低值易耗品——低值易耗品摊销
　　周转材料（残料入库）
　　销售费用（或管理费用）
　　　贷：低值易耗品——在用低值易耗品

【业务处理】

（1）领用工具，编制会计分录如下。

借：低值易耗品——在用工具　　　　2 400.00
　　　贷：低值易耗品——库存工具　　　　2 400.00

（2）首次摊销50%，编制会计分录如下。

借：管理费用　　　　1 200.00
　　　贷：低值易耗品——低值易耗品摊销　　　　1 200.00

想一想，练一练

如果该批工具使用一年后报废，出售残值收到20.00元现金，请问应如何进行账务处理？

项目八

长期资产的核算

学习目标

长期资产是企业拥有的变现周期在一年以上或一个营业周期以上的资产。商品流通企业的长期资产主要有固定资产、无形资产、其他长期资产等。通过本项目的学习，你能够：

1. 熟悉各项长期资产的含义及确认标准。
2. 掌握固定资产的核算。
3. 掌握无形资产的核算。
4. 掌握其他长期资产的核算。

任务一　固定资产的核算

业务一

福建天步鞋业股份有限公司购入制鞋流水线一条，买价为 185 000.00 元，增值税为 24 050.00元，由供货方负责安装，安装调试完毕方转账支付全部价税款，因此可以视同购入不需要安装的设备。

【业务单据】

业务单据包括增值税专用发票、银行转账凭证、固定资产交接（验收）单（见表 8-1）。

【知识准备】

固定资产是指使用寿命超过一个会计年度，为生产商品、提供劳务、出租或经营管理而持有的具有实物形态的资产项目。

一、固定资产的确认

除了符合固定资产定义外，还需要满足以下条件，方能作为企业固定资产。

（1）该固定资产包含的经济利益很可能流入企业。

（2）该固定资产的成本能够可靠地计量。

表 8-1

<table>
<tr><td colspan="9" align="center">固定资产交接（验收）单</td></tr>
<tr><td colspan="6" align="center">2019 年 5 月 28 日</td><td colspan="3" align="right">第 08003 号</td></tr>
<tr><td>编号</td><td colspan="2">固定资产名称</td><td colspan="2">规格型号</td><td>数量</td><td colspan="2">出售（或承建）单位</td><td>附技术资料</td></tr>
<tr><td>11-04</td><td colspan="2">制鞋流水线</td><td colspan="2"></td><td>1 条</td><td colspan="2">石狮工贸有限公司</td><td rowspan="6"></td></tr>
<tr><td>原值</td><td colspan="2">其中：设备费</td><td colspan="2">安装费</td><td>预计使用年限</td><td colspan="2">预计净残值率：1.2%</td></tr>
<tr><td>185 000.00元</td><td colspan="2"></td><td colspan="2"></td><td>8 年</td><td colspan="2">预计净残值：2 176.20元</td></tr>
<tr><td colspan="6">验　　收</td><td rowspan="2">保管使用人签章</td><td rowspan="2">部门主管签章</td></tr>
<tr><td colspan="2">验收部门</td><td colspan="2">验收人签章</td><td colspan="2">验收意见</td></tr>
<tr><td colspan="2">生产车间</td><td colspan="2">丁达勇</td><td colspan="2">合格</td><td>丁达勇</td><td>吴雅丽</td></tr>
</table>

验收人：左胜进　　　　　　　　　　　　　　　　　　　　　　　　制表：左胜进

二、固定资产的分类

（1）固定资产按经济用途，分为直接服务于商业经营的固定资产和非直接服务于商业经营的固定资产。

（2）固定资产按产权关系，分为自有固定资产和融资租入固定资产。

（3）固定资产按使用情况，分为在用固定资产、未使用的固定资产、不需用的固定资产。

（4）综合考虑各种标准，固定资产可分为六大类，分别是直接服务于商业经营的固定资产、间接服务于商业经营的固定资产、租出固定资产、不需用固定资产、未使用固定资产、融资租入固定资产。

三、固定资产的计价

固定资产的计价基础是历史成本，也就是企业购建某项固定资产的实际成本，为该项固定资产达到预定可使用状态前所发生的，与购建该项固定资产有关的一切合理、必要开支。

（1）外购固定资产的计价。

外购固定资产的入账价值包括买价、进口关税以及为使固定资产达到预定可使用状态前所发生的可直接归属于该项资产的其他支出。特定项目的固定资产入账价值还应包括购建固定资产时支付的增值税进项税额。

特定项目的固定资产主要有：① 纳税人用于非增值税应税项目、免征增值税项目的固定资产；② 纳税人用于集体福利或个人消费的固定资产；③ 纳税人自用消费品，具体明确为应征消费税的游艇、汽车和摩托车。

（2）投资者投入的固定资产，按投资各方确认的价值入账。不公允的除外。

（3）自行建造固定资产的入账价值包括验收合格之前发生的各种材料费用、人工费用以及应当计入建造成本的其他税费。

（4）改扩建固定资产的入账价值等于账面原值加上改扩建发生的支出减变价收入。

（5）接受捐赠的固定资产的入账价值。

① 捐赠方提供合法凭据的，以凭据上标明的金额加上应当支付的相关税费作为入账价值。

② 捐赠方没有提供合法凭据的，以下列顺序确定其入账价值。

A. 如果同类或类似固定资产存在活跃市场的，以同类或类似固定资产的市场价格为标准估计的金额加上应当支付的相关税费作为入账价值。

B. 如果同类或类似固定资产不存在活跃市场的，以该固定资产预计未来现金流量的现值作为入账价值。

如果捐入的是旧固定资产，以按上述方法确定新固定资产的价值减去按该固定资产新旧程度估计的价值损耗后的余额作为入账价值。

（6）盘盈固定资产的入账价值。市场上有同类固定资产的，以该固定资产的市场价格减去估计折旧后的净值入账；市场上无同类固定资产的，以该固定资产的预计未来现金流量的现值入账。

（7）融资租入固定资产，租赁开始日在租赁资产公允价值与最低租赁付款额的现值中，选择其中数额较低者作为入账价值。

（8）经营租入固定资产，产权不归企业，所以不通过“固定资产”账户核算，也不提折旧。验收投入使用时在“备查账簿”上登记，经营期满归还时在“备查账簿”上注销。

【业务处理】

（1）不需要安装的或安装费用由供货方承担的购进固定资产，其账务处理是相同的，都是根据“增值税专用发票”、“固定资产交接（验收单）”、银行结算凭证等单据编制会计分录。

借：固定资产——生产用固定资产（制鞋流水线）185 000.00
　　应交税费——应交增值税（进项税额）　　　24 050.00
　　贷：银行存款　　　　　　　　　　　　　　　209 050.00

注：购进需安装且费用由购方承担的固定资产，视同简单的“自建固定资产”。

（2）登记固定资产明细账即固定资产卡片（折旧不另设明细账），如表 8-2 和表 8-3 所示。

表 8-2

固定资产卡片（正面）

<table>
<tr><td colspan="2">项　目</td><td colspan="9">停　用　记　录</td></tr>
<tr><td>制造国家</td><td></td><td colspan="3">原　因</td><td colspan="2">日　期</td><td colspan="2">原　因</td><td colspan="2">日　期</td></tr>
<tr><td>制造厂商</td><td></td><td colspan="3"></td><td colspan="2"></td><td colspan="2"></td><td colspan="2"></td></tr>
<tr><td>制造日期</td><td></td><td colspan="3"></td><td colspan="2"></td><td colspan="2"></td><td colspan="2"></td></tr>
<tr><td>制造号码</td><td></td><td colspan="4">提 取 折 旧</td><td colspan="5">大 修 理 记 录</td></tr>
<tr><td>使用年限</td><td></td><td>年</td><td>月</td><td colspan="2">折 旧 额</td><td>日　期</td><td>凭证号</td><td colspan="2">摘　要</td><td>金　额</td></tr>
<tr><td>购置日期</td><td></td><td></td><td></td><td colspan="2"></td><td></td><td></td><td colspan="2"></td><td></td></tr>
<tr><td>原　值</td><td></td><td></td><td></td><td colspan="2"></td><td></td><td></td><td colspan="2"></td><td></td></tr>
<tr><td>其中：安装费</td><td></td><td></td><td></td><td colspan="2"></td><td></td><td></td><td colspan="2"></td><td></td></tr>
<tr><td>净残值率</td><td></td><td></td><td></td><td colspan="2"></td><td></td><td></td><td colspan="2"></td><td></td></tr>
</table>

表 8-3

固定资产卡片（反面）

<table>
<tr><td rowspan="4">附属物品</td><td>名称</td><td>规格</td><td>数量</td><td rowspan="4">设备变动</td><td colspan="2">安装地址</td><td colspan="2">用　途</td><td>变动年月</td></tr>
<tr><td></td><td></td><td></td><td colspan="2"></td><td colspan="2"></td><td></td></tr>
<tr><td></td><td></td><td></td><td colspan="2"></td><td colspan="2"></td><td></td></tr>
<tr><td></td><td></td><td></td><td colspan="2"></td><td colspan="2"></td><td></td></tr>
<tr><td rowspan="4">部件备品</td><td></td><td></td><td></td><td rowspan="4">最大外形</td><td>长</td><td>cm</td><td rowspan="4">清理记录</td><td>清理日期</td><td></td></tr>
<tr><td></td><td></td><td></td><td>宽</td><td>cm</td><td>清理费用</td><td></td></tr>
<tr><td></td><td></td><td></td><td>高</td><td>cm</td><td>累计折旧</td><td></td></tr>
<tr><td></td><td></td><td></td><td>总重量</td><td>kg</td><td>变价收入</td><td></td></tr>
<tr><td colspan="2">会计科长</td><td colspan="2"></td><td>复核</td><td></td><td>登记</td><td></td><td>设卡日期</td><td></td></tr>
</table>

业务二

福建天步鞋业股份有限公司收到外商投入的制鞋流水线一条，发票上注明的买价为200 000.00元，增值税进项税额为26 000.00元，经双方协商，按原价税款作为投资金额。此外，福建天步鞋业股份有限公司还以现金支票支付流水线的安装调试费10 000.00元。设备直接交付使用，请根据审核无误的凭证进行相应的账务处理。

【业务单据】

业务单据包括增值税专用发票、银行转账凭证、固定资产验收单和出资证明复印件。

【业务处理】

（1）按发票注明的价税款作为入账价值，根据有关单据编制记账凭证。

借：固定资产——生产用固定资产（制鞋流水线）210 000.00
　　应交税费——应交增值税（进项税额）　　26 000.00
　　贷：银行存款　　　　　　　　　　　　　　10 000.00
　　　　实收资本　　　　　　　　　　　　　226 000.00

（2）登记固定资产明细账，即固定资产卡片。

业务三

福建天步鞋业股份有限公司外商股东捐赠已使用的制鞋流水线一条，八成新。原购买发票已丢失，制鞋设备行业市场上相同而且全新的制鞋流水线购买价为100 000.00元，增值税为13 000.00元。此外，公司还以现金支票支付流水线的安装调试费8 000.00元，安装调试完毕，设备直接交付使用。请进行相应的账务处理。

【业务单据】（略）

【业务处理】

（1）根据审核无误的原始凭证编制记账凭证。

借：固定资产——生产用固定资产（制鞋流水线） 88 000.00
　　贷：银行存款 8 000.00
　　　　营业外收入——捐赠利得 80 000.00

注：发票已丢失，增值税进项税额不能抵扣，经协商，按买价的80%作为捐赠价值。

（2）登记固定资产明细账即固定资产卡片（略）。

业务四

福建天步鞋业股份有限公司发现账外小设备一台，市场价格为5 000.00元，六成新，请分别进行批准前和批准后的账务处理。

【业务单据】（略）

【业务处理】

（1）批准前的账务处理。

借：固定资产——未使用固定资产 3 000.00
　　贷：以前年度损益调整 3 000.00

（2）登记固定资产明细账，即固定资产卡片（略）。

（3）批准后的账务处理（所得税税率为25%，盈余公积提取率为净利润的10%）。

借：以前年度损益调整 3 000.00
　　贷：应交税费——应交所得税 750.00
　　　　盈余公积——法定盈余公积 225.00
　　　　利润分配——未分配利润 2 025.00

业务五

福建天步鞋业股份有限公司新建办公楼一座，决定采用自建方式完成。请财务部门参与监督管理并进行相应的会计核算。

【业务单据】（略）

【知识准备】

一、账户设置

企业自建固定资产无论是自营还是出包，都应设置“在建工程”账户，并进行会计核算，该账户借方登记自建固定资产发生的建设成本，贷方登记完工转出自建固定资产的成本，期末余额在借方，表示尚未完工工程已投入成本。

应在“在建工程”总账下开设“建筑工程”“安装工程”“技术改造工程”“大修理工程”等明细账。

二、账务处理

自营工程的账务处理如下。

（1）购入工程用的专用材料、专用设备，账务处理如下。

借：工程物资

应交税费——应交增值税（进项税额）

贷：银行存款等

注：自 2019 年 4 月 1 日起，取得不动产或不动产在建工程的进项税额允许一次性全额抵扣。

（2）工程建设领用专用材料、专用设备，账务处理如下。

借：在建工程

贷：工程物资

（3）工程建设领用企业原材料（或库存商品），账务处理如下。

借：在建工程

贷：原材料（或库存商品）

（4）提取工程建设人员工资及福利费，账务处理如下。

借：在建工程

贷：应付职工薪酬

（5）分配工程应承担的劳务（水、电等），账务处理如下。

借：在建工程

贷：生产成本——辅助生产成本

（6）工程在基建期间（验收完工后）的借款利息，账务处理如下。

借：在建工程（财务费用）

贷：应付利息

（7）工程完工交付使用，账务处理如下。

借：固定资产

贷：在建工程［（2）+（3）+（4）+（5）+（6）］

【业务处理】

（1）购入工程建设专用物资一批，转账支付买价 250 000.00 元，增值税税额 32 500.00 元，专用物资先验收入库，根据增值税专用发票、银行结算凭证、专用物资入库单等原始凭证编制记账凭证。

	借方	贷方
借：工程物资	250 000.00	
应交税费——应交增值税（进项税额）	32 500.00	
贷：银行存款		282 500.00

（2）建设办公大楼领用专用工程物资 250 000.00 元，根据专用物资出库单等原始凭证编制记账凭证。

	借方	贷方
借：在建工程	250 000.00	
贷：工程物资		250 000.00

（3）建设办公大楼领用日常经营用的库存商品一批（该企业采用进价金额核算法），实际成本为 30 000.00 元，根据出库单等相关原始凭证编制记账凭证。

	借方	贷方
借：在建工程	30 000.00	
贷：库存商品		30 000.00

（4）提取工程人员工资及福利费 120 000.00 元，根据相关原始凭证编制记账凭证。

借：在建工程　　　　　　　　　　　　　　　　　　120 000.00

　　贷：应付职工薪酬　　　　　　　　　　　　　　　　120 000.00

（5）分配工程因接受辅助生产车间服务而应承担的费用50 000.00元，根据相关原始凭证编制记账凭证。

借：在建工程　　　　　　　　　　　　　　　　　　50 000.00

　　贷：生产成本——辅助生产成本　　　　　　　　　　50 000.00

（6）为建设工程借入款项，在工程完工前，应付利息为15 000.00元，根据相关原始凭证编制记账凭证。

借：在建工程　　　　　　　　　　　　　　　　　　15 000.00

　　贷：应付利息　　　　　　　　　　　　　　　　　15 000.00

（7）工程验收合格，交付使用，结转工程建设成本，根据相关原始凭证编制记账凭证。

借：固定资产——间接服务于商业经营的固定资产（办公楼）　　465 000.00

　　贷：在建工程　　　　　　　　　　　　　　　　　465 000.00

注：改扩建工程，若是自营，其会计核算与自营工程相同；若是发包，其会计核算与发包工程相同。

想一想，练一练

五彩公司对外发包车间扩建工程，总价款为80万元，合同规定开工时先预付70%的工程款，全部竣工验收后再付清其余30%的工程款。请编制开工时、竣工验收后转账支付工程价款的会计分录以及工程完工交付使用的会计分录。

业务六

福建天步鞋业股份有限公司新建办公楼一座，建造成本为454 100.00元，预计使用年限为50年，预计残值为17 772.00元，预计清理费用为54 100.00元。请计算该办公楼的年折旧率和月折旧额，并编制相应的会计分录。

【业务单据】（略）

【知识准备】

一、固定资产折旧的含义

固定资产折旧是在固定资产的使用寿命内，按照确定的方法对固定资产应计折旧额进行系统的分摊。

二、影响固定资产折旧的因素

（1）固定资产原值。原值就是固定资产的初始成本，如果固定资产计提了减值准备，应在扣除了减值准备后再计提折旧。

（2）固定资产的净残值（预计残值减去清理费用）。

（3）固定资产使用寿命（有形损耗和无形损耗）。

三、计提折旧的固定资产范围

（1）空间范围。

不提折旧的固定资产如下。

① 按规定单独估价作为固定资产入账的土地。

② 经营租赁方式租入的固定资产。

③ 融资租赁方式租出的固定资产。

④ 除房屋建筑外停用的固定资产。

（2）时间范围。

① 当月增加的固定资产，当月不提折旧，下月起计提。

② 当月减少的固定资产，当月照提折旧，下月起不提。

③ 已提足折旧继续使用的固定资产不提折旧。

④ 提前报废的固定资产不提折旧。

四、计提折旧的具体办法

（1）直线法（年限平均法）。

① 定义：直线法就是按固定资产使用年限平均计算折旧的方法。

② 公式：

$$\text{固定资产年折旧额}=\frac{\text{固定资产原值}-（\text{预计净残值收入}-\text{预计清理费用}）}{\text{固定资产预计使用年限}}$$

固定资产年折旧率=（1−预计净残值率）÷预计使用年限×100%

固定资产月折旧率=年折旧率÷12

固定资产月折旧额=固定资产原值×月折旧率

（2）工作量法。

① 定义：工作量法就是以固定资产应计折旧额除以预计工作量或者工作时间，计算单位工作量或工作时间的折旧额。

② 公式：

单位工作量折旧额=固定资产原值×（1−预计净残值率）÷预计总工作量

某项固定资产月折旧额=该项固定资产当月工作量×单位工作量折旧额

（3）年数总和法。

① 定义：年数总和法是快速折旧法的一种，用固定资产原值减去净残值后的净额乘以一个逐步递减的年折旧率计算出每年的折旧额。

② 公式：

$$\text{逐步递减的年折旧率}=\frac{（\text{预计使用年限}-\text{已使用年限}）\times 2}{\text{预计使用年限}\times（\text{预计使用年限}+1）}$$

固定资产年折旧额=（固定资产原值−预计净残值）×逐年递减的年折旧率

（4）双倍余额递减法。

① 定义：双倍余额递减法是快速折旧法的一种，是在不考虑固定资产净残值的情况下，根据每期期初固定资产账面余额乘以双倍直线折旧率来计算当年固定资产年折旧额的一种方法。但是在固定资产折旧年限到期前两年，应将固定资产账面余额扣除净残值后的净值平均摊销。

② 公式：

固定资产年折旧率=2÷预计使用年限

固定资产月折旧率=固定资产年折旧率÷12

固定资产年（或月）折旧额=固定资产年初账面折旧价值×年（或月）折旧率

$$最后两年的年折旧额=\frac{倒数第2年固定资产年初账面折余价值-净残值}{2}$$

五、固定资产折旧的账务处理

借：管理费用（间接服务于商业经营的固定资产折旧）
　　销售费用（直接服务于商业经营的固定资产折旧）
　　其他业务成本（为其他业务服务的固定资产折旧）
　　在建工程（为在建工程服务的固定资产折旧）
　　贷：累计折旧

【业务处理】

（1）求预计净残值率。

预计净残值率=（17 772.00 -54 100.00）÷454 100.00 ×100% =-8%

（2）求年折旧率。

年折旧率=［1-(-8%)］÷50 ×100% =2.16%

（3）求月折旧额。

月折旧额=454 100.00 ×2.16% ÷12=817.38（元）

（4）编制会计分录。

借：管理费用　　817.38
　　贷：累计折旧　　817.38

业务七

福建天步鞋业股份有限公司购建一台高科技设备，原价为80 000.00元，预计使用年限为5年，预计净残值2 000.00元，请用年数总和法计算其每年的折旧额。

【业务单据】（略）

【业务处理】

应计提折旧总额= 80 000.00 -2 000.00=78 000.00（元）

第一年折旧率=2×（5-0）÷［5×（5+1）］=5/15

第一年折旧额=78 000.00×5/15=26 000.00（元）

第二年折旧率=2×（5-1）÷［5×（5+1）］=4/15

第二年折旧额=78 000.00×4/15=20 800.00（元）

第三年折旧率=2×（5-2）÷［5×（5+1）］=3/15

第三年折旧额=78 000.00×3/15=15 600.00（元）

第四年折旧率=2×（5-3）÷［5×（5+1）］=2/15

第四年折旧额=78 000.00×2/15=10 400.00（元）

第五年折旧率＝2×（5－4）÷［5×（5+1）］＝1/15

第五年折旧额＝78 000.00×1/15＝5 200.00（元）

练一练

请用双倍余额递减法处理“业务七”，计算该高科技设备每年的折旧额。

业务八

晋江先海百货有商场一座，原价为100万元，预计使用年限为40年，现已使用10年，已提折旧25万元。由于扩大经营的需要，决定对其进行改造，以提高使用面积。请财务部门参与监督管理并进行会计核算。

【业务单据】（略）

【知识准备】

企业固定资产投入使用后，对其进行维修、更新改造等发生的支出为固定资产的后续支出。

一、资本化后续支出

如果固定资产的后续支出有可能使流入企业的经济利益超过事先预计，则应给予资本化处理。

（1）停止使用，不提折旧，将固定资产账面价值转入在建工程，编制会计分录如下。

借：在建工程（差额）

　　累计折旧（账面已提折旧）

　　贷：固定资产（原值）

（2）改良或改扩建过程中发生的支出，与自营建造工程中的支出处理相同。

（3）改良或改扩建过程中发生的变价收入，编制会计分录如下。

借：银行存款（或其他有关科目）

　　贷：在建工程

（4）改良工程完工，交付使用，编制会计分录如下。

借：固定资产

　　贷：在建工程［（1）＋（2）－（3）］

（5）改良或改扩建后应重新计提折旧额（改良或改扩建期间不提折旧）。

改良或改扩建后折旧年限＝原固定资产年限＋改良或改扩建后可延长年限－已使用年限

二、费用化后续支出

有些后续支出如固定资产的中小修理等，不符合计入固定资产成本的确认条件，则应计入当期损益（固定资产大修理，若符合计入固定资产成本的确认条件，则计入固定资产成本；若不符合，则作为费用化后续支出处理）。

借：管理费用（修理管理部门使用的固定资产）

　　销售费用（修理专设销售机构使用的固定资产）

　　贷：银行存款（或其他有关科目）

【业务处理】

（1）停止使用，不提折旧，将固定资产账面价值转入在建工程，编制会计分录如下。

借：在建工程　　750 000.00
　　累计折旧　　250 000.00
　　贷：固定资产　　1 000 000.00

（2）经财务部门审核无误，改扩建过程中共支出 450 000.00 元，全部通过银行转账付讫，编制会计分录如下。

借：在建工程　　450 000.00
　　贷：银行存款　　450 000.00

（3）改扩建过程完工，经有关部门验收合格，交付使用，编制会计分录如下。

借：固定资产　　1 200 000.00
　　贷：在建工程　　1 200 000.00

（4）改扩建后，提高了使用面积，并使商场的使用寿命延长了 20 年，重新计算折旧年限。

改扩建后折旧年限 = 40 −10+20 = 50（年）（注：不考虑建设时间）

业务九

2019 年 4 月，晋江先海百货将一暂时不用的仓库对外出租，请财务部门参与监督管理并进行会计核算。

【业务单据】（略）

【业务处理】

企业将暂时不用或者不需用的固定资产对外出租，可提高其使用效率。固定资产中的不动产出租（包括融资租赁和经营租赁），征收 9% 的增值税；固定资产中的有形动产出租（包括融资租赁和经营租赁），征收 13% 的增值税。

（1）晋江先海百货将已不用的仓库出租，该仓库原值为 15 万元，根据有关原始凭证编制会计分录。

借：固定资产——出租用固定资产　　150 000.00
　　贷：在建工程　　150 000.00

（2）按月对出租仓库提取折旧 400.00 元，根据有关原始凭证编制会计分录。

借：其他业务成本　　400.00
　　贷：累计折旧　　400.00

（3）每月转账收取租金 2 000.00 元，增值税 180.00 元，根据增值税专用发票等原始凭证编制会计分录。

借：银行存款　　2 180.00
　　贷：其他业务收入　　2 000.00
　　　　应交税费——应交增值税（销项税额）　　180.00

业务十

晋江先海百货于2019年11月25日盘亏载货汽车一辆，该车于2016年11月28日购入，原值为8万元，购入时增值税税率为17%，已提折旧56 000.00元。请财务部门进行会计核算。

【业务单据】（略）

【业务处理】

因管理不善造成被盗、丢失、霉烂变质的损失，应将盘亏固定资产净值已抵扣的进项税额转出，其他原因如自然灾害造成的固定资产盘亏，则不用转出已抵扣的进项税额。

（1）盘亏固定资产，尚未查明原因的会计分录。

借：待处理财产损溢——待处理固定资产损溢　　24 000.00

　　累计折旧　　56 000.00

　　贷：固定资产　　80 000.00

（2）经查，该固定资产盘亏是企业管理不善造成的，经总经理办公会批准，由管理者李某赔偿损失的10%，其余部分列为营业外支出处理，会计分录如下。

借：其他应收款——李某　　2 808.00

　　营业外支出　　25 272.00

　　贷：待处理财产损溢——待处理固定资产损溢　　24 000.00

　　　　应交税费——应交增值税（进项税额转出）　　4 080.00

注：进项税额转出=（80 000.00–56 000.00）×17%=4 080.00（元）

业务十一

2019年10月，晋江先海百货因技术进步提前报废设备一套，该设备原值500 000.00元，增值税进项税额85 000.00元已认证抵扣，已提折旧300 000.00元。请财务部门进行会计核算。

【业务单据】（略）

【知识准备】

出售、报废、毁损的固定资产定义如下。

出售：指（变卖）转让不适用或不需用的固定资产，回笼货币资金。

报废：指因固定资产有形损耗或无形损耗导致的正常报废。

毁损：指固定资产属于非正常报废，是因自然灾害或责任事故造成的。

一、账户设置

企业应设置“固定资产清理”账户，核算固定资产的出售、报废和毁损，该账户借方登记转入清理的固定资产净值、不提抵扣的增值税进项税额、各项清理费用、期末结转的清理净收益，贷方登记价款收入、残料变价收入、各种赔偿收入及期末结转的清理净损失，结转完净收益或净损失后，该账户期末无余额。

二、增值税的相关规定

小规模纳税人及适用简易计税方式计税的一般纳税人销售不动产、经营租赁不动产，按5%

的征收率征收增值税。

一般纳税人销售不动产，按9%的征收率征收增值税，销售自己使用过的固定资产（不包括不动产）若采用简易办法计税或符合有关规定情形，则按3%的征收率减按2%征收增值税。

规定情形：

(1) 2008年12月31日前未纳入扩大增值税抵扣范围试点的纳税人，销售2008年12月31日以前购进或自制固定资产；2008年12月31日以前已纳入扩大增值税抵扣范围试点的纳税人，销售在本地区扩大试点前购进或自制的固定资产。

(2) 按规定不得抵扣且未抵扣进项税额的固定资产。

(3) 购进或自制固定资产时为小规模纳税人，认定为一般纳税人后销售该固定资产。

(4) 营改增试点日之前取得的固定资产。

例如，某公司2019年9月销售一套营改增之前购进的已用设备，取得收入103 000.00元，则应征收的增值税销项税额：103 000.00÷（1+3%）×2%＝2 000.00（元）。

已抵扣进项税额的固定资产正常报废，已抵扣的进项税额不用转出；如果固定资产提前报废或因管理不善造成毁损，应按下列公式计算不得抵扣的进项税额。

不得抵扣的进项税额＝固定资产净值×适用税率

三、账务处理

(1) 固定资产转入清理，账务处理如下。

① 将待销售或正常报废固定资产转入清理。

借：固定资产清理（净值）
　　累计折旧（账面已提折旧）
　　贷：固定资产（原值）

② 将提前报废或非正常损毁的固定资产转入清理。

借：固定资产清理（净值+进项税额转出）
　　累计折旧（账面已提折旧）
　　贷：固定资产（原值）
　　　　应交税费——应交增值税（进项税额转出）（净值×税率）

(2) 取得收入（通过银行转账收讫），账务处理如下。

① 销售固定资产取得价税款。

借：银行存款（价税款）
　　贷：固定资产清理（售价）
　　　　应交税费——应交增值税（销项税额）

② 毁损、报废固定资产的赔偿款、变价收入或残料入库。

借：银行存款（或周转材料等）
　　贷：固定资产清理

(3) 支付或计提清理费用，账务处理如下。

借：固定资产清理
　　贷：银行存款（或“库存现金”“应付职工薪酬”等账户）

(4) 结转固定资产清理净损益，账务处理如下。

① 结转出售固定资产的净收益

借：固定资产清理
　　贷：资产处置损益
如果结转出售固定资产净亏损，则编制相反的会计分录
② 结转报废或损毁固定资产的净收益
借：固定资产清理
　　贷：营业外收入——处置非流动资产净收益
如果结转报废或损毁固定资产的净亏损，则编制会计分录如下。
借：营业外支出——处置非流动资产净损失
　　贷：固定资产清理

【业务处理】

（1）固定资产转入清理，编制会计分录如下。

借：固定资产清理　　234 000.00
　　累计折旧　　300 000.00
　　贷：固定资产　　500 000.00
　　　　应交税费——应交增值税（进项税额转出）　　34 000.00

注：进项税额转出 =（500 000.00 –300 000.00）×17% = 34 000.00（元）

该固定资产购建时按 17% 的税率计算进项税额并已抵扣。

（2）用库存现金支票支付清理费用 6 000.00 元，编制会计分录如下。

借：固定资产清理　　6 000.00
　　贷：银行存款　　6 000.00

（3）结转净损失（经批准列入营业外支出），编制会计分录如下。

借：营业外支出——非常损失　　240 000.00
　　贷：固定资产清理　　240 000.00

注：净损失 = 234 000.00+6 000.00 = 240 000.00（元）

【知识延伸】

商业企业期末发现固定资产存在下列情况时，应提取减值准备，按固定资产可回收金额与账面价值的差额，借记"资产减值损失——计提固定资产减值准备"账户，贷记"固定资产减值准备"账户。

（1）固定资产市价跌幅大大高于因时间推移或正常使用而预计的下跌，并且预计在近期内不可能恢复。

（2）同期市场利率大幅度提高，进而很可能影响企业计算固定资产可回收金额的折现率，并导致固定资产可回收金额大幅度降低。

（3）固定资产陈旧过时或发生实体损坏等。

（4）其他有可能表明企业资产已发生减值的情形。

任务二　无形资产的核算

业务一

福建天步鞋业股份有限公司从2019年7月1日开始研究纳米技术在PU革中的应用，争取生产出新型鞋材“纳米PU革”，财务部门参与监督管理并进行会计核算。

【业务单据】（略）

【知识准备】

《企业会计准则——无形资产》规定：无形资产是企业拥有或控制的没有实物形态的可辨认的非货币性资产。

一、无形资产的确认

确认一项资产为无形资产，除了符合无形资产的定义外，还必须同时满足以下两个条件：第一，与该资产有关的经济利益很可能流入企业；第二，该资产的成本能够可靠地计量。

二、无形资产的特征

（1）非实体性。没有人们感官可触的物质形态，使用过程不存在有形损耗。

（2）持有的目的是企业使用。

（3）具有可辨认性。

（4）效益性。无形资产能够在较长时间内为企业带来经济效益，但其所提供经济利益的大小具有不确定性。

三、无形资产的内容

无形资产一般包括专利权、专有技术、商标权、著作权、土地使用权、特许经营权等。

（1）专利权，是国家专利主管机关依法授予专利申请人对其发明创造在法定期限内所享有的专有权利，包括发明专利权、外观设计专利权及实用新型专利权。

（2）专有技术，也称非专利技术，是非专利人对其发现、发明等科技成果所享有的权利。与专利权相比，专有技术不受法律保护，具有经济性、机密性和动态性的特点。

（3）商标权，是商标注册人对其注册商标的专用权，包括文字商标权、图形商标权、记号商标权、组合商标权等。商标注册人在有效期（10年）满而未续展的，商标权自行终止。

（4）著作权，也称版权，是著作权人对其著述和创作的作品所享有的专有权利，包括发表权、署名权、修改权、保护作品完整权、使用和获得报酬权等。

（5）土地使用权，是指国家准许某一企业或单位在一定时期内对国有土地所享有的使用权，包括开发权、利用权和经营权。

（6）特许经营权，又称特许权或特许组合权，指为了实现一定商业目的，由特许人拥有并授予受许人使用的具有市场竞争力的商业要素的组合。在市场竞争中，竞争力表现为品牌的知名度、技术优势、产品质量、服务水平等多种要素的组合。受许人获得特许人授予的特许经营权，从而获得参与市场竞争的一定条件。

四、无形资产的计价

（1）购入的无形资产，按实际支付价款入账。无形资产若属于增值税应税服务项目，并取得符合抵扣条件的发票，购进时所付增值税允许抵扣，否则计入无形资产成本。

（2）投资者投入的无形资产，按投资合同或协议约定的价值入账，但约定价值不公允的除外。无形资产若属于增值税应税服务项目，投资方能够提供增值税抵扣证明的，允许抵扣。

（3）自行研发并依法确认的无形资产，研究阶段的支出，应在其发生时确认为费用；开发阶段的支出，具备资本化条件的，计入“无形资产”账户，不具备资本化条件的，计入当期损益。若领用自产的产成品，也无须视同销售，只要按成本结转库存商品即可。

（4）接受捐赠的无形资产，有合法单据的，以单据上的金额加上应付的相关税费为无形资产的入账价值；无合法单据的，以其市价或类似无形资产的市价为入账价值。无形资产若属于增值税应税服务项目，捐赠方能够提供增值税抵扣证明的，允许抵扣。

（5）通过债务重组取得的无形资产，以取得无形资产时的公允价值为入账价值。无形资产若属于增值税应税服务项目，对方能够提供增值税抵扣证明的，允许抵扣。

【业务处理】

（1）福建天步鞋业股份有限公司研发新型鞋材“纳米 PU 革”，2019 年 7 月 1 日—12 月 31 日为研究阶段，期间共领用原材料普通 PU 革 12 000.00 元，提取研究人员薪酬 85 000.00 元，转账支付其他研究费用 103 000.00 元。

① 2019 年发生的各项研发支出，会计分录如下。

借：研发支出——费用化支出　　200 000.00
　贷：原材料——普通 PU 革　　12 000.00
　　应付职工薪酬　　85 000.00
　　银行存款　　103 000.00

② 2019 年 12 月末，经确认当年发生的各项研发支出均属研究阶段支出，会计分录如下。

借：管理费用——研发费用　　200 000.00
　贷：研发支出——费用化支出　　200 000.00

（2）2020 年共发生研发支出 300 000.00 元，均符合开发支出的资本化条件，2020 年 12 月末，该项研发活动全部结束，成功开发一项专有技术。

① 2020 年发生的各项研发支出，会计分录如下。

借：研发支出——资本化支出　　300 000.00
　贷：银行存款　　300 000.00

② 2020 年 12 月末，该项技术研发完成并确认为企业的无形资产，会计分录如下。

借：无形资产——“纳米 PU 革”专有技术　　300 000.00
　贷：研发支出——资本化支出　　300 000.00

业务二

福建天步鞋业股份有限公司“纳米 PU 革”专利权于 2021 年 1 月 1 日起正式生效，根据相关法律规定，其有效期为 5 年，2021 年请摊销该无形资产。

【业务单据】（略）

【知识准备】

企业应采用直线法摊销企业依法确认的无形资产。

无形资产应摊销金额为其成本扣除残值及减值准备后的金额，如果无形资产的使用寿命确定，其残值应视为零。但下列情况除外。

（1）有第三方承诺在无形资产使用寿命结束时购买该无形资产。

（2）可以根据活跃市场得到预计残值的信息，并且该市场在无形资产使用寿命结束时很可能存在。

企业无形资产摊销一般借记“管理费用”账户，贷记“累计摊销”账户。

【业务处理】

福建天步鞋业股份有限公司“纳米 PU 革”专利权计入“无形资产”账户的价值为 300 000.00元，分 5 年摊销，采用直线法，每年摊销 60 000.00 元。

借：管理费用——无形资产摊销　　　　60 000.00

　　贷：累计摊销　　　　60 000.00

业务三

2022 年 1 月 1 日，福建天步鞋业股份有限公司将“纳米 PU 革”生产专利的所有权转让给福建新步鞋业股份有限公司，请财务部门参与管理监督并核算。

【业务单据】（略）

【知识准备】

（1）转让无形资产使用权。

出让方仍然享有该项无形资产的所有权。出让方取得转让使用权的收入应计入“其他业务收入”账户，转让过程中发生的应由出让方承担的服务费用等应计入“其他业务成本”账户。

（2）转让无形资产所有权。

转让无形资产所有权，出让方在获得收益的同时也要承担一定的费用，并且必须依法纳税，目前转让技术、著作权、商标的所有权，其增值税税率为 6%。转让无形资产所有权，具体账务处理如下。

借：银行存款（出售无形资产收到的款项）

　　累计摊销（该项无形资产已提取的摊销金额）

　　无形资产减值准备（如果该项无形资产已提减值准备，还要冲减准备）

　　贷：无形资产（该项无形资产的成本即账面金额）

　　　　应交税费——应交增值税（销项税额）

　　　　银行存款（支付由出让方承担的各项费用）

　　　　资产处置收益（如果是净亏损则记在本账户的借方）

【业务处理】

转让“纳米PU革”生产专利的所有权，取得转让收入500 000.00元。该无形资产账面原值为300 000.00元，累计摊销60 000.00元，按转让收入的6%提取增值税，根据相关单据编制会计分录。

借：银行存款　　500 000.00
　　累计摊销　　60 000.00
　　贷：无形资产　　300 000.00
　　　　应交税费——应交增值税（销项税额）　　30 000.00
　　　　资产处置收益　　230 000.00

【知识延伸】

企业每年年度终了，应检查各项无形资产预计带来经济收益的能力，当预计可变现净值金额低于期末账面价值时，应根据不同情况进行处理。

（1）因技术更新、超过法律保护期限或其他情形导致企业持有的无形资产已无使用价值和转让价值时，应将无形资产的账面价值全部转入当期损益。

（2）企业持有的无形资产发生下列情形，导致无形资产账面价值高于其可回收金额时，应将其差额借记“资产减值损失——提取无形资产减值准备”账户，贷记“无形资产减值准备”账户。

① 某项无形资产被新技术所取代，为企业创造经济效益的能力大幅下降。

② 某项无形资产已超过法律保护期限，还保有部分使用价值。

③ 某项无形资产的市价在当期大幅下跌，并在剩余摊销期内不会恢复。

④ 某项无形资产已被证明发生了大幅减值的情形。

任务三　其他长期资产的核算

业务

晋江先海百货从晋江金井百货租入一座办公楼，租期为10年，晋江先海百货可以对该办公楼进行装修，但费用自负。晋江先海百货将装修工程承包给泉海建筑集团第一工程队，晋江先海百货财务部门参与监督管理并进行会计核算。

【业务单据】（略）

【知识准备】

其他长期资产是指流动资产、长期股权投资、投资性房地产、固定资产、无形资产、在建工程和工程物资以外的各项资产，主要包括长期待摊费用、特种储备物资、税务纠纷冻结物资、未决诉讼冻结财产、海外纠纷冻结财产等。

长期待摊费用是指企业已经支出但摊销期限在1年以上（不含1年）的各项费用，如以经营方式租入的固定资产所发生的改良支出等。

特种储备物资往往是经国家、省、市批准，为专门用途而储存的物资，与企业的日常经营关系不大，如抗灾物资的储备。

税务纠纷冻结物资、未决诉讼冻结财产、海外纠纷冻结财产等，对企业来说都是不正常的，应单独设立相关科目进行核算。

【业务处理】

(1) 根据装修合同，晋江先海百货转账预付装修工程款 150 000.00 元，编制会计分录如下。

借：在建工程——装修工程　　150 000.00

　　贷：银行存款　　150 000.00

(2) 工程完工，验收合格，转账补付装修工程款 30 000.00 元，编制会计分录如下。

借：在建工程——装修工程　　30 000.00

　　贷：银行存款　　30 000.00

(3) 工程交付使用，结转装修成本，编制会计分录如下。

借：长期待摊费用——租入固定资产改良支出　　180 000.00

　　贷：在建工程——装修工程　　180 000.00

(4) 按月摊销租入固定资产改良支出，编制会计分录如下。

借：管理费用　　1 500.00

　　贷：长期待摊费用——租入固定资产改良支出　　1 500.00

注：月摊销额 = 180 000.00÷10÷12 = 1 500.00（元）

项目九

流动负债的核算

学习目标

流动负债是指在1年或超过1年的一个营业周期内必须偿还的债务。流动负债具有偿还期短、偿还额小、偿还形式多样化的特点。当流动负债产生时，我国一般按未来应付金额（或面值）来计量流动负债，并列示于资产负债表上。通过本项目的学习，能够：

1. 了解流动负债的含义、分类及管理要求。
2. 掌握应付账款、预收账款的核算。
3. 掌握短期借款的核算。
4. 掌握应付票据的核算。
5. 掌握应付职工薪酬的核算。

任务一　应付账款的核算

业务

2019年5月20日，晋江安海钢材批发市场从三安钢铁厂购进一批钢材，增值税专用发票注明：价款350 000.00元，增值税45 500.00元。钢材已验收入库，但款项尚未支付。请完成相应的账务处理。

【业务单据】

业务单据包括增值税专用发票和材料验收入库单。

【知识准备】

应付账款是商业企业因采购存货或接受劳务而产生的应付未付款项，属于应付金额可以肯定的流动负债，其入账时间为存货所有权发生转移的时间。

企业应设置“应付账款”账户，对其进行总分类核算，并按照供应单位设置明细账，进行明细分类核算。“应付账款”账户贷方登记因采购存货或接受劳务而形成的短期应付债务，借方登记用银行存款、商业汇票偿还的债务金额，期末余额一般在贷方，表示尚未偿还的债务金额。

【业务处理】

（1）2019 年 5 月 20 日，根据增值税专用发票、材料验收入库单编制会计分录。

借：库存商品——钢材　　350 000. 00
　　应交税费——应交增值税（进项税额）　　45 500. 00
　　贷：应付账款——三安钢铁厂　　395 500. 00

（2）2019 年 5 月 28 日，晋江安海钢材批发市场财务部门通过银行转账归还所欠三安钢铁厂价税款 395 500. 00 元，根据银行结算凭证编制会计分录。

借：应付账款——三安钢铁厂　　395 500. 00
　　贷：银行存款　　395 500. 00

（3）根据审核无误的记账凭证登记“应付账款——三安钢铁厂”明细账。

任务二　预收账款的核算

业务

2019 年 5 月 18 日，根据购销协议，晋江安海钢材批发市场收到晋江 362°鞋业股份有限公司预购钢材的款项 100 000. 00 元。

【业务单据】（略）

【知识准备】

预收账款是商业企业按合同规定，在发货之前向购货企业预先收取的一部分货款，属于应付金额可以肯定的流动负债。与应付账款不同的是，预收账款形成的债务需要以货物偿还，而非货币。

企业应设置“预收账款”账户，对企业发生的预收款项进行核算，但如果企业发生的预收款项不多，也可以直接在“应收账款”账户核算。

【业务处理】

（1）2019 年 5 月 18 日，批发市场根据银行进账单等原始凭证编制会计分录。

借：银行存款　　100 000. 00
　　贷：预收账款——362°鞋业股份有限公司　　100 000. 00

（2）2019 年 5 月 20 日，晋江安海钢材批发市场根据合同规定向 362°鞋业股份有限公司发运钢材，价款为 120 000. 00 元，增值税为 15 600. 00 元。根据增值税专用发票等单据确认销售收入，编制会计分录。

借：预收账款——362°鞋业股份有限公司　　135 600. 00
　　贷：主营业务收入　　120 000. 00
　　　　应交税费——应交增值税（销项税额）　　15 600. 00

（3）2019 年 5 月 25 日，晋江安海钢材批发市场收到 362°鞋业股份有限公司补付的价税款

35 600.00元，根据银行进账单等原始凭证编制会计分录。

借：银行存款　　　　　　　　　　　　　　　　35 600.00
　　贷：预收账款——362°鞋业股份有限公司　　　　　35 600.00

（4）根据审核无误的记账凭证登记“预收账款——362°鞋业股份有限公司”明细账。

任务三　短期借款的核算

业务

2019 年 6 月 30 日，福建著成服饰有限公司从中国工商银行晋江支行借入年利率为 8 %、期限为半年的临时款项 240 000.00 元。合同规定每季的季末付息，期满一次还本，请进行相应的账务处理。

【业务单据】（见表 9-1）

表 9-1

中国工商银行（流动资金贷款）借款凭证（回单）　③

编号　　　　**日期**贰零壹玖**年**陆**月**叁拾**日**　　　　银行编号 98418

收款单位	全　称	福建著成服饰有限公司		借款单位	全　称	福建著成服饰有限公司										
	账　号	350125966124756			放款账号	350125966124756										
	开户银行	晋江工行金井分理处			开户银行	晋江工行金井分理处										
借款期限（最后还款日）		2019.12.30	利率	8%	起息日期	2019.6.30										
借款申请额		人民币（大写）贰拾肆万元整				千	百	十	万	千	百	十	元	角	分	
							¥	2	4	0	0	0	0	0	0	
借款原因及用途		流动周转资金	银行核定金额			千	百	十	万	千	百	十	元	角	分	
							¥	2	4	0	0	0	0	0	0	
备注：			期限	计划还款日期		计划还款金额										
			6个月	2019.12.30		¥240 000.00										
			上述借款业已同意贷给并转入你单位往来账户，借款到期应按期归还。 此致 借款单位：福建著成服饰有限公司 （银行盖章）2019 年 6 月 30 日														

（印章：中国工商银行福建省分行 晋江支行 2019.06.30 转讫）

此联系核定放款回单代借款单位往来户收款通知

【知识准备】

短期借款是商业企业为了满足正常商业经营的需要而向银行或其他金融机构借入的期限在 1 年以内（包含 1 年）的各种款项。

企业应设置“短期借款”账户，核算各种借款的取得与归还，并按债权人设置相应的明细账，进行明细核算。

企业应设置“应付利息”和“财务费用”两个账户，核算短期借款利息的提取与支付。在实际工作中，银行一般于季末收取当季的短期借款利息，所以企业短期借款利息一般采用分月预提、季末支付的方式进行核算，如果利息数额较少，也可不分月预提，而是在季末支付时直接计入“财务费用”账户。

【业务处理】

(1) 2019 年 6 月 30 日，根据“中国工商银行（流动资金贷款）借款凭证（回单）”等原始凭证编制会计分录。

借：银行存款　　　　240 000. 00
　　贷：短期借款——中国工商银行晋江支行　　　　240 000. 00

(2) 2019 年 7 月 30 日，按月提取短期借款利息，根据自制原始凭证编制会计分录。

借：财务费用　　　　1 600. 00
　　贷：应付利息——中国工商银行晋江支行　　　　1 600. 00

注：月息 = 240 000. 00×8 %÷12 = 1 600. 00（元）

(3) 2019 年 9 月 30 日，支付本季度应付利息，根据银行结算单据编制会计分录。

借：财务费用　　　　1 600. 00
　　应付利息——中国工商银行晋江支行　　　　3 200. 00
　　贷：银行存款——中国工商银行晋江支行　　　　4 800. 00

注：7—8 月份利息均有预先提取，9 月份的利息没有提取就直接支付了。

任务四　应付票据的核算

业务

晋江先海百货于 2019 年 5 月 5 日开出一张面值为 135 600. 00 元、期限为 6 个月的不带息票据，向大河集团采购一批商品。增值税专用发票上注明：商品价款 120 000. 00 元，增值税进项税额 15 600. 00 元。请进行相关的账务处理。

【知识准备】

应付票据是商业企业在规定期限内需要偿还给商品供货方或劳务提供方的商业汇票。

一、商业汇票的定义及分类

商业汇票是以合法的商品交易为基础，由收款人或付款人签发，承兑人承兑，承诺在 6 个月内（包括 6 个月）的某一指定时间支付一定款项的书面凭证。

按承兑人的不同，商业汇票分为商业承兑汇票和银行承兑汇票。

按是否带息，商业汇票分为带息票据和不带息票据。

二、应付票据的核算

企业应设置“应付票据”账户进行会计核算，“应付票据”账户只反映票据的票面金额，带息票据的利息应在“财务费用”账户反映。另设应付票据备查簿（见表 9-2），详细登记每一张应付票据的具体资料。

表 9-2

应付票据备查簿

第　　页

年		凭证号码	交易合同号码	票据种类	票据号码	出票日期	到期日期	票面金额	票面利率	承兑单位	收款单位	注销	备注

【业务处理】

（1）晋江先海百货财务部门根据“增值税专用发票”发票联、商业承兑汇票第一联（如果是银行承兑汇票则是第三联）编制会计分录。

借：材料采购　　　　120 000.00

　　应交税费——应交增值税（进项税额）　　　　15 600.00

　　贷：应付票据——大河集团　　　　135 600.00

（2）假设上例中的商业汇票为银行承兑汇票，已缴纳银行承兑手续费 350.00 元，根据银行结算凭证编制会计分录。

借：财务费用　　　　350.00

　　贷：银行存款　　　　350.00

（3）到期承付票款，根据收款方委托收款凭证的付款通知编制会计分录。

借：应付票据——大河集团　　　　135 600.00

　　贷：银行存款　　　　135 600.00

（4）登记“应付票据——大河集团”明细账。

（5）登记“应付票据备查簿”。

任务五　应付职工薪酬的核算

业务

晋江先海百货于 2019 年 6 月 30 日编制本月“工资费用分配表”，本月应付职工薪酬总额为 356 850.00 元，其中公司管理人员工资为 56 000.00 元，销售人员工资为 280 300.00 元，在建工程人员工资为 20 550.00 元。请进行月末工资费用分配结转的账务处理。

【知识准备】

应付职工薪酬是企业为获得职工提供的服务而给予各种形式的报酬以及其他相关支出。

一、职工薪酬的范围

（1）职工的工资、奖金、津贴和补贴；

(2) 职工福利费，指尚未分离社会服务职能的企业内设福利机构人员的薪酬；
(3) 医疗保险费、养老保险费、失业保险费、工伤保险、生育保险；
(4) 职工住房公积金；
(5) 工会经费和职工教育经费；
(6) 非货币性福利，如企业以自己的产品或外购商品发放给职工作为福利；
(7) 因解除与职工的劳动关系给予的补偿；
(8) 其他与获得职工服务相关的支出。

二、职工薪酬的核算

(一) 货币性职工薪酬的核算（主要指职工薪酬范围中1~5项内容）

(1) 提取职工工资、职工福利费以及由企业承担的五险一金。

借：管理费用（管理人员薪酬）
　　销售费用（销售经营人员薪酬）
　　在建工程（商业企业工程建设人员薪酬）
　　贷：应付职工薪酬——职工工资
　　　　　　　　　　——职工福利费
　　　　　　　　　　——社会保险（五险）
　　　　　　　　　　——住房公积金

(2) 提取工会经费、职工教育经费。

借：管理费用——工会经费
　　　　　　——职工教育经费
　　贷：应付职工薪酬——应付工会经费
　　　　　　　　　　——应付职工教育费

【知识延伸】

企业工会经费年度提取比例为2%，企业提取的工会经费应当从当期管理费用中列支。

企业职工教育经费年度提取比例在1.5%至8%的范围内确定，一经确定，不得随意变更。企业职工教育经费连续三个会计年度出现赤字或结余的，管理层应当提请内部决策机构批准提高或者降低提取比例。调整后的比例不得低于1.5%，可以高于8%但不得导致企业出现亏损。

企业提取的职工教育经费应当从当期管理费用中列支，且60%以上应当用于直接从事生产和经营业务一线职工的教育培训。

(3) 支付职工薪酬，同时为有关部门向职工代扣款项，或收回企业为职工代垫的款项。

借：应付职工薪酬（直接支付给职工的主要是薪酬中的工资）
　　贷：银行存款（直接将工资转到职工个人银行卡上）
　　　　其他应付款——代扣的三险一金（企业代扣由职工个人承担的三险一金）
　　　　应交税费——个人所得税（企业代扣职工应交的个人所得税）
　　　　其他应收款——代职工垫付的款项

(二) 非货币性职工薪酬的核算

(1) 企业向职工提供非货币性薪酬时，应先通过“应付职工薪酬”账户进行归集，以便确定应计入企业成本费用的非货币性薪酬。账务处理如下。

借：管理费用（管理人员享有的非货币性职工薪酬）

　　销售费用（销售经营人员享有的非货币性职工薪酬）

　　在建工程（商业企业工程建设人员享有的非货币性职工薪酬）

　　贷：应付职工薪酬——非货币性职工薪酬

（2）企业提供的非货币性薪酬是自产产品时，账务处理如下。

① 决定发放时，编制提取的会计分录（会计分录（1）），再编制如下会计分录。

借：应付职工薪酬——非货币性职工薪酬

　　贷：主营业务收入

　　　　应交税费——应交增值税（销项税额）

② 实际向职工发放自产产品时，编制如下会计分录。

借：主营业务成本

　　贷：库存商品

（3）企业提供的非货币性薪酬是外购商品时，在编制了提取会计分录（会计分录（1））后，又给职工购买商品，再编制如下会计分录。

借：应付职工薪酬（价税合计）

　　贷：银行存款

（4）企业提供交通工具或自有房产给企业职工免费使用时，先编制提取会计分录（会计分录（1）），然后按月提取交通工具或房产折旧，再编制如下会计分录。

借：应付职工薪酬——非货币性职工薪酬

　　贷：累计折旧

（三）辞退福利的核算

辞退福利是指在劳动合同到期之前，企业解除与职工的劳动关系而给予的补偿。辞退福利通常采用解除劳动关系时一次性支付补偿款的方式。

（1）企业根据辞退计划，计算并提取辞退福利，编制如下会计分录。

借：管理费用（管理人员享有的非货币性职工薪酬）

　　贷：应付职工薪酬——辞退福利

注：如果辞退工作在1年内实施完毕，但补偿款在1年后支付，应将1年后实付补偿款的折现额计入当期管理费用，折现额与实付补偿款的差额计入“未确认融资费用”账户。

（2）支付辞退福利时，编制如下会计分录。

借：应付职工薪酬——辞退福利

　　贷：银行存款

注：如果辞退工作在1年内实施完毕，但补偿款在1年后支付，还应同时借记“财务费用”账户，贷记“未确认融资费用”账户。

【业务处理】

（1）晋江先海百货财务部门分配本月应付职工薪酬，编制记账凭证。

借：管理费用　　　　　　　　　　　　56 000.00

　　销售费用　　　　　　　　　　　　280 300.00

在建工程　　　　　　　　　　　　　　　　20 550.00
贷：应付职工薪酬——职工工资　　　　　　　　　356 850.00

（2）2019 年 7 月 5 日，晋江先海百货财务部门根据“职工工资结算表”支付上月职工薪酬，同时扣除为职工垫付的水电费 3 000.00 元。（工资直接转到职工银行卡上）

借：应付职工薪酬——职工工资　　　　　　　　356 850.00
贷：银行存款　　　　　　　　　　　　　　　　353 850.00
其他应收款——代垫水电费　　　　　　　　　　3 000.00

想一想，练一练

天虹百货有经理级别以上员工 12 名，公司为他们每人提供一辆可以免费使用的轿车，假定每辆轿车月折旧额为 1 500.00 元，请编制提取非货币性职工薪酬以及提取轿车折旧的会计分录。

项目十

长期负债的核算

学习目标

商业企业的长期负债是指偿还期在1年以上的债务，与流动负债相比，具有偿还期长、偿还额多、收益高但风险大的特点。我国现行会计制度规定，非流动负债应当以实际发生额入账。通过本项目的学习，你能够：

1. 了解长期负债的定义及特点。
2. 掌握长期借款的核算。
3. 掌握应付债券的核算。
4. 掌握长期应付款的核算。

任务一　长期借款的核算

业务

2019年5月31日，晋江先海百货从某银行福建分行晋江支行借入资金500万元用于冷库建设，借款期限为2年，借款年利率为8.4%，利息于每年年末支付一次，到期日一次性归还本金及当年发生的利息。请进行相关的账务处理。

【业务单据】（见表10-1）

【知识准备】

一、长期借款的含义

长期借款是指商业企业向银行或其他金融机构借入的期限在1年以上（不含1年）的各种款项。

二、长期借款的核算

商业企业应设置“长期借款”账户，进行总分类核算，并按贷款金融机构设置明细账户，进行明细核算。

表 10-1

××银行贷款凭证③收账通知

日期贰零壹玖年伍月叁拾壹日

贷款单位名称	晋江先海百货		贷款种类	长期资金贷款			贷款户账号	51093708918			
金额	人民币（大写）伍佰万元整		千	百	十	万	千	百	十	元	角	分
			¥	5	0	0	0	0	0	0	0	0
用途	工程使用	单位申请期限	自 2019 年 5 月31日起至 2021 年 5 月 31 日止							利率	8.4%
		银行核定期限	自 2019 年 5 月31日起至 2021 年 5 月 31 日止								
备注：	以上贷款已核准发放并转入你单位晋江支行英林分理处 51093708918 账号账户。此致 借款单位：晋江先海百货 （银行盖章）2019 年 5 月 31 日 ××银行福建分行晋江支行英林分理处 2019.05.31 转讫										

商业企业借入各种长期款项，应借记“银行存款”账户，贷记“长期借款”账户；企业归还借款本金时，则编制相反的会计分录。

商业企业发生的长期借款利息，应按不同情况分别处理。

（1）商业企业筹建期间发生的借款利息，应借记“长期待摊费用”账户，待企业开始投产时，一次性全部摊入当期损益账户。

（2）商业企业经营期间发生的长期借款利息，应借记“财务费用”账户，贷记“应付利息”账户。

（3）商业企业因自建或购入固定资产而借入的长期款项，在固定资产达到预定可使用状态前的长期借款利息，应借记“在建工程”账户，贷记“应付利息”账户；在固定资产达到预定可使用状态之后发生的长期借款利息，则应借记“财务费用”账户，贷记“应付利息”账户。

【业务处理】

（1）晋江先海百货根据“××银行贷款凭证③收账通知”编制会计分录。

借：银行存款　　5 000 000. 00

　　贷：长期借款——××银行福建分行晋江支行英林分理处　　5 000 000. 00

（2）冷库工程发包给承包商，2019 年 6 月 1 日向承包商支付首期工程款 3 500 000. 00 元，根据银行结算凭证、承包商收款凭证编制会计分录 。

借：在建工程——发包工程（冷库）　　3 500 000. 00

　　贷：银行存款　　3 500 000. 00

（3）提取 2019 年长期借款利息（5 000 000. 00 元×8. 4 % ÷12×7＝245 000. 00 元）

借：在建工程——发包工程（冷库）　　245 000. 00

　　贷：应付利息　　245 000. 00

年末，归还当年长期借款利息的会计分录由同学在课堂完成。

（4）提取 2020 年长期借款利息（5 000 000.00 元 × 8.4 % = 420 000.00 元）的会计分录，2018 年归还当年长期借款利息的会计分录均由同学在课堂完成。

（5）2020 年 12 月 31 日，冷库工程验收合格，晋江先海百货采用汇兑方式向承包商支付剩余工程款 1 300 000.00 元（会计分录由同学在课堂完成）。

（6）工程办理竣工决算后交付使用，结转工程建设成本，编制会计分录如下。

借：固定资产——使用中的固定资产（冷库）　　5 465 000.00
　　贷：在建工程——发包工程　　　　　　　　　　5 465 000.00

注：工程成本 = 3 500 000.00 + 1 300 000.00 + 245 000.00 + 420 000.00 = 5 465 000.00（元）

（7）提取 2021 年 1—5 月的长期借款利息（5 000 000.00 元 × 8.4 % ÷ 12×5 = 175 000.00 元），编制会计分录如下。

借：财务费用　　　　　　　　　　　　　　　175 000.00
　　贷：应付利息　　　　　　　　　　　　　　　175 000.00

（8）2021 年 5 月 31 日，归还本金及 2021 年 1—5 月的利息，编制会计分录如下。

借：长期借款　　　　　　　　　　　　　　5 000 000.00
　　应付利息　　　　　　　　　　　　　　　175 000.00
　　贷：银行存款　　　　　　　　　　　　　　5 175 000.00

任务二　应付债券的核算

业务

2019 年 6 月 30 日，晋江先海百货经批准向社会公众按面值发行 3 年期、票面年利率为 6 %、到期一次还本付息的公司债券 50 000 000 万元，用于补充公司的流动资金，请进行相关的账务处理。

【业务单据】（略）

【知识准备】

债券是企业为筹集资金而发行的一种书面凭证。发行债券的企业通过凭证上记载的利率、期限等，向投资人承诺在未来某一特定日期还本付息。企业发行偿还期在 1 年以上的债券，就构成了企业的长期负债。

> **知识窗**
>
> 如果发行费用高于发行期间冻结资金的利息，其差额按债券资金用途分别处理：属于固定资产项目的给予资本化，不能资本化或属于其他用途的，计入当期财务费用。
>
> 如果发行费用小于发行期间冻结资金的利息，其差额视同发行债券的溢价收入。

一、债券发行价格与账户设置

当企业债券发行价格等于债券票面价值时，称为按面值发行；当企业债券发行价格高于债券票面价值时，称为溢价发行；当企业债券发行价格低于票面价值时，称为折价发行。

企业应设置“应付债券”总分类账户，用来核算企业长期债券及其相关业务，并在“应付债券”总分类账下设置“面值”、“利息调整”和“应付利息”三个明细分类账户，进行相关明细核算。

二、账务处理

1. 发行

① 一般情况下，当票面利率等于银行利率时，按面值发行，编制会计分录如下。

借：银行存款

　　贷：应付债券——面值

② 一般情况下，当票面利率高于银行利率时，则溢价发行，编制会计分录如下。

借：银行存款（实际收到款项）

　　贷：应付债券——面值

　　　　　　　——利息调整（溢价部分）

③ 一般情况下，当票面利率低于银行利率时，则折价发行，编制会计分录如下。

借：银行存款（实际收到款项）

　　应付债券——利息调整（折价部分）

　　贷：应付债券——面值

2. 提取利息

① 按面值发行债券提取利息，编制会计分录如下。

借：在建工程（或财务费用）

　　贷：应付债券——应计利息（等于票面价值乘以票面利率）

② 按溢价发行债券提取利息，编制会计分录如下。

借：在建工程（或财务费用）

　　应付债券——利息调整

　　贷：应付债券——应计利息（等于票面价值乘以票面利率）

注：若是按折价发行债券计提利息，则贷记“应付债券——利息调整”账户。

3. 到期还本付息

借：应付债券——面值

　　　　　　——应计利息

　　贷：银行存款

【业务处理】

（1）发行（假设发行费用与发行期间冻结资金利息相等），编制会计分录如下。

借：银行存款　　50 000 000. 00

　　贷：应付债券——面值　　50 000 000. 00

（2）按月提取债券利息（50 000 000. 00×6 % ÷ 12），编制会计分录如下。

借：财务费用（筹集到的资金用于补充企业流动资金）　　250 000. 00

　　贷：应付债券——应计利息　　250 000. 00

（3）2022 年 6 月 30 日到期，一次性还本付息，编制会计分录如下。

借：应付债券——面值　　50 000 000. 00

——应计利息　　9 000 000. 00

贷：银行存款　　59 000 000. 00

想一想，练一练

天虹百货因扩建商场（商场扩建期为 2019 年 1 月 1 日—2020 年 1 月 1 日），经批准于 2019 年 1 月 1 日发行 2 年期、票面年利率 6 %、到期一次还本付息的公司债券 20 000 000. 00 元，实际发行价为 19 800 000. 00 元，发行费用为 200 000. 00 元，发行期间冻结资金利息收入 320 000. 00 元，实际收到资金 19 920 000. 00 元，请根据有关原始单据，编制发行债券、按年提取利息、到期还本付息的记账凭证。

任务三　长期应付款的核算

业务

2019 年 6 月 30 日，福建厦新商场通过补偿贸易，从国外引进一套茶叶包装设备，其价款折合成人民币为 750 000. 00 元，该设备投入使用后，所包装的第一批茶叶共 10 吨，每吨售价为人民币 48 000. 00 元，该批茶叶销售款全部用于归还引进设备款，剩余款项用银行存款归还。请进行相关的账务处理。

【业务单据】（略）

【知识准备】

商业企业采用借入长期款项和发行中长期债券以外的形式形成的非流动负债，主要有采用补偿贸易方式引进外国设备和融资租入固定资产形成的非流动负债，企业应设置“长期应付款”账户进行总分类核算，并按其种类设置明细账，进行明细分类核算。

一、应付补偿贸易引进国外设备款

补偿贸易是企业从国外引进设备，再用该设备生产的产品归还设备价款。引进时，企业将设备、工具、零配件等的外币价款以及应负担的国外运杂费，按规定的汇率折合成人民币，借记“在建工程”及“原材料”等账户，贷记“长期应付款——应付补偿贸易引进设备款”账户。

企业以人民币支付引进设备的进口关税、国内运杂费、包装费、安装费等引进设备达到预定可使用状态前的一切费用，均应按固定资产计价的原则要求，计入引进设备的原值，除非法规另有规定。

二、应付融资租赁款

企业在租赁开始，将融资租赁固定资产公允价值与最低租赁付款额的现值进行比较，取较低者作为入账价值，借记“固定资产——融资租赁固定资产”或“在建工程”账户，按最低租赁付款额贷记“长期应付款——应付融资租赁款”账户，两者差额借记“未确认融资费用”账户。

按期支付租金，应借记“长期应付款——应付融资租赁款”账户，贷记“银行存款”等账户。

在租赁期内合理分摊未确认的融资费用，应借记“财务费用”账户，贷记“未确认融资费用”账户。

租赁期满，按合同规定，将融资租赁固定资产所有权转归承租企业，承租企业应将固定资产从“融资租赁固定资产”明细账转入相关明细账中。

【业务处理】

(1) 引进设备，根据“固定资产交接验收单”等原始凭证编制会计分录。

借：固定资产——茶叶包装设备　　750 000.00

　　贷：长期应付款——应付补偿贸易引进设备款　　750 000.00

(2) 销售第一批产品，直接用销售款偿还引进设备款（48 000.00×10），编制会计分录如下。

借：长期应付款——应付补偿贸易引进设备款　　480 000.00

　　贷：主营业务收入（出口产品没有增值税）　　480 000.00

(3) 企业用银行存款归还剩余的应付补偿贸易引进设备款，编制会计分录如下。

借：长期应付款——应付补偿贸易引进设备款　　270 000.00

　　贷：银行存款　　270 000.00

想一想，练一练

新亿商城采用融资租赁方式租入一套不需要安装的设备，期限为 3 年，应支付租赁费 1 000 000.00元，公允价值为 820 000.00 元，租赁费按年平均支付，租赁期满，该设备归新亿商城所有。请根据有关原始凭证，编制租入设备、按年支付租金、按年分摊未确认融资费用、租赁期满设备归本企业所有的会计分录。

项目十一

所有者权益的核算

学习目标

所有者权益是指所有者在企业资产中享有的经济利益，其金额表现为企业资产总额减去负债总额后的余额，即净资产。企业的所有者权益一般由投资者投入的资本、其他综合收益、留存收益三部分构成。通过本项目的学习，你能够：

1. 了解所有者权益的含义及构成。
2. 掌握实收资本、资本公积的核算。
3. 掌握其他综合收益的核算。
4. 掌握留存收益的核算。

任务一　投资者投入资本的核算

业务

福建省晋江金景商城是2018年由周宏胜、汪荣钱、黄进荣三位投资人各自出资150万元合资经营的有限责任公司，至2019年12月31日，公司资本总额仍为450万元，这时卓望山要求入股，经协商同意，卓望山投入250万元取得金海商场新增注册资本后25 %的股份。请进行相关的账务处理。

【业务单据】

工商银行进账单（回单或收账通知）如表11-1所示；收据如图11-1所示；个人投资者卓望山增资入股福建省晋江金景商城的增资入股合同（主要条款）如图11-2所示。

表 11-1

工商银行进账单（回单或收账通知） 1

2019 年 12 月 31 日

出票人	全　　称	卓望山	收款人	全　　称	福建省晋江金景商城
	账　　号	35035099145068		账　　号	350125966124756
	开户银行	工行厦门支行		开户银行	工行福建省分行晋江支行

金额	人民币（大写）	千	百	十	万	千	百	十	元	角	分
	贰佰伍拾万元整	¥	2	5	0	0	0	0	0	0	0

票据种类	转账	票据张数	
票据号码			
复核　　记账			收款人开户银行盖章

中国工商银行福建省分行晋江支行 2019.12.31 转讫

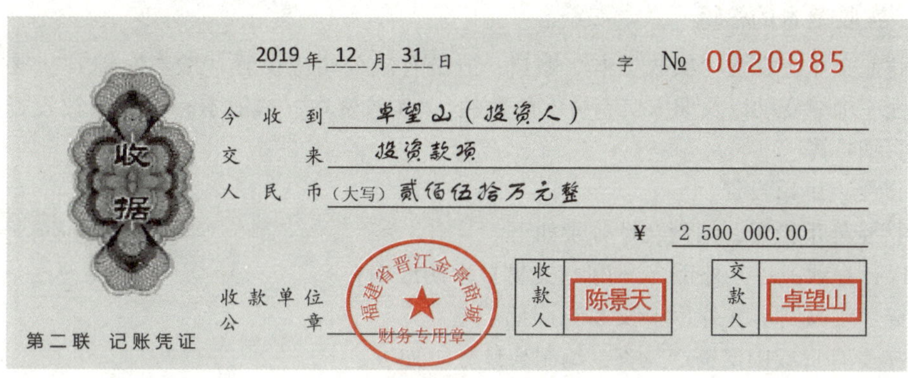
2019 年 12 月 31 日　　字 № 0020985

收据

今收到　卓望山（投资人）

交来　投资款项

人民币（大写）贰佰伍拾万元整

¥ 2 500 000.00

收款单位公章　福建省晋江金景商城 财务专用章

收款人　陈景天　　交款人　卓望山

第二联　记账凭证

图 11-1　收据

增资入股合同（主要条款）

甲方：卓望山（个人投资者）

乙方：福建省晋江金景商城

为扩大福建省晋江金景商城的经营规模，经双方协商，同意卓望山先生出资人民币 2 500 000.00 元，入股福建省晋江金景商城，拥有福建省晋江金景商城增资后 25%的资本份额。从资金到位之日起，福建省晋江金景商城的盈亏按双方出资比例进行分配。

甲方（盖章）卓望山　　　　乙方（盖章）福建著成服饰有限公司

2019 年12月 31 日　　　　2019 年12月 31 日

卓望山印　　　　福建省晋江金景商城 合同专用章

图 11-2　增资入股合同（主要条款）

【知识准备】

投资者投入资本包括实收资本和资本公积。

一、实收资本

（一）实收资本概述

实收资本是指投资者按照企业章程或合同、协议的约定，实际投入企业的资本，即企业收到投资者根据合同、协议、章程规定实际缴纳的资本数额。

2014 年，国务院取消了注册资本限制，理论上 1 元钱也可以注册公司，但在公司注册时还是要考虑实际运作的需要，注册资本应当保证公司能够正常运行。

当企业法人实有资本比原有注册资本数额增减超过 20 %时，应当持资金使用证明或者验资证明，向原登记机关申请变更登记。注册资本非经法定程序，不得随意增减。

实收资本按投资主体的不同，分为国家资本金、法人资本金、个人资本金和外商资本金；按资本载体的不同，分为货币资本、实物资本和无形资产资本。

（二）实收资本的核算

一般商业企业应设置“实收资本”账户；股份有限公司应设置“股本”账户，核算企业资本依法定程序增减变动以及期末实有资本的数额，“实收资本（或股本）”账户按投资人设置明细账进行明细核算。

（1）接受人民币投资。

（2）接受外币投资，编制会计分录如下。

借：银行存款——某外币（外币××交易日即期汇率）

　　贷：实收资本（外币××交易日即期汇率）

（3）接受存货或固定资产投资，编制会计分录如下。

借：原材料、库存商品（或固定资产）

　　应交税费——应交增值税（进项税额）

　　贷：实收资本

（4）接受无形资产投资，编制会计分录如下。

借：无形资产（协议价或评估价）

　　应交税费——应交增值税（进项税额）

　　贷：实收资本

（5）发行股票筹集资本金，编制会计分录如下。

① 面值发行［（发行价 + 购买股票资金冻结期间的利息 - 发行费用）= 面值］。

借：银行存款（实收款项）

　　贷：股本（每股面值×股票张数）

② 折价发行［（发行价 + 购买股票资金冻结期间的利息 - 发行费用）<面值］。

借：银行存款（实收款项）

　　财务费用（差额）

　　贷：股本（每股面值×股票张数）

③ 溢价发行［（发行价 + 购买股票资金冻结期间的利息 - 发行费用）>面值］。

借：银行存款（实收款项）

　　贷：股本（每股面值×股票张数）

　　　　资本公积（差额）

注：在实际工作中，股票基本上是溢价发行的，很少出现折价或按面值发行的情况。

（6）企业实收资本（或股本）依法定程序减少，编制会计分录如下。

借：实收资本

　　贷：银行存款等账户（或利润分配——未分配利润）

注：因发生重大亏损而减资，贷记“利润分配——未分配利润”账户。

【知识延伸】

库存股是股票发行公司通过各种方式重新获得已公开发行的股票，库存股既不分配股利，又不附投票权，但可以再行出售或注销。在公司的资产负债表上，库存股属于所有者权益备抵项目。库存股账户借方表示增加，贷方表示减少，但库存股不能列为企业资产。

? 想一想，练一练

万盛股份有限公司经有关部门批准，从股票市场上回购本企业股票300万股作为库存股，每股收购价3.00元（含收购税费），请根据审核无误的原始凭证编制记账凭证。

二、资本公积

（一）资本公积概述

资本公积包括资本（或股本）溢价、其他资本公积等。资本公积不专属于某一投资者，而是由全体投资者共同分享。

（二）资本公积的核算

企业应设置“资本公积”总分类账户，该账户贷方登记各项资本公积的来源，借方登记按规定用途转出的各项资本公积，期末余额在贷方，反映企业实有的资本公积数额。企业还应下设“资本溢价（或股本溢价）” “其他资本公积”等明细分类账户，进行资本公积的明细分类核算。

1. 资本或股本溢价（可以用来转赠资本）

（1）非股份制企业，投资人投入货币资金、实物资产、无形资产等，编制会计分录如下。

借：有关账户（实际收到的资金数额）

　　贷：实收资本——投资方（投资人在注册资本中所占的份额）

　　　　资本公积——资本溢价（实收资金超出应占资本份额的部分）

注：按税法规定，确认是否要借记“应交税费——应交增值税”账户。

（2）股份制企业溢价发行股票，会计分录见“实收资本的核算”。

（3）资本（或股本）溢价所产生的资本公积依法转增资本，编制会计分录如下。

借：资本公积——资本溢价

　　贷：实收资本——投资方

2. 其他资本公积（不能用来转赠资本）

（1）权益法核算的长期股权投资，被投资单位除净损益以外的其他所有者权益发生变动形成的资本公积。

① 企业按持股比例计算应享份额，编制会计分录如下。【减少则编制相反的会计分录】

借：长期股权投资——其他权益变动

　　贷：资本公积——其他资本公积

② 出售长期股权投资时，应冲销与之相关的其他资本公积，编制会计分录如下。

借：银行存款（实际收到款项）

　　借或贷：资本公积——其他资本公积

　　借或贷：投资收益（差额）

　　贷：长期股权投资

（2）以权益结算的股份支付换取职工或其他方提供服务形成的资本公积。

① 权益工具授予日，按授予股份的公允价值，编制会计分录如下。

借：管理费用（或相关账户）

　　贷：资本公积——其他资本公积

② 行权日，根据实际行权的权益工具数量，编制会计分录如下。

借：资本公积——其他资本公积

　　借或贷：资本公积——资本溢价（差额）

　　贷：实收资本（或股本）

（3）企业与股东之间的资本性交易（权益性交易）。

① 控股股东直接或通过控股股东的子公司给本企业捐赠，编制会计分录如下。

借：有关账户（实际收到的捐赠资产）

　　贷：资本公积——其他资本公积

提示：非控股股东的捐赠，除非有证据表明属于资本性投入，否则计入“营业外收入”。

② 股东对公司进行债务豁免或代为偿债，编制会计分录如下。

借：应付账款

　　贷：资本公积——其他资本公积

【业务处理】

（1）根据银行进账单、收据、联营合同（复印件）编制记账凭证。

	借方	贷方
借：银行存款	2 500 000. 00	
贷：实收资本——卓望山		1 500 000. 00
资本公积——资本溢价		1 000 000. 00

（2）根据审核无误的记账凭证及其原始凭证登记“实收资本”明细账。

任务二　其他综合收益的核算

业务

万宏股份有限公司外币业务采用交易日即期汇率折算，按月计算汇兑差额。

2019 年 12 月 8 日，公司以每股 2 美元的价格购入境外股 1 万股作为可供出售的金融资产，购买日汇率为 1∶6.8。2019 年 12 月 31 日，该股票每股交易价格为 2.4 美元，当日即期汇率为 1∶6.75。

要求：计算该投资的公允价值变动额、汇兑损失或收益，以及其他综合收益入账金额并编制相关的记账凭证（以会计分录代替）。

【业务单据】（略）

【知识准备】

其他综合收益是指企业根据《企业会计准则》的规定，未在当期损益中确认的各项利得和损失。包括：

可供出售金融资产公允价值变动形成的利得和损失；

可供出售外币非货币性项目的汇兑差额形成的利得和损失；

存货或自用房地产转换为采用公允价值模式的投资性房地产形成的利得；

权益法核算的长期股权投资，投资方应享有被投资方单位实现的其他综合收益份额；

现金流量中套期工具产生的利得或损失中属于有效套期的部分；

重新计量设定受益计划净资产或净负债形成的变动等。

一、账户设置

企业应设置“其他综合收益”总分类账户，该账户属于所有者权益类账户，贷方登记其他综合收益增加数，借方登记减少数。“其他综合收益”账户本期发生额列报于利润表，期末余额列报于资产负债表。

二、账务处理

（1）可供出售金融资产公允价值变动形成的利得和损失。

借：可供出售金融资产（公允价值上升）

　　贷：其他综合收益

提示：如果公允价值下降，则编制相反的会计分录。

（2）持有至到期投资重分类为可供出售金融资产形成的利得和损失。

借：可供出售金融资产

　　持有至到期投资减值准备（如果没有提减值准备，则不必借记本科目）

　　贷：持有至到期投资

　　借或贷：其他综合收益（差额）

后续：若出售可供出售金融资产，则将“其他综合收益”转入“投资收益”，会计分录如下。

借：银行存款

　　借或贷：其他综合收益

　　借或贷：投资收益

　　贷：可供出售金融资产（账面价值）

（3）自用房地产（或房地产存货）转换为公允价值计量的投资性房地产所形成的利得。

转换日，当公允价值大于账面价值时，应编制会计分录如下。

借：投资性房地产（公允价值）
　　累计折旧
　　固定资产减值准备（如果未提减值准备则不应借记本账户）
　　贷：固定资产（账面原值）
　　　　其他综合收益（差额）

注：若公允价值小于账面价值，则形成损失，其差额借记“公允价值变动损益”。

投资性房地产出售后，应冲销与之相关的“其他综合收益”，编制会计分录如下。

借：其他综合收益
　　贷：其他业务收入

（4）权益法核算的长期股权投资，投资方应享有被投资方实现的其他综合收益的份额。

① 企业按持股比例计算应享有的份额，编制会计分录如下。【减少则编制相反的会计分录】

借：长期股权投资——其他权益变动
　　贷：其他综合收益

② 出售长期股权投资时，应冲销与之相关的其他综合收益，编制会计分录如下。

借：银行存款（实际收到款项）
　　借或贷：其他综合收益
　　借或贷：投资收益（差额）
　　贷：长期股权投资

【业务处理】

该项投资公允价值变动额＝10 000×（2.4−2）×6.75＝27 000（元）

该项投资形成的汇兑损失＝10 000×2×（6.75−6.8）＝−1 000（元）

其他综合收益入账金额＝10 000×2.4×6.75−10 000×2×6.8＝26 000（元）

借：可供出售金融资产　　　　26 000.00
　　贷：其他综合收益　　　　　26 000.00

任务三　留存收益的核算

业务

福建省海峡商城股份有限公司 2018 年年度利润分配方案如表 11-2 所示，请根据审核无误的原始凭证进行相应的账务处理。

表 11-2

福建省海峡商城股份有限公司 2018 年年度利润分配方案

（2019 年 3 月 24 日股东大会通过）

<table>
<tr><td colspan="2">2018 年年度净利润 3 500 000.00元
弥补以前年度亏损　500 000.00元
全年可供分配利润 3 000 000.00元</td></tr>
<tr><td>分配方案</td><td>1．提取法定盈余公积金（可供分配利润的 10%）300 000.00元
2．提取任意盈余公积金（可供分配利润的 5%）150 000.00元
3．2019 年企业要扩大生产，资金紧张，故 2018 年不进行利润分配</td></tr>
<tr><td>批复</td><td>董事长：蔡海峡　（印章：福建省海峡商城股份有限公司）</td></tr>
</table>

【知识准备】

留存收益来源于企业的资本增值，是企业从历年实现的利润中提取或形成的留存于企业内部的积累。留存收益主要由盈余公积和未分配利润两部分组成。

一、盈余公积

1. 盈余公积的含义及分类

盈余公积是企业按规定从净利润中提取的各种积累资金，主要用于弥补亏损、转增资本、发放现金利润或股利。

盈余公积按提取依据的不同分为法定盈余公积和任意盈余公积。

① 法定盈余公积是企业依据《中华人民共和国公司法》的规定从净利润中提取的盈余公积。有限责任公司和股份有限公司应按照净利润的 10 %（非公司制企业提取比例可以超过 10 %）提取法定盈余公积，当法定盈余公积达到注册资本的 50 %时可以不再提取。

② 任意盈余公积是企业依据股东大会或类似机构的决议，按股东大会或类似机构批准的比例从净利润中提取的公积金。

2. 盈余公积的核算

① 提取盈余公积

借：利润分配——提取法定盈余公积
　　　　　　——提取任意盈余公积
　贷：盈余公积——法定盈余公积
　　　　　　　——任意盈余公积

② 用盈余公积弥补亏损

借：盈余公积——公积金
　贷：利润分配——其他转入

③ 经股东大会或有关机构批准，盈余公积可转增资本，但转增资本后的盈余公积不得少于注册资本的 25 %。

借：盈余公积——公积金

　　贷：实收资本

④ 企业当年无利润，但为了企业形象，经批准可以用盈余公积发放利润。

借：盈余公积——公积金

　　贷：应付股利

二、未分配利润

未分配利润是企业留待以后年度分配的结存利润或留待以后年度弥补的累积亏损。如果是结存利润，可以和以后年度实现的净利润一起分配，也可以用来弥补以后年度的经营亏损；如果是累积亏损，可以用盈余公积来弥补，也可以等待以后年度实现的利润来弥补。关于未分配利润的会计核算及其相关内容在项目十四有详细描述，此处略过，以避免重复。

【业务处理】

根据有关原始凭证编制会计分录如下。

借：利润分配——提取公积金　　　　450 000.00

　　贷：盈余公积——法定盈余公积　　　　300 000.00

　　　　　　　　——任意盈余公积　　　　150 000.00

想一想，练一练

福建联华商业股份有限公司（上市公司）2019 年 4 月 25 日股东大会决议：虽然公司 2018 年亏损，但之前累积的盈余公积比较多，为了维护企业市场形象和股价，公司决定用盈余公积 500 万元发放现金股利。

① 决定用盈余公积发放现金股利的账务处理；

② 通过银行转账发放现金股利的账务处理。

项目十二

费用的核算

学习目标

费用是指企业在日常活动中发生的，会导致所有者权益减少的，与向所有者分配利润无关的经济利益的总流出。商业企业的费用又称商品流通费用，是商品从生产领域向消费领域转移过程中的必要投入。商品流通费用可以划分为销售费用、管理费用、财务费用三大类。通过本项目的学习，你能够：

1. 了解费用的含义及构成。
2. 掌握销售费用的核算。
3. 掌握管理费用的核算。
4. 掌握财务费用的核算。

任务一　销售费用的核算

业务一

2019 年 1 月 25 日，金海商场制作的 10 则灯箱广告已在指定地点按合同规定安装完毕。金海商场财务部开出转账支票支付广告公司灯箱广告制作及安装费用 20 000. 00 元，增值税1 200元。请进行相关的账务处理。

【业务单据】（略）

【知识准备】

销售费用是商品流通企业在商品销售、保管环节发生的各项必要耗费。

企业应当设置“销售费用”总分类账户进行总分类核算，并按下列项目设置明细分类账户，进行明细分类核算：① 运杂费；② 装卸费；③ 整理费；④ 包装费；⑤ 保险费；⑥ 展览费；⑦ 仓储保管费；⑧ 检验费；⑨ 广告费；⑩ 商品损耗；⑪ 出口商品累计佣金；⑫ 经营人员薪酬等。

提示：企业开网店发生的网店装修费、推广费等也在“销售费用”账户核算。

“销售费用”账户借方登记支付、预提、分摊本期应负担的销售费用，贷方登记本期转入

"本年利润"账户的销售费用，期末一般无余额。

【业务处理】

（1）根据银行结算凭证、灯箱广告验收合格证明等单据编制会计分录。

借：销售费用——广告费　　20 000.00
　　应交税费——应交增值税（进项税额）　　1 200.00
　　贷：银行存款　　21 200.00

（2）根据审核无误的记账凭证及其原始凭证，登记"销售费用"明细账。

业务二

光年电器城2019年5月销售总额为3 000 000.00元，其中，家电柜组销售1 800 000.00元，五金柜组销售300 000.00元，通信器材柜组销售900 000.00元，本月销售商品共发生运杂费120 000.00元。请分摊各柜组应负担的运杂费、装卸费，并进行相应的账务处理。

【业务单据】（略）

【知识准备】

实行分类（或柜组）核算的商品流通企业，除了"主营业务收入"、"主营业务成本"和"库存商品"等账户按商品大类或柜组进行明细分类核算外，期间费用中的"销售费用"也应按商品大类或柜组进行明细分类核算，以便计算各大类商品或各柜组的经营成果。

销售费用按大类商品或柜组进行核算，可以根据具体业务，选择直接认定法或比例分摊法。

一、直接认定法

直接认定法指销售费用发生以后，根据有关费用凭证，直接确定该项费用应由哪类商品或哪个柜组负担的方法。

二、比例分摊法

比例分摊法指销售费用发生后，不能根据有关凭证直接认定应由哪类商品或哪个柜组负担的，需要按照某种比例，通过计算才能确定各类商品应分摊的费用额的方法。

比例分摊法的计算步骤如下。

（1）先计算各大类商品或各柜组的销售额占全部销售额的百分比。

$$\text{某大类商品（或某柜组）销售额占全部销售额的百分比}=\frac{\text{某大类商品或某柜组销售额}}{\text{全部商品销售额}}\times 100\%$$

（2）某大类商品（或某柜组）本期应摊销费用金额。

$$\text{某大类商品（或某柜组）本期应摊销费用金额}=\text{本期共同费用总额}\times\text{某大类商品（或某柜组）销售额占全部销售额的百分比}$$

【业务处理】

（1）平时支付运杂费，根据原始凭证逐笔登记银行存款日记账或库存现金日记账，会计不进行账务处理。

（2）月末，会计对当月发生的运杂费汇总后进行一次性分摊。

① 家电柜：

销售额占全部销售额的百分比＝1 800 000.00÷3 000 000.00×100％＝60％

本月应分摊的费用＝120 000.00×60％＝72 000.00（元）

② 五金柜：

销售额占全部销售额的百分比＝300 000.00÷3 000 000.00×100％＝10％

本月应分摊的费用＝120 000.00×10％＝12 000.00（元）

③ 通信器材柜：

销售额占全部销售额的百分比＝900 000.00÷3 000 000.00×100％＝30％

本月应分摊的费用＝120 000.00×30％＝36 000.00（元）

（3）会计根据出纳员提供的审核无误的付款单据、本月运杂费用分配表等原始凭证编制会计分录如下。

借：销售费用——家电柜（运杂费）　　72 000.00
　　　　　　——五金柜（运杂费）　　12 000.00
　　　　　　——通信器材柜（运杂费）　　36 000.00
　贷：银行存款（或库存现金等账户）　　120 000.00

（4）根据审核无误的记账凭证及其原始凭证，登记“销售费用”明细账，如表 12-1 所示。

表 12-1

销售费用

二级科目：××柜　　　　单位：元

年		记账凭证		摘　要	借方金额									核对号	运杂费	装卸费	整理费	保险费	展览费
月	日	种类	号码		百	十	万	千	百	十	元	角	分						

任务二　管理费用的核算

业务

2019 年 12 月 9 日，金海商场总经理在晋江金景大酒店设宴招待中国台湾地区金门县福建商业考察团一行 6 人，以现金支付招待费 500.00 元，请进行相关的账务处理。

【业务单据】

业务单据如图 12-1 所示。

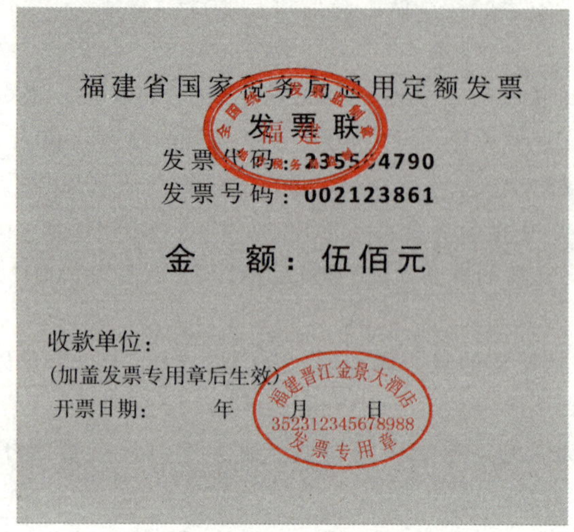
福建省国家税务局通用定额发票
发票联
发票代码：2355□4790
发票号码：002123861
金 额：伍佰元
收款单位：
(加盖发票专用章后生效)
开票日期： 年 月 日

图 12-1　定额发票

【知识准备】

管理费用是商品流通企业的行政管理部门为组织和管理企业经营活动所发生的各项必要耗费。

企业应设置“管理费用”总分类账户，进行总分类核算，并按下列项目设置明细分类账户进行明细分类核算：① 管理人员薪酬；② 业务招待费；③ 技术开发费；④ 董事会费；⑤ 工会经费；⑥ 职工教育经费；⑦ 劳动保险费；⑧ 涉外费；⑨ 租赁费；⑩ 咨询费；⑪ 诉讼费；⑫ 商标注册费；⑬ 技术转让费；⑭ 无形资产摊销；⑮ 折旧费；⑯ 低值易耗品摊销；⑰ 修理费；⑱ 消防费；⑲ 审计费；开办费。

“管理费用”账户借方登记支付、预提、分摊本期应负担的管理费用，贷方登记本期转入“本年利润”账户的管理费用，期末一般无余额。

> **知识窗**
>
> 以下不属于费用开支的范围：
>
> ① 对外投资支出；
>
> ② 赞助和捐赠支出；
>
> ③ 被没收的财产物资；
>
> ④ 赔偿金、罚款、滞纳金；
>
> ⑤ 与长期资产有关的支出；
>
> ⑥ 计提不良资产减值准备；
>
> ⑦ 其他与商品流通过程没有直接关系的各项支出。

【业务处理】

（1）根据现金支付凭证、发票等单据编制记账凭证。

借：管理费用——业务招待费　　500.00

　　贷：库存现金　　500.00

（2）根据记账凭证及其原始凭证登记“管理费用”明细账。

注：在实际工作中，企业只有发生业务才开设明细账，对偶尔发生又不需要专门管理的各项费用也可以一并放在“其他费用”中反映。

任务三　财务费用的核算

业务

2019年6月22日，金海商场财务部收到银行转来的“存款利息通知单”。通知单显示：金海商场3月22日—6月21日，银行活期存款利息为9 280.00元，请进行相应的账务处理。

【业务单据】（略）

【知识准备】

财务费用是商品流通企业为筹集业务经营所需资金而发生的费用。

企业应设置“财务费用”总分类账户进行总分类核算，并按下列项目设置明细分类账户，进行明细分类核算。

（1）利息：核算企业为筹集经营资金发生的银行借款利息（详见项目九中的任务三）、商业汇票贴现利息（详见项目九中的任务四）、应付债券利息（详见项目十中的任务二）。为筹集固定资产购建资金所发生的利息支出，在固定资产尚未完工之前应当计入固定资产的成本，在固定资产完工之后应计入“财务费用——利息支出”账户（详见项目十中的任务一）。如果是经营资金的存款利息收入，则计入“财务费用”账户的贷方。

（2）汇兑损益：企业在发生外币交易、兑换业务和期末账户调整及外币报表换算时，由于采用不同货币，或同一货币不同比价的汇率核算时产生的、按记账本位币折算的差额（详见项目二中的任务四）。

（3）金融机构手续费：核算通过金融机构支付结算及使用信用卡的手续费。

（4）现金折扣支出：详见项目三中的任务一。

“财务费用”账户借方登记支付、预提的财务费用，贷方登记本期转入“本年利润”账户的财务费用，期末一般无余额。

【业务处理】

根据审核无误的存款利息通知单编制记账凭证。

借：银行存款　　　　9 280.00

　　贷：财务费用——利息收入　　　　9 280.00

项目十三

税金的核算

学习目标

商业企业应缴纳税款的种类主要有增值税、消费税、城市维护建设税、房产税、城镇土地使用税、车船使用税、印花税及所得税等。通过本项目的学习，你能够：

1. 了解税金的含义及种类。
2. 掌握增值税的核算。
3. 掌握消费税的核算。
4. 掌握城市维护建设税和教育费附加的核算。
5. 掌握房产税、城镇土地使用税、车船使用税和印花税的核算。

任务一　增值税的核算

业务一

2019 年 1 月 9 日，福建著成服饰有限公司从国内购进一批由彩色棉生产的彩色布料，进价合成人民币为 2 000 000. 00 元，增值税为人民币 260 000. 00 元。1 月 25 日加工制作成夹克衫出口，售价折合成人民币为 5 000 000. 00 元，退税率为 13 %。请进行相关的账务处理。

【业务单据】（略）

【知识准备】

增值税是对从事销售或加工、修理修配劳务和应税服务以及进口货物的单位和个人，以其取得的增值额为计税依据征收的一种流转税。

增值税纳税人按照经营规模的大小和会计核算是否健全可分为小规模纳税人和一般纳税人。

> **知识窗**
>
> 增值税分为消费型、收入型和生产型三种。计算生产型增值税时，不允许扣除外购固定资产价值；计算收入型增值税时，允许将外购固定资产的折旧部分扣除；计算消费型增值税时，允许将外购固定资产价值一次性全部扣除。我国从 2009 年 1 月 1 日起全面实行消费型增值税。

一、小规模纳税人

小规模纳税人销售货物或者加工、修理修配劳务，销售应税服务、无形资产的，增值税征收率为 3 %；销售不动产，经营租赁不动产的，增值税征收率为 5 %。

（1）购进商品（不得使用增值税发票，即使使用，进项税额也不能抵扣），编制会计分录如下。

借：库存商品（买价 + 增值税等）

贷：银行存款（或“应付账款”等账户）

（2）销售商品（价税合一），编制会计分录如下。

借：银行存款（或“应收账款”等账户）

贷：主营业务收入（含税销售收入）

（3）月末，将含税销售收入分解成不含税收入和增值税销项税额，编制会计分录如下。

借：主营业务收入

贷：应交税费——应交增值税

注：销项税额 = 含税销售额 ÷（1 + 增值税征收率）

（4）上缴增值税。

借：应交税费——应交增值税

贷：银行存款

二、增值税一般纳税人

增值税一般纳税人是指年应征增值税销售额超过《增值税暂行条例实施细则》规定的小规模纳税人标准的企业和企业性单位，一般纳税人销售或者进口货物、销售劳务，增值税税率（另有列举的货物除外）为 13 %。

（1）增值税应纳税额的计算。

增值税应纳税额 = 销项税额 − 进项税额

销项税额 = 不含税销售额×税率 或 销项税额 = 含税销售额÷（1+增值税税率）×税率

① 下列行为视同销售货物：

- 委托他人代销货物或销售代销货物；
- 将代购货物交付委托人；
- 将自产货物用于不征增值税项目、非生产经营用固定资产建设、集体福利或个人消费；
- 将自产、进口或购入货物无偿转让给其他单位或个人；
- 将自产、进口或购入货物作为投资，提供给其他单位或个人；
- 因停业、破产、解散等原因，将剩余存货抵偿债务、分配给投资人；
- 设有两个以上机构的纳税人，将货物从一个机构移送到其他机构，但机构在同一个县（市）的除外。

② 可以抵扣的进项税额（必须有合法的扣税凭证）有：

- 从销货方取得的增值税专用发票上注明的增值税税额；
- 从海关取得的完税凭证上注明的增值税税额；
- 购买免税农产品按买价 9 %或 10 %的扣除率计算的进项税额；
- 外购、销售货物所支付的运费按 9 %的扣除率计算的进项税额。

③ 不得从销项税额中抵扣的进项税额有：

- 购进应征消费税的自用摩托、汽车、游艇及专门用于非应征项目、应税项目的固定资产；
- 用于非增值税应税项目的购进货物及相关的应税劳务；

- 用于免征增值税项目的购进货物或应税劳务；
- 用于集体福利、个人消费的购进货物或应税劳务；
- 非正常损失的购进货物；
- 非正常损失的在产品、产成品所耗用的购进货物或应税劳务；
- 上述规定的货物的运输费用和销售免税货物的运输费用。

（2）账户设置及账务处理。

企业应设“应交税费——应交增值税”账户进行核算，并在二级明细账“应交增值税”下设“进项税额、已交税额、转出未交增值税、销项税额、出口退税、进项税额转出、转出多交增值税”等三级明细账，进行三级核算。

“应交税费——应交增值税”明细账，其账页格式如表 13-1 所示。

表 13-1

应交税费 —— 应交增值税

单位：元

年		凭证号数	摘要	借方				贷方				
月	日			合计	进项税额	已交税额	转出未交增值税	合计	销项税额	出口退税	进项税额转出	转出多交增值税

① 进项税额的账务处理详见项目五、项目六等。

② 预缴当月增值税，编制会计分录如下。

借：应交税费——应交增值税（已交税额）

　　贷：银行存款

③ 如果转出未交增值税［（销项税额 + 出口退税 + 进项税额转出）－（进项税额 + 已交税额）］为正数，编制会计分录如下。

借：应交税费——应交增值税（转出未交增值税）

　　贷：应交税费——未交增值税

④ 销项税额详见项目五、项目六等。

⑤ 出口退税。

企业出口可以退税的货物，向海关办理报关出口手续后，凭出口报关单等凭证向税务机关申报办理该出口货物进项税额的全额或部分退税，编制会计分录如下。

借：应收出口退税

　　贷：应交税费——应交增值税（出口退税）

注：适用 13％或 9％税率的货物劳务，出口时退税率为 13％或 9％。

⑥ 进项税额转出，编制会计分录如下。

借：有关账户（出口货物不得免征和抵扣的税额记入“主营业务成本”账户）

　　贷：应交税费——应交增值税（进项税额转出）

⑦ 如果转出多交增值税［（销项税额 + 出口退税 + 进项税额转出）－（进项税额 + 已交税

额）］为负数，编制会计分录如下。

借：应交税费——应交增值税

　　贷：应交税费——应交增值税（转出多交的增值税）

⑧ 缴纳上月所欠的增值税，编制会计分录如下。

借：应交税费——未交增值税

　　贷：银行存款

【业务处理】

（1）2019 年 1 月 9 日，福建著成服饰股份有限公司购进一批彩色布料，编制会计分录如下。

借：原材料　　2 000 000. 00

　　应交税费——应交增值税（进项税额）　　260 000. 00

　　贷：银行存款（假设价税款全部通过银行转账付讫）　　2 260 000. 00

（2）同年 1 月 25 日，申报出口退税（2 000 000. 00×13 %＝260 000. 00），编制会计分录如下。

借：应收出口退税　　260 000. 00

　　贷：应交税费——应交增值税（出口退税）　　260 000. 00

（3）根据上述记账凭证，逐笔登记“应交税费——应交增值税”明细账。

业务二

福建著成服饰有限公司 2019 年 1 月 31 日有关增值税的明细账已登记入账（见表 13-2），请计算本月未交或多交的增值税，并进行相关的账务处理。

表 13-2

应交税费 —— 应交增值税

单位：元

19年		凭证号数	摘要	借方				贷方				
月	日			合计	进项税额	已交税额	转出未交增值税	合计	销项税额	出口退税	进项税额转出	转出多交增值税
1	5	略	采购		390 000.00							
1	9	略	采购		260 000.00							
1	21	略	内销						650 000.00			
1	25	略	外销							260 000.00		
1	25	略	转出								30 000.00	
1	30	略	预缴			200 000.00						

【业务处理】

（1）计算。

销项税额 + 出口退税 + 进项税额转出＝650 000. 00 +260 000. 00 +30 000. 00＝940 000. 00（元）

进项税额 + 已交税额＝390 000. 00 +260 000. 00 +200 000. 00＝850 000. 00（元）

（销项税额 + 出口退税 + 进项税额转出）－（进项税额+已交税额）= 90 000.00（元）

（2）编制转出未交增值税的记账凭证。

借：应交税费——应交增值税（转出未交增值税）　　　90 000.00

　　贷：应交税费——未交增值税　　　　　　　　　　　　90 000.00

（3）登记“应交税费——应交增值税（转出未交增值税）”明细账和“应交税费——未交增值税”明细账。

【知识延伸】

自 2018 年 5 月 1 日起，增值电信服务、金融服务、现代服务（不含有形动产和不动产租赁）、生活服务、销售无形资产（不含转让土地使用权）增值税税率为 6 %。

自 2019 年 4 月 1 日起交通运输服务、邮政服务、基础电信服务、建筑服务、销售不动产、不动产租赁服务、转让土地使用权，增值税税率为 9 %。

任务二　消费税的核算

业务

2019 年 8 月 9 日，晋江先海百货进口一批防晒霜，关税完税价格为 250 000.00 元，缴纳关税 100 000.00 元，请计算该进口商品的消费税并进行缴纳消费税的账务处理。

【业务单据】（略）

【知识准备】

消费税是对从事生产、委托加工和进口应税消费品的单位和个人所取得的销售收入征收的一种税。

一、消费税的纳税环节

（1）境内生产应税消费品，由生产者于确认销售收入时纳税。

（2）自产自用的消费品，用于连续生产的不纳税；用于其他方面的，则在移送使用时纳税。

（3）委托加工的应税消费品，在受托方向委托方提货时代收代缴税款。

（4）进口的消费品，由进口报关者于报关进口时纳税。

二、消费税的征收方法

（1）从价定率办法计算的应纳税额 = 销售额×税率

（2）从量定额办法计算的应纳税额 = 销售数量×单位税额

三、消费税的计税口径

（1）从价定率征收：应税消费品计税销售额是指纳税人销售时收取的不含增值税的全部价款及一切价外费用。对包含增值税的销售额，则应换算成不含增值税的计税销售额。

（2）纳税人自产自用消费品：在没有同类消费品销售价可供参考的情况下，则按组成计税价格计算，其计算公式如下：

组成计税价格=（生产成本 + 利润）÷（1 - 消费税税率）

（3）委托加工的应税消费品：在没有同类消费品销售价格可供参考时，则按组成计税价格计算，其计算公式如下。

组成计税价格=（材料成本 + 加工费）÷（1 - 消费税税率）

（4）进口实行从价定率征收的应税消费品：按照成本计税价格计算，其计算公式如下。

组成计税价格=（关税完税价格 + 关税）÷（1 - 消费税税率）

（5）实行从价定率的应税消费品：包装物随同销售的，无论是否单独计价，其价格都应计入消费品销售额中一并征税。包装物押金不计入消费品的销售额，但对包装物逾期不还而没收的押金应转为应税消费品的销售额，按税率征收消费税。

消费税税目税率表如表 13-3 所示。

表 13-3

消费税税目税率表

税　　目	税　　率
一、烟（注：香烟在批发环节加征 5 %的从价税）	
1. 卷烟	
生产环节：	
（1）甲类卷烟【每标准条调拨价在 70 元（含 70 元）以上】	56 %加 0.003 元/支
（2）乙类卷烟【每标准条调拨价在 70 元以下】	36 %加 0.003 元/支
商业批发环节	11 %
2. 雪茄烟	36 %
3. 烟丝	30 %
二、酒及酒精	
1. 白酒	20 %加 0.5 元/500 克（或者 500 毫升）
2. 黄酒	240 元/吨
3. 啤酒	
（1）甲类啤酒	250 元/吨
（2）乙类啤酒	220 元/吨
4. 其他酒	10 %
5. 酒精	5 %
三、化妆品	30 %
四、贵重首饰及珠宝玉石	
1. 金银首饰、铂金首饰和钻石及钻石饰品	5 %
2. 其他贵重首饰和珠宝玉石	10 %
五、鞭炮、焰火	15 %
六、成品油	
1. 汽油	
（1）含铅汽油	0.28 元/升
（2）无铅汽油	0.20 元/升
2. 柴油	0.10 元/升
3. 航空煤油	0.10 元/升
4. 石脑油	0.20 元/升
5. 溶剂油	0.20 元/升
6. 润滑油	0.20 元/升
7. 燃料油	0.10 元/升

续表

税　目	税　率
七、汽车轮胎	3%
八、摩托车 1. 气缸容量（排气量，下同）在250毫升（含250毫升）以下的 2. 气缸容量在250毫升以上的	 3% 10%
九、小汽车 1. 乘用车 （1）气缸容量（排气量，下同）在1.0升（含1.0升）以下的 （2）气缸容量在1.0升以上至1.5升（含1.5升）的 （3）气缸容量在1.5升以上至2.0升（含2.0升）的 （4）气缸容量在2.0升以上至2.5升（含2.5升）的 （5）气缸容量在2.5升以上至3.0升（含3.0升）的 （6）气缸容量在3.0升以上至4.0升（含4.0升）的 （7）气缸容量在4.0升以上的 2. 中轻型商用客车	 1% 3% 5% 9% 12% 25% 40% 5%
十、高尔夫球及球具	10%
十一、高档手表	20%
十二、游艇	10%
十三、木制一次性筷子	5%
十四、实木地板	5%

四、消费税的账务处理

企业应设置“应交税费——应交消费税”账户，核算相关业务。

（1）委托加工应税消费品消费税的账务处理详见项目七的任务一。

（2）进口应税消费品，进口企业报关时缴纳消费税，编制会计分录如下。

借：库存商品（或固定资产）

　　贷：银行存款

注：消费税业务有时不必通过“应交税费——应交消费税”账户核算。

（3）企业正常销售应税消费品，按规定提取消费税，编制会计分录如下。

借：税金及附加

　　贷：应交税费——应交消费税

【业务处理】

（1）组成计税价格 =（250 000.00+ 100 000.00）÷（1 － 30%）= 500 000.00（元）。

（2）计算并缴纳应纳消费税税额 = 500 000.00×30% = 150 000.00（元）。

借：库存商品——防晒霜　　150 000.00

　　贷：银行存款　　150 000.00

（3）登记“应交税费——应交消费税”明细账。

任务三　城建税、教育费附加、地方教育费附加的核算

业务

晋江先海百货2019年8月实际缴纳增值税300 000.00元、消费税50 000.00元。请计算并提取晋江先海百货8月份应缴纳的城市维护建设税、教育费附加及地方教育费附加，并进行相关的账务处理。

【业务单据】（略）

【知识准备】

城市维护建设税（简称“城建税”）是国家为了加强城市的维护建设，扩大和稳定城市维护建设资金的来源，向增值税、消费税（合称“二税”）的纳税人，以其实际缴纳的“二税”税额为计税依据而征收的一种税。

教育费附加是国家为了发展教育事业而向“二税”纳税人，以其实际缴纳的“二税”税额为计费依据而征收的一种附加费。

地方教育费附加是指各省、自治区、直辖市为增加地方教育投入，发展地方教育事业，根据国家有关规定，开征的一项地方政府性基金。

一、税率和征收率

（1）城市维护建设税实行地区差别的三档比例税率，具体如下。

① 纳税人所在地为市区的，税率为7%；

② 纳税人所在地为县城、镇的，税率为5%；

③ 纳税人所在地为非市区、县城或镇的，税率为1%。

（2）教育费附加视同税款进行征收，征收率统一为3%。

（3）地方教育费附加的征收率统一为2%。

二、账务处理

（1）企业应设“应交税费——应交城市维护建设税”账户，进行会计核算，企业提取城市维护建设税时，编制会计分录如下。

借：税金及附加

　　贷：应交税费——应交城市维护建设税

（2）企业应设“应交税费——教育费附加”账户，进行会计核算，企业提取教育费附加、地方教育费附加时，编制会计分录如下。

借：税金及附加

　　贷：应交税费——教育费附加

　　　　　　　　——地方教育费附加

【业务处理】

（1）先海百货本月应交城市维护建设税=（300 000.00+50 000.00）×7%=24 500.00（元）

借：税金及附加　　　　　　　　　　　　　　　　24 500.00

　　贷：应交税费——应交城市维护建设税　　　　　　24 500.00

（2）晋江先海百货本月应交教育费附加=（300 000.00+50 000.00）×3%=10 500.00（元）

本月应交地方教育费附加=（300 000.00+50 000.00）×2%=7 000.00（元）

借：借：税金及附加　　　　　　　　　　　　　　17 500.00

　　贷：应交税费——教育费附加　　　　　　　　　10 500.00

　　　　　　　　——地方教育费附加　　　　　　　　7 000.00

（3）登记“应交税费——应交城市维护建设税”“应交税费——教育费附加”“应交税费——地方教育费附加”的明细账。

任务四　房产税、城镇土地使用税、车船使用税和印花税的核算

业务一

晋江先海百货2019年8月按当期规定的税率计算出当月应交房产税为3 000.00元、城镇土地使用税为5 000.00元、车船使用税为12 000.00元。请根据有关原始凭证进行相应的账务处理。

【业务单据】（略）

【知识准备】

房产税、城镇土地使用税、车船使用税、印花税均在“税金及附加”账户中列支。

一、房产税

房产税是国家向在城市、县城、建制镇、工矿区拥有房产的产权所有人征收的一种税。

房产税应交税额=房产原值×[1－（10%~30%）]×税率

没有房产原值的，由所在地税务机关参考同类房产核定；房产出租的，以房产租金收入为房产税的计税依据。

二、城镇土地使用税

城镇土地使用税是国家为合理利用城镇土地，调节土地级差收入，提高土地使用效率，加强土地管理而开征的一种税，城镇土地使用税以纳税人实际占用的土地面积为计税依据，按规定的税额计算征收。

土地使用税每平方米年税额如下。

（1）大城市为1.5~30元；

（2）中等城市为1.2~24元；

（3）小城市为0.9~18元；

（4）县城、建制镇、工矿区为0.6~12元。

三、车船使用税

车船使用税是由拥有车船并且使用车船的单位和个人，按适用的税额计算缴纳的一种财产税。

【业务处理】

（1）根据相关原始凭证编制记账凭证如下。

借：税金及附加　　　　　　　　　　　　　　　　20 000.00

　　贷：应交税费——应交房产税　　　　　　　　　　3 000.00

　　　　　　　——应交城镇土地使用税　　　　　　　5 000.00

　　　　　　　——应交车船使用税　　　　　　　　12 000.00

（2）登记“应交税费——应交房产税”、“应交税费——应交城镇土地使用税”和“应交税费——应交车船使用税”明细账。

业务二

2019 年 8 月 31 日，晋江先海百货用库存现金向当地税务局购买印花税票 500.00 元，请进行相关的账务处理。

【业务单据】（略）

【知识准备】

印花税是对书立、领受购销合同等凭证行为征收的税款，企业缴纳的印花税，是由纳税人根据规定，自行计算应纳税额，然后购买并一次贴足印花税票的方法缴纳的税款。企业缴纳的印花税不需要通过“应交税费”账户核算。

【业务处理】

（1）根据有关单据编制记账凭证如下。

借：税金及附加　　　　　　　　　　　　　　　　500.00

　　贷：库存现金　　　　　　　　　　　　　　　　　500.00

（2）登记“税金及附加”明细账及“库存现金”日记账。

项目十四

利润的核算

学习目标

商业企业利润是企业在一定时期内各项收入抵偿各项支出后的净额。利润是反映企业管理水平的一项综合性指标，企业的经营能力、费用控制水平和资金使用效益都可以通过利润表现出来，通过本项目的学习，你能够：

1. 了解利润的构成。
2. 熟悉利润核算前的准备工作。
3. 掌握利润形成的核算。
4. 掌握所得税费用的核算。
5. 掌握利润分配的核算。

任务一　利润核算前的准备工作

业务

2019 年 12 月 20 日，金井万象天街商品批发部发出通知，要求财务部门做好 2019 年年度利润核算前的准备工作，其他部门应配合财务部门的工作。请你以晋江先海百货财务部门负责人的身份完成这一业务。

【业务单据】（略）

【知识准备】

为了真实、准确地核算企业的利润，在利润核算前应做好如下准备工作。

（1）核对账目：核实各类会计账簿记录，做到账账相符。

（2）财产清查：在月、季、年终结账前对商品、财产物资进行清点。特别指出：年终前的财产清查必须是全面清查。

（3）账项调整：在计算利润总额前，应根据权责发生制的原则，将本期应入账的一切经济业务全部入账。

【业务处理】

（1）晋江先海百货财务于 2019 年年度利润核算前进行账账核对。

① 核对总账的资产总额与负债和所有者权益总额是否平衡。

核对结果：平衡。

② 核对总分类账户余额与所属明细账账户余额之和是否相等。

核对结果：相等。

③ 核对库存商品及财产物资的明细账余额与保管、管理、使用部门的账卡余额是否相符。

核对结果：相符。

（2）晋江先海百货财务于 2019 年年度利润核算前进行全面的财产清查，并在此基础上进行账实核对。

① 清查盘点库存现金、有价证券。

核对结果：账实相符。

② 清查盘点库存商品。

清查结果：除散装大米多出 25kg、散装面粉多出 18kg 外，其余商品账实相符。对多出的大米和面粉进行批准前的账务处理，并根据溢缺原因，向有关部门报请处理。

③ 清查盘点包装物、低值易耗品及各项周转材料。

清查结果：账实相符。

④ 清查盘点固定资产。

清查结果：账实相符。

⑤ 核对银行存款日记账与银行对账单的余额是否相符。

核对结果：不相符，但经调整后相符。

⑥ 核对各应收应付款项明细账余额与对方账项余额是否相符。

核对结果：相符。

（3）晋江先海百货财务于 2019 年年度利润核算前进行账项调整。

① 本期内发生的一切经济业务均已记入有关账户之内，不需要调整。

② 本期应付税金和费用，已根据预提应付数入账，不需要调整。

③ 本期应待摊的费用已转账摊销。

④ 本期使用的包装物、低值易耗品等周转材料的磨损费用均已摊销。

⑤ 对已挂账的“待处理财产损溢”（大米多出 25kg，散装面粉多出 18kg）尚未处理，经与有关方面联系，现已批复，并进行相应的账务处理。

⑥ 对已发生的各种债权、债务已按合同规定收回或偿付。

⑦ 已售商品的进价成本（采用进价金额法）已及时计算结转。

⑧ 工会经费、职工教育经费、职工福利费、盈余公积已按规定计提结转。

任务二　利润形成的核算

业务

2019 年 5 月末，晋江金井天街商品批发部采用账结法结转本年利润。

【业务资料】

晋江金井天街商品批发部科目余额表如表 14-1 所示。

表 14-1

晋江金井天街商品批发部科目余额表

2019 年 5 月 31 日　　单位：元

会计科目	结账前借方余额	结账前贷方余额
主营业务收入		3 980 000. 00
主营业务成本	2 100 000. 00	
其他业务收入		189 000. 00
其他业务成本	120 000. 00	
税金及附加	115 600. 00	
销售费用	334 000. 00	
管理费用	245 400. 00 其中：研发费用 32 000. 00	
财务费用	79 600. 00 其中：利息费用 58 000. 00 利息收入 12 400. 00	
信用减值损失	25 000. 00	
资产减值损失	31 000. 00	
投资收益	280 000. 00	
营业外收入		63 000. 00
营业外支出	15 000. 00	
资产处置收益		100 000. 00

【知识准备】

企业在核对账目、财产清查、账项调整之后就可以进行利润核算了。

一、企业利润的构成

企业利润总额包括营业利润、利润总额、净利润、其他综合收益的税后净额、综合收益总额等，各项目的形成以及相互关系可用公式表示如下：

（1）营业利润＝营业收入－营业成本－税金及附加－销售费用－管理费用－研发费用－财务费用－资产减值损失－信用减值损失＋其他收益＋投资收益＋净敞口套期收益＋公允价值变动收益＋资产处置收益

① 营业收入 =主营业务收入 +其他业务收入

② 营业成本 =主营业务成本 +其他业务成本

(2) 利润总额 =营业利润+营业外收入 − 营业外支出

① 营业外收入包括：

- 确实无法支付的应付款项。
- 报废、损毁固定资产净收益。
- 罚款收入。
- 援外费用收入。
- 对外索赔收入。

② 营业外支出包括：

- 固定资产盘亏。
- 报残、损毁固定资产净损失。
- 流动资产的非常损失。
- 罚款支出。
- 援外费用支出。
- 对外理赔支出。
- 捐赠支出。

(3) 净利润 =利润总额 − 所得税费用

(4) 综合收益总额 =净利润 + 其他综合收益的税后净额

其他综合收益税后净额包括不能重分类进损益的其他综合收益和将重分类进损益的其他综合收益。

① 不能重分类进损益的其他综合收益包括：

- 重新计量设定受益计划变动额。
- 权益法下不能转损益的其他综合收益。
- 其他权益工具投资公允价值变动。
- 企业自身信用风险公允价值变动。

② 将重分类进损益的其他综合收益：

- 权益法下可转损益的其他综合收益。
- 其他债权投资公允价值变动。
- 金融资产重分类计入其他综合收益的金额。
- 其他债权投资信用减值准备。
- 现金流量套期储备。
- 外币财务报表折算差额。

二、企业利润形成的核算

利润核算方法一般有两种，即账结法和表结法。当企业所得税费用分月结转时，本年利润既可采用账结法，也可采用表结法；当企业所得税费用年末一次结转时，由于平时没有结转所得税费用，企业平时的费用构成不完整，适合采用表结法。商品流通企业一般采用账结法结转本年利润。

知识窗

表结法：各月月末均不结转本年利润，“本年利润”账户 1—11 月无任何记录，年末才将各损益类账户年初以来累计实现的收入或累计发生的费用转入“本年利润”账户。

（1）每月月末，将损益类账户中各收入类账户余额转入“本年利润”账户的贷方；各成本、费用、支出类账户余额转入“本年利润”账户的借方。

（2）转账后，若“本年利润”账户为借方余额，反映企业自年初开始累计发生的亏损数；若“本年利润”账户为贷方余额，反映企业自年初开始累计实现的利润。

【业务处理】

（1）将损益类账户中各收入类账户结转前的贷方余额转入本年利润。

借：主营业务收入　　3 980 000.00
　　其他业务收入　　189 000.00
　　营业外收入　　63 000.00
　　资产处置收益　　100 000.00
　　贷：本年利润　　4 332 000.00

（2）将损益类账户中各成本、费用类账户结转前的借方余额转入本年利润。

借：本年利润　　3 345 600.00
　　贷：主营业务成本　　2 100 000.00
　　　　其他业务成本　　120 000.00
　　　　税金及附加　　115 600.00
　　　　销售费用　　334 000.00
　　　　管理费用　　245 400.00
　　　　财务费用　　79 600.00
　　　　资产减值损失　　31 000.00
　　　　信用减值损失　　25 000.00
　　　　投资收益　　280 000.00
　　　　营业外支出　　15 000.00

（3）登记5月份的“本年利润”账户。

当月实现的利润＝4 332 000.00 － 3 345 600.00＝986 400.00（元）

任务三　所得税费用的核算

业务

晋江金井天街商品批发部2019年实现税前利润1 000 000.00元，其中，国债利息收入30 000.00元，违法经营罚款20 000.00元，非公益性捐赠5 000.00元。请采用应付税款法，计算提取并结转晋江金井天街商品批发部2018年的所得税费用。

【业务单据】（略）

【知识准备】

商品流通企业所得税是税务机关向独立核算的商业企业，就其会计年度实现的应纳税所得额征收的一种税款。

一、所得税的计算

$$\text{应纳税所得额}=\text{利润总额（会计利润）}+\text{纳税调增项目金额}-\text{纳税调减项目金额}$$

$$\text{应交所得税}=\text{应纳税所得额}\times\text{所得税税率}$$

（1）永久性差异。

① 应纳税所得额调增项目。

- 企业超过年度利润总额 12 %的公益救济性捐赠；
- 企业非广告性赞助支出；
- 企业从非金融机构借款超出同期金融机构贷款利率的利息费用；
- 企业工资中超过支出标准的部分；
- 企业业务招待费中超过支出标准的部分；
- 企业因违法违规而交付的罚款、罚金和滞纳金。
- 企业超过国家税法规定比例提取的各种减值准备。

② 应纳税所得额调减项目。

- 企业购买国债利息收入；
- 企业从被投资企业中分得的税后利润；
- 企业在规定的弥补期内用本期税前利润弥补以前年度亏损。

（2）暂时性差异。

暂时性差异是由于会计税前利润与纳税所得额之间的计算时间不一致而产生的，虽在当期发生，但可在若干期内转回。在一段较长的时间内，会计税前利润总额与纳税所得总额是一致的。暂时性差异主要项目有累计折旧。

二、应付税款法

企业不考虑暂时性差异对所得税的影响金额，直接根据当期计算的应纳税所得额，求出当期所得税费用。这种方法适用于规模较小、会计核算不是很健全的商品流通企业。

（1）提取应交所得税，编制会计分录如下。

借：所得税费用

　　贷：应交税费——应交所得税

（2）结转所得税费用，编制会计分录如下。

借：本年利润

　　贷：所得税费用

（3）以银行存款缴纳所得税（略）。

三、纳税影响会计法

企业确认暂时性差异对所得税的影响金额，按照当期应交所得税和暂时性差异对所得税影响金额的合计，确认当期所得税费用。

（1）某一暂时性差异项目如果造成在一段较长的时间内，企业所得税前期交得多，后期交得少，那么根据会计利润求出的所得税费用与根据应纳税所得额求出的应交所得税之差额应确认为递延所得税资产。

① 前期提取所得税时（前期应纳税所得额大于会计利润），编制会计分录如下。

借：所得税费用（按会计利润计算的所得税）

　　递延所得税资产（差额）

　　贷：应交税费——应交所得税（按应纳税所得额计算的所得税）

② 后期提取所得税时（后期应纳税所得额小于会计利润），编制会计分录如下。

借：所得税费用（按会计利润计算的所得税）

　　贷：应交税费——应交所得税（按应纳税所得额计算的所得税）

　　　　递延所得税资产（差额）

（2）某一暂时性差异项目如果造成在一段较长的时间内，企业所得税前期交得少，后期交得多，那么根据应纳税所得额求出的应交所得税与根据会计利润求出的所得税费用之差额应确认为递延所得税负债。

① 前期提取所得税时（前期应纳税所得额小于会计利润），编制会计分录如下。

借：所得税费用（按会计利润计算的所得税）

　　贷：应交税费——应交所得税（按应纳税所得额计算的所得税）

　　　　递延所得税负债（差额）

② 后期提取所得税时（后期应纳税所得额大于会计利润），编制会计分录如下。

借：所得税费用（按会计利润计算的所得税）

　　递延所得税负债（差额）

　　贷：应交税费——应交所得税（按应纳税所得额计算的所得税）

【业务处理】

（1）应纳税所得额＝1 000 000.00＋20 000.00＋5 000.00 － 30 000.00＝995 000.00（元）

　　应交所得税＝995 000.00×25％＝248 750.00（元）

（2）提取所得税，编制会计分录如下。

借：所得税费用　　　　　　　　　　248 750.00

　　贷：应交税费——应交所得税　　　　　248 750.00

（3）结转所得税费用，编制会计分录如下。

借：本年利润　　　　　　　　　　248 750.00

　　贷：所得税费用　　　　　　　　　　248 750.00

任务四　利润分配的核算

业务

晋江金井天街商品批发部2019年年初，历年结存的尚未分配的利润为130 125.00元，2019年实现净利润751 250.00元，按规定提取税后利润的10％作为法定盈余公积，4％作为任意公积金，11％作为现金股利分配给投资人。请进行相关的账务处理，并计算至2019年年末历年结存的尚未分配利润的数额。

【业务单据】（略）

【知识准备】

商品流通企业将当年实现的净利润加上以前年度累积的未分配利润（或减去尚未弥补的历年累积亏损）为可供分配的利润。商业企业根据《企业会计准则》的规定，分配可供分配的利润就是企业的利润分配。

一、利润分配的顺序

可供分配的利润应按下列顺序进行分配。

（1）按当年税后利润的 10 %提取法定盈余公积，但当以前年度累积的法定盈余公积达到注册资本的 50 %时，可以不再提取。

（2）净利润扣除提取的法定公积后为可供投资者分配的利润。可供投资者分配的利润应按下列顺序分配。

① 应付优先股股利。

② 提取任意盈余公积。

③ 应付普通股股利。

④ 转为资本或股本的普通股股利。

二、利润分配的核算

（1）企业当年亏损，账务处理如下。

① 将当年发生的净亏损转入未分配利润。

借：利润分配——未分配利润

　　贷：本年利润

② 用以前年度未分配利润弥补亏损，或将本年亏损留待以后年度实现的利润弥补，均不需要单独编制会计分录。

③ 用盈余公积弥补亏损。

借：盈余公积

　　贷：利润分配——其他转入

④ 转平“利润分配”有关明细科目。

借：利润分配——其他转入

　　贷：利润分配——未分配利润

（2）企业当年实现盈利，账务处理如下。

① 将当年实现的净利润转入未分配利润。

借：本年利润

　　贷：利润分配——未分配利润

② 提取盈余公积。

借：利润分配——提取法定盈余公积

　　　　　　——提取任意盈余公积

　　贷：盈余公积——法定盈余公积

　　　　　　　　——任意盈余公积

③ 向股东分配现金股利或利润。

借：利润分配——应付优先股股利

——应付普通股股利

贷：应付股利

④ 经批准，向股东分派股票股利或办妥转增资本手续后，编制会计分录如下。

借：利润分配——转为资本（或股本）的普通股股利

贷：应付股利

⑤ 结平“利润分配”有关明细科目。

借：利润分配——未分配利润

贷：利润分配——提取法定盈余公积

——提取任意盈余公积

——应付优先股股利、应付普通股股利

——转为资本（或股本）的普通股股利

【知识延伸】

《外资企业法实施条例》第五十八条规定：外资企业依照中国税法规定缴纳所得税后的利润，应当提取储备基金和职工奖励及福利基金。储备基金的提取比例不得低于税后利润的 10 %，当累计提取金额达到注册资本 50 %时，可以不再提取。职工奖励及福利基金的提取比例由外资企业自行确定。

【业务处理】

（1）晋江金井天街商品批发部将 2018 年实现的净利润转入未分配利润，编制会计分录如下。

借：本年利润　751 250. 00

贷：利润分配——未分配利润　751 250. 00

（2）按税后利润的 10 % 提取法定盈余公积，按 4 %提取任意公积金，编制会计分录如下。

借：利润分配——提取法定盈余公积　75 125. 00

——提取任意盈余公积　30 050. 00

贷：盈余公积——法定盈余公积　75 125. 00

——任意盈余公积　30 050. 00

（3）按税后利润的 12 % 提取现金股利，分配给普通投资者，编制会计分录如下。

借：利润分配——应付普通股股利　90 150. 00

贷：应付股利　90 150. 00

（4）结存利润分配有关明细科目，编制会计分录如下。

借：利润分配——未分配利润　195 325. 00

贷：利润分配——提取法定盈余公积　75 125. 00

——提取任意盈余公积　30 050. 00

——应付普通股股利　90 150. 00

（5）2019 年年末历年结存的尚未分配的利润数额如下。

130 125. 00+ 751 250. 00−195 325. 00＝686 050. 00（元）

项目十五

财务会计报告

学习目标

商业企业财务会计报告是反映企业某一特定日期的财务状况和某一会计期间经营成果和现金流量的书面文件。财务会计报告包括会计报表、会计报表附注和财务情况说明书。通过本项目的学习，你能够：

1. 熟悉财务会计报告的含义及分类、会计报表的含义及分类。
2. 熟悉资产负债表的含义及结构，掌握资产负债表的编制。
3. 熟悉利润表的含义及结构，掌握利润表的编制。
4. 熟悉现金流量表的含义及结构，掌握现金流量表的编制。

任务一　资产负债表的编制

业务

请编制2019年5月金景商城股份有限公司的资产负债表。

【业务资料】

资料一：金景商城股份有限公司2018年资产负债表（见表15-1）。

表15-1

资产负债表

会企01表

编制单位：金景商城股份有限公司　　2018年12月31日　　单位：元

资　　产	行次	年初数	年末数	负债及所有者权益	行次	年初数	年末数
流动资产：				流动负债：			
货币资金			205 000. 00	短期借款			200 000. 00
以公允价值计量且变动计入当期损益的金融资产			100 000. 00	以公允价值计量且变动计入当期损益的金融负债			

续表

资　　产	行次	年初数	年末数	负债及所有者权益	行次	年初数	年末数
衍生金融资产				衍生金融负债			
应收票据				应付票据			
应收账款			380 700.00	应付账款			213 900.00
预付账款			32 000.00	预收账款			
其他应收款			3 500.00	应付职工薪酬			20 000.00
存货			1 384 100.00	应交税费			12 390.00
持有待售资产				其他应付款			27 000.00
一年内到期非流动资产				持有待售负债			
其他流动资产				一年内到期非流动负债			
流动资产合计			2 105 300.00	其他流动负债			
非流动资产：				流动负债合计			473 290.00
可供出售金融资产				非流动负债：			
持有至到期投资				长期借款			600 000.00
长期应收款				应付债券			
长期股权投资			150 000.00	长期应付款			
投资性房地产				预计负债			
固定资产			317 000.00	递延收益			
在建工程				递延所得税负债			
生产性生物资产				其他非流动负债			
油汽资产				非流动负债合计			600 000.00
无形资产			28 000.00	负债合计			1 073 290.00
开发支出				所有者权益（或股东权益）：			
商誉				实收资本（或股本）			1 200 000.00
长期待摊费用				其他权益工具			
递延所得税资产				其中：优先股			
其他非流动资产				永续债			
非流动资产合计			495 000.00	资本公积			200 000.00
				减：库存股			
				其他综合收益			
				盈余公积			18 270.00
				未分配利润			108 740.00
				所有者权益（或股东权益）合计			1 527 010.00
资产总计			2 600 300.00	负债及所有者权益总计			2 600 300.00

资料二：金景商城股份有限公司 2019 年 5 月总账的账户资料（见表 15-2～表 15-28）。

表 15-2

总　　账

总页	账号	
	分页	

科 目：库存现金

19年		记账凭证		摘要	借方金额									核对号	贷方金额									借或贷	余额								
月	日	种类	号数		百	十	万	千	百	十	元	角	分		百	十	万	千	百	十	元	角	分		百	十	万	千	百	十	元	角	分
5	31	汇		汇总过入			2	5	0	0	0	0	0	√			2	3	2	0	0	0	0	借				6	0	0	0	0	0

表 15-3

总　　账

总页	账号	
	分页	

科 目：银行存款

19年		记账凭证		摘要	借方金额									核对号	贷方金额									借或贷	余额								
月	日	种类	号数		百	十	万	千	百	十	元	角	分		百	十	万	千	百	十	元	角	分		百	十	万	千	百	十	元	角	分
5	31	汇		汇总过入		7	9	1	4	0	0	0	0	√		5	8	6	3	0	0	0	0	借		3	5	0	0	0	0	0	0

表 15-4

总　　账

总页	账号	
	分页	

科 目：其他货币资金

19年		记账凭证		摘要	借方金额									核对号	贷方金额									借或贷	余额								
月	日	种类	号数		百	十	万	千	百	十	元	角	分		百	十	万	千	百	十	元	角	分		百	十	万	千	百	十	元	角	分
5	31	汇		汇总过入			1	0	0	0	0	0	0	√										借			1	0	0	0	0	0	0

表 15-5

总　　账

总页	账号	
	分页	

科 目：交易性金融资产

19年		记账凭证		摘要	借方金额									核对号	贷方金额									借或贷	余额								
月	日	种类	号数		百	十	万	千	百	十	元	角	分		百	十	万	千	百	十	元	角	分		百	十	万	千	百	十	元	角	分
5	31	汇		汇总过入										√			5	0	0	0	0	0	0	借			5	0	0	0	0	0	0

表 15-6

总　　账

总页	账号	
	分页	

科 目：应收票据

19年		记账凭证		摘要	借方金额									核对号	贷方金额									借或贷	余额								
月	日	种类	号数		百	十	万	千	百	十	元	角	分		百	十	万	千	百	十	元	角	分		百	十	万	千	百	十	元	角	分
5	31	汇		汇总过入			2	0	0	0	0	0	0	√										借			2	0	0	0	0	0	0

表 15-7

总　　账

总页	账号	
	分页	

科　目：其他应收款

19年		记账凭证		摘要	借方金额									核对号	贷方金额									借或贷	余额								
月	日	种类	号数		百	十	万	千	百	十	元	角	分		百	十	万	千	百	十	元	角	分		百	十	万	千	百	十	元	角	分
5	31	汇		汇总过入				1	0	0	0	0	0	√										借				4	5	0	0	0	0

表 15-8

总　　账

总页	账号	
	分页	

科　目：材料采购

19年		记账凭证		摘要	借方金额									核对号	贷方金额									借或贷	余额								
月	日	种类	号数		百	十	万	千	百	十	元	角	分		百	十	万	千	百	十	元	角	分		百	十	万	千	百	十	元	角	分
5	31	汇		汇总过入		2	8	7	0	0	0	0	0	√		2	3	6	0	0	0	0	0	借			9	7	0	0	0	0	0

表 15-9

总　　账

总页	账号	
	分页	

科　目：库存商品

19年		记账凭证		摘要	借方金额									核对号	贷方金额									借或贷	余额								
月	日	种类	号数		百	十	万	千	百	十	元	角	分		百	十	万	千	百	十	元	角	分		百	十	万	千	百	十	元	角	分
5	31	汇		汇总过入	1	2	8	3	0	0	0	0	0	√		6	1	3	9	2	0	0	0	借	1	2	4	6	8	0	0	0	0

表 15-10

总　　账

总页	账号	
	分页	

科　目：包装物

19年		记账凭证		摘要	借方金额									核对号	贷方金额									借或贷	余额								
月	日	种类	号数		百	十	万	千	百	十	元	角	分		百	十	万	千	百	十	元	角	分		百	十	万	千	百	十	元	角	分
5	31	汇		汇总过入			3	9	0	0	0	0	0	√			9	2	0	9	5	0	0	借			5	6	3	3	5	0	0

表 15-11

总　　账

总页	账号	
	分页	

科　目：低值易耗品

19年		记账凭证		摘要	借方金额									核对号	贷方金额									借或贷	余额								
月	日	种类	号数		百	十	万	千	百	十	元	角	分		百	十	万	千	百	十	元	角	分		百	十	万	千	百	十	元	角	分
5	31	汇		汇总过入			2	1	0	0	0	0	0	√			1	8	5	0	0	0	0	借			3	8	2	5	0	0	0

表 15-12

总　　账

总页	账号	
	分页	

科　目：周转材料

19年		记账凭证		摘要	借方金额									核对号	贷方金额									借或贷	余额								
月	日	种类	号数		百	十	万	千	百	十	元	角	分		百	十	万	千	百	十	元	角	分		百	十	万	千	百	十	元	角	分
5	31	汇		汇总过入			1	3	3	6	4	0	0	√					9	1	5	0	0	借			3	5	9	8	0	0	0

表 15-13

总　　账

总页	账号	
	分页	

科　目：长期股权投资

19年		记账凭证		摘要	借方金额									核对号	贷方金额									借或贷	余额								
月	日	种类	号数		百	十	万	千	百	十	元	角	分		百	十	万	千	百	十	元	角	分		百	十	万	千	百	十	元	角	分
1	1			上年结转																				借		1	5	0	0	0	0	0	0

表 15-14

总　　账

总页	账号	
	分页	

科　目：固定资产

19年		记账凭证		摘要	借方金额									核对号	贷方金额									借或贷	余额								
月	日	种类	号数		百	十	万	千	百	十	元	角	分		百	十	万	千	百	十	元	角	分		百	十	万	千	百	十	元	角	分
1	1			上年结转																				借		3	4	8	1	2	0	0	0

表 15-15

总　　账

总页	账号	
	分页	

科　目：无形资产

19年		记账凭证		摘要	借方金额									核对号	贷方金额									借或贷	余额								
月	日	种类	号数		百	十	万	千	百	十	元	角	分		百	十	万	千	百	十	元	角	分		百	十	万	千	百	十	元	角	分
1	1			上年结转																				借			5	0	0	0	0	0	0

表 15-16

总　　账

总页	账号	
	分页	

科　目：短期借款

19年		记账凭证		摘要	借方金额									核对号	贷方金额									借或贷	余额								
月	日	种类	号数		百	十	万	千	百	十	元	角	分		百	十	万	千	百	十	元	角	分		百	十	万	千	百	十	元	角	分
5	31	汇		汇总过入										√			5	0	0	0	0	0	0	贷		2	5	0	0	0	0	0	0

表 15-17

总　　账

总页	账号	
	分页	

科　目：应付票据

19年		记账凭证		摘要	借方金额									核对号	贷方金额									借或贷	余额								
月	日	种类	号数		百	十	万	千	百	十	元	角	分		百	十	万	千	百	十	元	角	分		百	十	万	千	百	十	元	角	分
5	31	汇		汇总过入										√		1	2	0	0	0	0	0	0	贷		1	2	0	0	0	0	0	0

表 15-18

总　　账

总页	账号	
	分页	

科　目：应交税费

19年		记账凭证		摘要	借方金额									核对号	贷方金额									借或贷	余额								
月	日	种类	号数		百	十	万	千	百	十	元	角	分		百	十	万	千	百	十	元	角	分		百	十	万	千	百	十	元	角	分
5	31	汇		汇总过入		3	4	7	5	0	0	0	0	√		3	9	5	0	0	0	0	0	贷			1	1	8	9	0	0	0

表 15-19

总　　账

总页	账号	
	分页	

科 目：应付职工薪酬

19年		记账凭证		摘要	借方金额									核对号	贷方金额									借或贷	余额								
月	日	种类	号数		百	十	万	千	百	十	元	角	分		百	十	万	千	百	十	元	角	分		百	十	万	千	百	十	元	角	分
5	31	汇		汇总过入			9	2	0	0	0	0	0	√		1	0	0	0	0	0	0	0	贷			8	0	0	0	0	0	0

表 15-20

总　　账

总页	账号	
	分页	

科 目：应付利息

19年		记账凭证		摘要	借方金额									核对号	贷方金额									借或贷	余额								
月	日	种类	号数		百	十	万	千	百	十	元	角	分		百	十	万	千	百	十	元	角	分		百	十	万	千	百	十	元	角	分
5	31	汇		汇总过入				5	0	0	0	0	0	√										贷				5	0	0	0	0	0

表 15-21

总　　账

总页	账号	
	分页	

科 目：实收资本

19年		记账凭证		摘要	借方金额									核对号	贷方金额									借或贷	余额								
月	日	种类	号数		百	十	万	千	百	十	元	角	分		百	十	万	千	百	十	元	角	分		百	十	万	千	百	十	元	角	分
1	1			上年结转																				贷	1	2	0	0	0	0	0	0	0

表 15-22

总　　账

总页	账号	
	分页	

科 目：资本公积

19年		记账凭证		摘要	借方金额									核对号	贷方金额									借或贷	余额								
月	日	种类	号数		百	十	万	千	百	十	元	角	分		百	十	万	千	百	十	元	角	分		百	十	万	千	百	十	元	角	分
1	1			上年结转																				贷		2	0	0	0	0	0	0	0

表 15-23

总　　账

总页	账号	
	分页	

科 目：盈余公积

19年		记账凭证		摘要	借方金额									核对号	贷方金额									借或贷	余额								
月	日	种类	号数		百	十	万	千	百	十	元	角	分		百	十	万	千	百	十	元	角	分		百	十	万	千	百	十	元	角	分
1	1			上年结转																				贷			1	8	2	7	0	0	0

表 15-24

总　　账

总页	账号	
	分页	

科 目：坏账准备

19年		记账凭证		摘要	借方金额									核对号	贷方金额									借或贷	余额								
月	日	种类	号数		百	十	万	千	百	十	元	角	分		百	十	万	千	百	十	元	角	分		百	十	万	千	百	十	元	角	分
1	1			上年结转																				贷				4	2	3	0	0	0

表 15-25

总　　账

总页	账号	
	分页	

科 目：累计折旧

19年		记账凭证		摘要	借方金额									核对号	贷方金额									借或贷	余额								
月	日	种类	号数		百	十	万	千	百	十	元	角	分		百	十	万	千	百	十	元	角	分		百	十	万	千	百	十	元	角	分
5	31	汇		汇总过入										√				1	3	7	0	0	0	贷			7	4	9	0	0	0	0

表 15-26

总　　账

总页	账号	
	分页	

科 目：累计摊销

19年		记账凭证		摘要	借方金额									核对号	贷方金额									借或贷	余额								
月	日	种类	号数		百	十	万	千	百	十	元	角	分		百	十	万	千	百	十	元	角	分		百	十	万	千	百	十	元	角	分
5	31	汇		汇总过入										√				1	7	5	0	0	0	贷			2	6	0	0	0	0	0

表 15-27

总　　账

总页	账号	
	分页	

科 目：利润分配

19年		记账凭证		摘要	借方金额									核对号	贷方金额									借或贷	余额								
月	日	种类	号数		百	十	万	千	百	十	元	角	分		百	十	万	千	百	十	元	角	分		百	十	万	千	百	十	元	角	分
1	1			上年结转																				贷		1	0	8	7	4	0	0	0

表 15-28

总　　账

总页	账号	
	分页	

科 目：本年利润

19年		记账凭证		摘要	借方金额									核对号	贷方金额									借或贷	余额								
月	日	种类	号数		百	十	万	千	百	十	元	角	分		百	十	万	千	百	十	元	角	分		百	十	万	千	百	十	元	角	分
5	31	汇		汇总过入																				贷			4	2	0	0	0	0	0

资料三：金井商城股份有限公司 2019 年 4 月部分明细账的账户资料。

（1）应收账款所属明细账的资料（见表 15-29 和表 15-30）。

表 15-29

明　细　账

总页	账号	
	分页	

科 目：应收账款　　户 名：九新宾馆

19年		记账凭证		摘要	借方金额									核对号	贷方金额									借或贷	余额								
月	日	种类	号数		百	十	万	千	百	十	元	角	分		百	十	万	千	百	十	元	角	分		百	十	万	千	百	十	元	角	分
5	25	记	55	床上用品款		3	1	6	4	0	0	0	0											借		3	1	6	4	0	0	0	0
5	31			本月合计		3	1	6	4	0	0	0	0																				

表 15-30

明　细　账

总页	账号	
	分页	

科　目：应收账款　　户　名：著龙服饰

19年		记账凭证		摘要	借方金额									核对号	贷方金额									借或贷	余额								
月	日	种类	号数		百	十	万	千	百	十	元	角	分		百	十	万	千	百	十	元	角	分		百	十	万	千	百	十	元	角	分
5	26	记	55	收到货款												1	1	6	3	8	5	0	0	贷			1	6	3	8	5	0	0
5	31			本月合计		1	0	0	0	0	0	0	0			1	1	6	3	8	5	0	0										

（2）预付账款所属明细账的资料（见表 15-31 和表 15-32）。

表 15-31

明　细　账

总页	账号	
	分页	

科　目：预付账款　　户　名：绿海农场

19年		记账凭证		摘要	借方金额									核对号	贷方金额									借或贷	余额								
月	日	种类	号数		百	十	万	千	百	十	元	角	分		百	十	万	千	百	十	元	角	分		百	十	万	千	百	十	元	角	分
5	27	记	56	付茶叶预购款		1	5	0	0	0	0	0	0											借		1	5	0	0	0	0	0	0
5	31			本月合计		1	5	0	0	0	0	0	0																				

表 15-32

明　细　账

总页	账号	
	分页	

科　目：预付账款　　户　名：九发服装

19年		记账凭证		摘要	借方金额									核对号	贷方金额									借或贷	余额								
月	日	种类	号数		百	十	万	千	百	十	元	角	分		百	十	万	千	百	十	元	角	分		百	十	万	千	百	十	元	角	分
5	28	记	57	用预付款采购												1	2	3	9	0	0	0	0	贷			2	3	9	0	0	0	0
5	31			本月合计		1	0	0	0	0	0	0	0			1	2	3	9	0	0	0	0										

（3）应付账款所属明细账的资料（见表 15-33 和表 15-34）。

表 15-33

明　细　账

总页	账号	
	分页	

科　目：应付账款　　户　名：长虹家电

19年		记账凭证		摘要	借方金额									核对号	贷方金额									借或贷	余额								
月	日	种类	号数		百	十	万	千	百	十	元	角	分		百	十	万	千	百	十	元	角	分		百	十	万	千	百	十	元	角	分
5	29	记	58	应付电视款												2	4	0	0	0	0	0	0	贷		2	4	0	0	0	0	0	0
5	31			本月合计												2	4	0	0	0	0	0	0										

表 15-34

明　细　账

总页	账号	
	分页	

科　目：应付账款　　户　名：海尔家电

19年		记账凭证		摘要	借方金额									核对号	贷方金额									借或贷	余额								
月	日	种类	号数		百	十	万	千	百	十	元	角	分		百	十	万	千	百	十	元	角	分		百	十	万	千	百	十	元	角	分
5	30	记	59	预付部分货款			3	0	0	0	0	0	0											借			3	0	0	0	0	0	0
5	31			本月合计			3	0	0	0	0	0	0			1	0	0	0	0	0	0	0										

（4）长期借款所属明细账的资料（见表 15-35 和表 15-36）。

表 15-35

明 细 账

总页 | 账号 | 分页

科 目：长期借款　　户 名：中国建设银行

19年		记账凭证		摘要	借方金额									核对号	贷方金额									借或贷	余额								
月	日	种类	号数		百	十	万	千	百	十	元	角	分		百	十	万	千	百	十	元	角	分		百	十	万	千	百	十	元	角	分
1	1			上年结转																				贷		4	0	0	0	0	0	0	0

说明：此笔款项于 2018 年 2 月 25 日借入，期限 3 年。

表 15-36

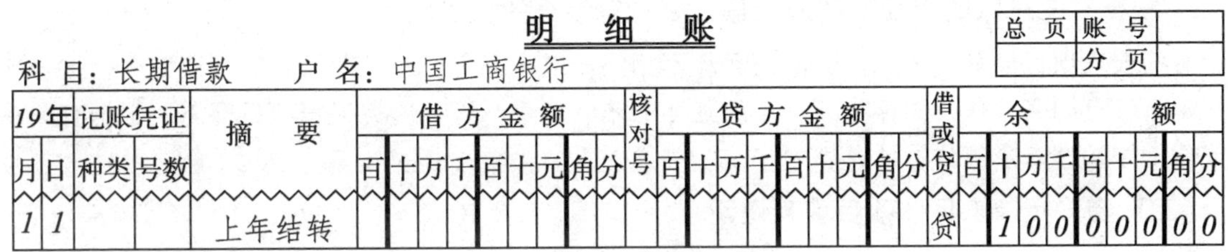

明 细 账

总页 | 账号 | 分页

科 目：长期借款　　户 名：中国工商银行

19年		记账凭证		摘要	借方金额									核对号	贷方金额									借或贷	余额								
月	日	种类	号数		百	十	万	千	百	十	元	角	分		百	十	万	千	百	十	元	角	分		百	十	万	千	百	十	元	角	分
1	1			上年结转																				贷		1	0	0	0	0	0	0	0

说明：此笔款项于 2016 年 7 月 30 日借入，期限 3 年。

【知识准备】

资产负债表是综合反映企业在某一特定日期（月末、季末、年末）全部资产、负债和所有者权益状况的报表。资产负债表是会计报表的主要报表，为企业财务分析提供客观数据。

一、资产负债表的结构

（1）编制资产负债表的理论依据。

会计平衡公式：资产 = 负债 + 所有者权益

（2）资产负债表的基本结构如图 15-1 所示。

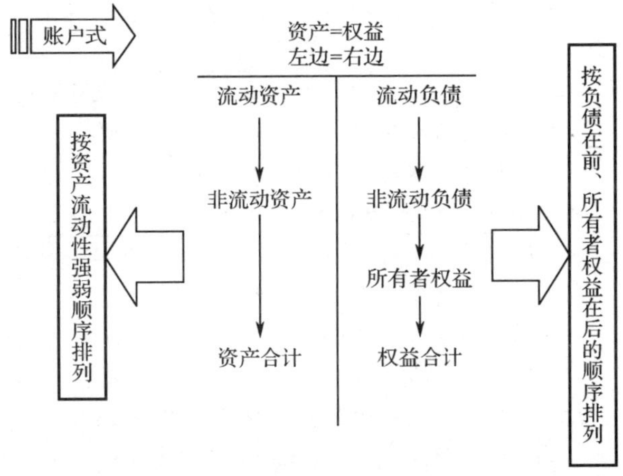

图 15-1　资产负债表的基本结构

二、资产负债表的编制方法

（一）报表中各项目的年初数应根据上一年度资产负债表的期末数填列

说明：如果资产负债表本年度某些项目的名称和内容与上一年度不一致，应按照本年度的规定，对上一年度资产负债表中该项目的名称和金额进行调整，才可填入本年度相对应项目的年初数栏内。

（二）期末余额的确定有以下几种不同的方式

1. 根据同名总账期末余额直接填列的报表项目

有些报表项目和总分类账账户同名，且内涵也相同，如短期借款、应付票据、实收资本等，这类报表项目就可以根据同名总账的期末余额直接填列。

2. 根据有关总账或明细账期末余额分析计算填列的报表项目

有些报表项目虽有同名总账，但内涵却不相同，如固定资产、长期借款等，还有一些报表项目根本就没有同名总账，如存货、一年内到期的非流动资产等，这类报表项目都需要根据有关总账或明细账的期末余额分析计算填列。

（三）资产负债表具体项目填列说明

（1）资产项目（见表 15-37）。

表 15-37

资 产 项 目

报 表 项 目	填 列 依 据
货币资金	本项目填列金额=库存现金余额 + 银行存款余额 + 其他货币资金余额
以公允价值计量且其变动计入当期损益的金融资产	本项目填列金额，根据“交易性金融资产”账户期末余额直接填列
衍生金融资产	本项目填列金额，根据“衍生工具”“套期工具”“被套期工具”等账户期末借方余额分析计算填列
应收票据	本项目填列金额=本账户期末余额 － 坏账准备中因应收票据而提取的期末余额 说明：已贴现的商业承兑汇票，如果出票人到期不能付款，应在补充资料中填列；已贴现的银行承兑汇票则不必在报表中反映
应收账款	本项目填列金额=应收账款所属明细账期末借方余额+预收账款所属明细账期末借方余额－坏账准备中因应收账款而提取的期末余额
预付账款	本项目填列金额=预付账款所属明细账借方余额 +应付账款所属明细账借方余额－坏账准备中因预付账款而提取的期末余额
其他应收款	本项目填列金额=应收利息期末余额+应收股利期末余额+其他应收款期末余额－坏账准备中因其他应收款而提取的期末余额
存货	本项目填列金额=物资采购余额+原材料余额+自制半成品余额+库存商品余额+周转材料余额（或单设的低值易耗品、包装物）+发出商品余额+委托加工物资余额+委托代销商品余额+生产成本余额－存货跌价准备余额+材料成本差异余额－商品进销差价余额
持有待售资产	本项目填列金额=同名账户期末余额－持有待售资产减值准备期末余额
一年内到期非流动资产	本项目填列金额=1 年内到期的持有至到期投资+1 年内到期的长期待摊费用+1 年内可收回的长期应收款

续表

报表项目	填列依据
其他流动资产	根据相关账户的期末余额填列，如“待处理财产损溢——待处理流动资产净损溢”账户未处理转账，期末若有余额，则在本项目填列
流动资产合计	由上述流动资产各项目的金额汇总得出
可供出售金融资产	本项目填列金额=同名账户期末余额-可供出售金融资产减值准备余额
持有至到期投资	本项目填列金额=同名账户期末余额-1年内到期的持有至到期投资金额-持有至到期投资减值准备期末余额
长期应收款	本项目填列金额=同名账户期末余额-未实现的融资收益余额-因长期应收款而计提的坏账准备余额-1年内可收回的长期应收款
长期股权投资	本项目填列金额=同名账户期末余额-长期股权投资减值准备期末余额
投资性房地产	采用成本模式计量：本项目填列金额=同名账户期末余额-投资性房地产累计折旧期末余额-投资性房地产减值准备期末余额 采用公允价值计量：本项目填列金额=同名账户的期末余额
固定资产	本项目填列金额=同名账户期末余额-累计折旧期末余额-固定资产值准备期末余额+固定资清理期末余额
在建工程	本项目填列金额=在建工程期末余额-在建工程减值准备期末余额+工程物资期末余额-工程物资减值准备期末余额
生产性生物资产	本项目填列金额=同名账户期末余额-生产性生物资产减值准备期末余额
油汽资产	本项目填列金额=同名账户期末余额-油汽资产减值准备期末余额
无形资产	本项目填列金额=同名账户期末余额-累计摊销期末余额-无形资产减值准备期末余额
开发支出	本项目根据“研发支出——资本化支出”明细账户的期末账面余额填列
商誉	本项目填列金额=同名账户期末余额-商誉减值准备期末余额
长期待摊费用	本项目填列金额=同名账户期末余额-1年内到期的长期待摊费用
递延所得税资产	根据同名账户的期末余额填列
其他非流动资产	根据相关账户的期末余额填列
非流动资产合计	由上述非流动资产各项目的金额汇总得出
资产总计	本项目填列金额=流动资产合计金额+非流动资产合计金额

（2）权益项目（见表15-38）。

表15-38

权益项目

报表项目	填列依据
短期借款	根据同名账户的期末余额直接填列
以公允价值计量且其变动计入当期损益的金融负债	本项目填列金额，根据“交易性金融负债”账户期末余额直接填列
衍生金融负债	本项目填列金额，根据“衍生工具”“套期工具”“被套期工具”等账户期末贷方余额分析计算填列
应付票据	根据同名账户期末余额直接填列

续表

报 表 项 目	填 列 依 据
应付账款	本项目填列金额=应付账款所属明细账期末贷方余额+预付账款所属明细账期末贷方余额
预收账款	本项目填列金额=预收账款所属明细账期末贷方余额+应收账款所属明细账期末贷方余额
应付职工薪酬	根据同名账户期末贷方余额填列，如果是借方余额，则以“-”号填列
应交税费	根据同名账户期末贷方余额填列，如果是借方余额，则以“-”号填列
其他应付款	本项目填列金额=应付利息期末余额+应付股利期末余额+其他应付款期末余额
持有待售负债	根据同名账户期末余额填列
一年内到期非流动负债	本项目填列金额=1年内到期的长期借款+1年内到期的应付债券+1年内到期的长期应付款
其他流动负债	根据有关账户期末余额分析计算填列
流动负债合计	由上述流动负债各项目的金额汇总得出
长期借款	本项目填列金额=同名账户期末余额-1年内到期的长期借款
应付债券	本项目填列金额=同名账户期末余额-1年内到期的应付债券
长期应付款	本项目填列金额=同名账户期末余额-未确认融资费用期末余额-1年内到期的长期应付款+专项应付款期末余额
预计负债	根据同名账户期末余额填列
递延收益	根据同名账户期末余额填列
递延所得税负债	根据同名账户期末余额填列
其他非流动负债	根据相关账户期末余额填列
非流动负债合计	由上述非流动负债各项目的金额汇总得出
负债合计	本项目填列金额=流动负债合计金额+非流动负债合计金额
实收资本（或股本）	根据同名账户期末余额填列
其他权益工具	根据相关账户期末余额填列
资本公积	根据同名账户期末余额填列
其他综合收益	根据相关账户期末余额分析计算填列
盈余公积	根据同名账户期末余额填列
未分配利润	本项目填列金额=本年利润结转前的余额（贷正借负）+利润分配余额（贷正借负）
所有者权益（或股东权益）合计	由上述所有者权益（或股东权益）各项目的金额汇总得出
负债和所有者权益总计	本项目填列金额=负债合计金额+所有者权益（或股东权益）合计金额

注：本资产负债表模式及填列方法适用于尚未执行新金融准则和新收入准则的一般企业。

【业务处理】

（1）根据金景商城股份有限公司2019年5月总账账户资料和明细账账户资料编制期末余额试算平衡表，如表15-39所示。

表 15-39

金景商城股份有限公司 2019 年 5 月期末余额试算平衡表

单位：元

账户名称	借或贷	期末余额	账户名称	借或贷	期末余额
库存现金	借	6 000.00	短期借款	贷	250 000.00
银行存款	借	350 000.00	应付票据	贷	120 000.00
其他货币资金	借	10 000.00	应交税费	贷	11 890.00
交易性金融资产	借	50 000.00	应付职工薪酬	贷	80 000.00
应收票据	借	20 000.00	应付利息	贷	5 000.00
应收账款——九新宾馆	借	316 400.00	应付账款——长虹家电	贷	240 000.00
——著龙服饰	贷	16 385.00	——海尔家电	借	30 000.00
预付账款——绿海农场	借	150 000.00	长期借款	贷	500 000.00
——九发服装	贷	23 900.00	其中：一年内到期的长期借款	贷	100 000.00
坏账准备	贷	42 300.00	实收资本	贷	1 200 000.00
其他应收款	借	4 500.00	资本公积	贷	200 000.00
材料采购	借	97 000.00	盈余公资	贷	18 270.00
库存商品	借	1 246 800.00	本年利润	贷	42 000.00
包装物	借	56 335.00	利润分配	贷	108 740.00
低值易耗品	借	38 250.00			
周转材料	借	35 980.00			
长期股权投资	借	150 000.00			
固定资产	借	348 120.00			
累计折旧	贷	74 900.00			
无形资产	借	50 000.00			
累计摊销	贷	26 000.00			
合计		2 745 900.00	合计		2 745 900.00

（2）根据金景商城股份有限公司 2018 年年报的期末数填列该公司 2019 年 5 月资产负债表中的年初数，如表 15-40 所示。

（3）根据“金景商城股份有限公司 2019 年 5 月期末余额试算平衡表”及有关资料，分析、计算并填列该公司 2019 年 5 月资产负债表的期末数，如表 15-40 所示。

表 15-40

资产负债表

会企 01 表

编制单位：金景商城股份有限公司　　　　2019 年 5 月 31 日　　　　单位：元

资　　产	行次	年初数	年末数	负债及所有者权益	行次	年初数	年末数
流动资产：				流动负债：			
货币资金		205 000.00	366 000.00	短期借款		200 000.00	250 000.00
以公允价值计量且其变动计入当期损益的金融资产		100 000.00	50 000.00	以公允价值计量且其变动计入当期损益的金融负债			
衍生金融资产				衍生金融负债			
应收票据			20 000.00	应付票据			120 000.00
应收账款		380 700.00	274 100.00	应付账款		213 900.00	263 900.00
预付账款		32 000.00	180 000.00	预收账款			16 385.00
其他应收款		3 500.00	4 500.00	应付职工薪酬		20 000.00	80 000.00
存货		1 384 100.00	1 474 365.00	应交税费		12 390.00	11 890.00
持有待售资产				其他应付款		27 000.00	5 000.00
一年内到期非流动资产				持有待售负债			
其他流动资产				一年内到期非流动负债			100 000.00
流动资产合计		2 105 300.00	2 368 965.00	其他流动负债			
非流动资产：				流动负债合计		473 290.00	847 175.00
可供出售金融资产				非流动负债：			
持有至到期投资				长期借款		600 000.00	400 000.00
长期应收款				应付债券			
长期股权投资		150 000.00	150 000.00	长期应付款			
投资性房地产				预计负债			
固定资产		317 000.00	273 220.00	递延收益			
在建工程				递延所得税负债			
生产性生物资产				其他非流动负债			
油汽资产				非流动负债合计		600 000.00	400 000.00
无形资产		28 000.00	24 000.00	负债合计		1 073 290.00	1 247 175.00
开发支出				所有者（或股东）权益：			
商誉				实收资本（或股本）		1 200 000.00	1 200 000.00
长期待摊费用				其他权益工具			
递延所得税资产				资本公积		200 000.00	200 000.00
其他非流动资产				其他综合收益			
非流动资产合计		495 000.00	447 220.00	盈余公积		18 270.00	18 270.00
				未分配利润		108 740.00	150 740.00
				所有者（股东）权益合计：		1 527 010.00	1 569 010.00
资产总计		2 600 300.00	2 816 185.00	负债及所有者权益总计		2 600 300.00	2816 185.00

任务二　利润表的编制

业务

晋江先海百货为一家中型商业股份有限公司，总股本为 20 000 000. 00 股，没有潜在普通股。请根据相关资料，编制公司 2020 年 2 月份的利润表。

【业务资料】

资料一：晋江先海百货 2019 年 2 月利润表（见表 15-41）。

表 15-41

利　润　表

会企 02 表

编制单位：晋江先海百货　　　　2019 年 2 月　　　　单位：元

项　　目	本期金额	上期金额
一、营业收入	4 584 650. 00	（略）
减：营业成本	2 385 400. 00	
税金及附加	188 000. 00	
销售费用	515 230. 00	
管理费用	443 180. 00	
研发费用	69 350. 00	
财务费用（收益以“-”号填列）	132 960. 00	
其中：利息费用	108 670. 00	
利息收入	3 850. 00	
资产减值损失		
信用减值损失		
加：其他收益		
投资收益（损失以“-”号填列）		
其中：对联营企业和合营企业的投资收益		
净敞口套期收益（损失以“-”号填列）		
公允价值变动收益（损失以“-”号填列）		
资产处置收益（损失以“-”号填列）	-68 530. 00	
二、营业利润	782 000. 00	
加：营业外收入	12 000. 00	
减：营业外支出	3 500. 00	
三、利润总额（亏损总额以“-”号填列）	790 500. 00	
减：所得税费用	198 500. 00	

续表

项目	本期金额	上期金额
四、净利润（净亏损以“-”号填列）	592 000. 00	
（一）持续经营净利润（净亏损以“-”号填列）	592 000. 00	
（二）终止经营净利润（净亏损以“-”号填列）		
五、其他综合收益的税后净额		
（一）不能重分类进损益的其他综合收益		
1. 重新计量设定受益计划变动额		
2. 权益法下不能转损益的其他综合收益		
3. 其他权益工具投资公允价值变动		
4. 企业自身信用风险公允价值变动		
（二）将重分类进损益的其他综合收益		
1. 权益法下可转损益的其他综合收益		
2. 其他债权投资公允价值变动		
3. 金融资产重分类计入其他综合收益的金额		
4. 其他债权投资信用减值准备		
5. 现金流量套期储备		
6. 外币财务报表折算差额		
六、综合收益总额	592 000. 00	
七、每股收益	0. 029 6	
（一）基本每股收益	0. 029 6	
（二）稀释每股收益	0. 029 6	

资料二：晋江先海百货2020年2月审核无误的损益类账户资料（见表15-42~表15-53）。

表 15-42

总　　账

总页	账号	
	分页	

科目：主营业务收入

20年		记账凭证		摘要	借方金额									核对号	贷方金额									借或贷	余额								
月	日	种类	号数		百	十	万	千	百	十	元	角	分		百	十	万	千	百	十	元	角	分		百	十	万	千	百	十	元	角	分
1	31	汇		汇总过入	2	3	5	4	2	0	0	0	0	√	2	3	5	4	2	0	0	0	0	平							0		
2	28	汇		汇总过入	2	1	3	6	8	0	0	0	0	√	2	1	3	6	8	0	0	0	0	平							0		

表 15-43

总　　账

总页	账号	
	分页	

科目：其他业务收入

20年		记账凭证		摘要	借方金额									核对号	贷方金额									借或贷	余额								
月	日	种类	号数		百	十	万	千	百	十	元	角	分		百	十	万	千	百	十	元	角	分		百	十	万	千	百	十	元	角	分
1	31	汇		汇总过入		2	4	3	3	1	0	0	0	√		2	4	3	3	1	0	0	0	平							0		
2	28	汇		汇总过入		1	1	7	6	9	0	0	0	√		1	1	7	6	9	0	0	0	平							0		

表 15-44

总　　账

总页	账号	
	分页	

科 目：主营业务成本

20年		记账凭证		摘要	借方金额									核对号	贷方金额									借或贷	余额								
月	日	种类	号数		百	十	万	千	百	十	元	角	分		百	十	万	千	百	十	元	角	分		百	十	万	千	百	十	元	角	分
1	31	汇		汇总过入	1	2	8	4	2	0	0	0	0	√	1	2	8	4	2	0	0	0	0	平							0		
2	28	汇		汇总过入	1	1	6	5	4	0	0	0	0	√	1	1	6	5	4	0	0	0	0	平							0		

表 15-45

总　　账

总页	账号	
	分页	

科 目：其他业务成本

20年		记账凭证		摘要	借方金额									核对号	贷方金额									借或贷	余额								
月	日	种类	号数		百	十	万	千	百	十	元	角	分		百	十	万	千	百	十	元	角	分		百	十	万	千	百	十	元	角	分
1	31	汇		汇总过入		1	2	4	0	0	0	0	0	√		1	2	4	0	0	0	0	0	平							0		
2	28	汇		汇总过入			7	3	2	0	0	0	0	√			7	3	2	0	0	0	0	平							0		

表 15-46

总　　账

总页	账号	
	分页	

科 目：税金及附加

20年		记账凭证		摘要	借方金额									核对号	贷方金额									借或贷	余额								
月	日	种类	号数		百	十	万	千	百	十	元	角	分		百	十	万	千	百	十	元	角	分		百	十	万	千	百	十	元	角	分
1	31	汇		汇总过入			9	3	1	6	0	0	0	√			9	3	1	6	0	0	0	平							0		
2	28	汇		汇总过入			7	6	3	4	0	0	0	√			7	6	3	4	0	0	0	平							0		

表 15-47

总　　账

总页	账号	
	分页	

科 目：销售费用

20年		记账凭证		摘要	借方金额									核对号	贷方金额									借或贷	余额								
月	日	种类	号数		百	十	万	千	百	十	元	角	分		百	十	万	千	百	十	元	角	分		百	十	万	千	百	十	元	角	分
1	31	汇		汇总过入		3	2	4	0	0	0	0	0	√		3	2	4	0	0	0	0	0	平							0		
2	28	汇		汇总过入		2	1	3	0	0	0	0	0	√		2	1	3	0	0	0	0	0	平							0		

表 15-48

总　　账

总页	账号	
	分页	

科 目：管理费用

20年		记账凭证		摘要	借方金额									核对号	贷方金额									借或贷	余额								
月	日	种类	号数		百	十	万	千	百	十	元	角	分		百	十	万	千	百	十	元	角	分		百	十	万	千	百	十	元	角	分
1	31	汇		汇总过入		2	8	9	3	7	0	0	0	√		2	8	9	3	7	0	0	0	平							0		
2	28	汇		汇总过入		2	6	3	4	6	0	0	0	√		2	6	3	4	6	0	0	0	平							0		

其中：1 月份研发费用为 65 250 元；2 月份研发费用为 54 350 元。

表 15-49

总　　账

总页	账号	
	分页	

科目：财务费用

20年		记账凭证		摘要	借方金额									核对号	贷方金额									借或贷	余额								
月	日	种类	号数		百	十	万	千	百	十	元	角	分		百	十	万	千	百	十	元	角	分		百	十	万	千	百	十	元	角	分
1	31	汇		汇总过入			6	4	3	0	0	0	0	√			6	4	3	0	0	0	0	平							0		
2	28	汇		汇总过入			6	3	7	0	0	0	0	√			6	3	7	0	0	0	0	平							0		

其中：1 月份利息费用为 45 380 元，利息收入为 1 500 元；2 月份利息费用为 54 350 元，利息收入为 1 650 元。

表 15-50

总　　账

总页	账号	
	分页	

科目：资产处置收益

20年		记账凭证		摘要	借方金额									核对号	贷方金额									借或贷	余额								
月	日	种类	号数		百	十	万	千	百	十	元	角	分		百	十	万	千	百	十	元	角	分		百	十	万	千	百	十	元	角	分
2	28	汇		汇总过入			1	4	0	0	0	0	0	√			1	4	0	0	0	0	0	平							0		

注：2 月份出售不需用固定资产，获得净收益 14 000 元。

表 15-51

总　　账

总页	账号	
	分页	

科目：营业外收入

20年		记账凭证		摘要	借方金额									核对号	贷方金额									借或贷	余额								
月	日	种类	号数		百	十	万	千	百	十	元	角	分		百	十	万	千	百	十	元	角	分		百	十	万	千	百	十	元	角	分
2	28	汇		汇总过入				4	0	0	0	0	0	√				4	0	0	0	0	0	平							0		

表 15-52

总　　账

总页	账号	
	分页	

科目：营业外支出

20年		记账凭证		摘要	借方金额									核对号	贷方金额									借或贷	余额								
月	日	种类	号数		百	十	万	千	百	十	元	角	分		百	十	万	千	百	十	元	角	分		百	十	万	千	百	十	元	角	分
1	31	汇		汇总过入				3	0	0	0	0	0	√				3	0	0	0	0	0	平							0		
2	28	汇		汇总过入				2	3	7	0	0	0	√				2	3	7	0	0	0	平							0		

表 15-53

总　　账

总页	账号	
	分页	

科目：所得税费用

20年		记账凭证		摘要	借方金额									核对号	贷方金额									借或贷	余额								
月	日	种类	号数		百	十	万	千	百	十	元	角	分		百	十	万	千	百	十	元	角	分		百	十	万	千	百	十	元	角	分
2	28	汇		汇总过入			9	6	3	5	0	0	0	√			9	6	3	5	0	0	0	平							0		
2	28	汇		汇总过入		1	1	2	1	5	0	0	0	√		1	1	2	1	5	0	0	0	平							0		

【知识准备】

利润表是反映企业在一定期间盈利或亏损情况的报表。利润表由表首、基本部分和补充资料三部分组成。

一、利润表的结构

（1）编制利润表的理论依据：收入 – 费用=利润

（2）利润表各项目计算依据：各项目相关账户的本期累计发生额。

（3）利润表的格式有单步式和多步式，我国利润表采用多步式。

二、利润表的具体编制方法

（1）“上期金额”根据上年同期利润表“本期金额”栏所列数字填列。

（2）利润表中“本期金额”的填列。

利润表中“本期金额”栏内各项数字，应按当年 1 月 1 日至编制报表月份的月末的累计数填列。利润表各具体项目填列说明如表 15–54 所示。

表 15–54

利润表各具体项目填列说明

报表项目	填列依据
①营业收入	根据主营业务收入、其他业务收入的本期累计发生额分析计算填列
②营业成本	根据主营业务成本、其他业务成本的本期累计发生额分析计算填列
③税金及附加	根据同名科目的本期累计发生额填列
④销售费用	根据同名科目的本期累计发生额填列
⑤管理费用	根据同名科目的本期累计发生额减研发费用的本期累计发生额填列
⑥研发费用	根据管理费用总账科目下研发费用明细科目的本期累计发生额填列
⑦财务费用	根据同名科目的本期累计发生额分析计算填列，若是收益，则用“–”号填列
利息费用	根据财务费用总账科目下利息费用明细科目的本期累计发生额填列
利息收入	根据财务费用总账科目下利息收入明细科目的本期累计发生额填列
⑧资产减值损失	根据同名科目的本期累计发生额填列
⑨信用减值损失	根据同名科目的本期累计发生额填列
⑩其他收益	根据相关科目的本期累计发生额填列，若是损失，则以“–”号填列
⑪投资收益	根据相关科目的本期累计发生额填列，若是投资净亏损，则以“–”号填列
⑫净敞口套期收益	根据相关科目的本期累计发生额填列，若是损失，则以“–”号填列
⑬公允价值变动收益	根据相关科目的本期累计发生额填列，若是损失，则以“–”号填列
⑭资产处置收益	根据同名科目的本期累计发生额填列，若是损失，则以“–”号填列
营业利润=①–②–③–④–⑤–⑥–⑦–⑧–⑨+⑩+⑪+⑫+⑬+⑭（本项目金额通过计算得出）	
营业外收入	根据同名科目的本期累计发生额填列
营业外支出	根据同名科目的本期累计发生额填列
利润总额=营业利润+营业外收入–营业外支出（本项目金额通过计算得出）	
所得税费用	根据同名科目的本期借方累计发生额填列

续表

<table>
<tr><th>报表项目</th><th>填列依据</th></tr>
<tr><td colspan="2">企业盈利：净利润=利润总额-所得税费用；企业亏损：净利润=利润总额</td></tr>
<tr><td>持续经营净利润</td><td>企业在持续经营期间，则将净利润项目的金额填入本行</td></tr>
<tr><td>终止经营净利润</td><td>企业在终止经营期间，则将净利润项目的金额填入本行</td></tr>
<tr><td colspan="2">其他综合收益的税后净额=不能重分类进损益的其他综合收益+将重分类进损益的其他综合收益</td></tr>
<tr><td colspan="2">不能重分类进损益的其他综合收益=（1）+（2）+（3）+（4）</td></tr>
<tr><td>（1）重新计量设定受益计划变动额
（2）权益法下不能转损益的其他综合收益
（3）其他权益工具投资公允价值变动
（4）企业自身信用风险公允价值变动</td><td>各自根据相关科目分析计算填列</td></tr>
<tr><td colspan="2">将重分类进损益的其他综合收益=（1）+（2）+（3）+（4）+（5）+（6）</td></tr>
<tr><td>（1）权益法下可转损益的其他综合收益
（2）其他债权投资公允价值变动
（3）金融资产重分类计入其他综合收益金额
（4）其他债权投资信用减值准备
（5）现金流量套期储备
（6）外币财务报表折算差额</td><td>各自根据相关科目分析计算填列</td></tr>
<tr><td colspan="2">综合收益总额=净利润+其他综合收益的税后净额（本项目通过计算得出）</td></tr>
<tr><td colspan="2">每股收益</td></tr>
<tr><td colspan="2">基本每股收益=归属于普通股股东的净利润÷发行在外的普通股加权平均数</td></tr>
<tr><td colspan="2">稀释性每股收益：存在稀释性潜在普通股的，应分别调整归属于普通股股东的当期净利润和发行在外普通股的加权平均数，并据以计算稀释每股收益</td></tr>
</table>

【业务处理】

（1）晋江先海百货 2020 年 2 月利润表的“上期金额”根据该公司 2019 年 2 月利润表的“本期金额”栏所列数字填列。

（2）根据晋江先海百货 2020 年 1–2 月损益类账户及有关资料，编制该公司 2020 年 1–2 月损益类账户累计发生额，如表 15–55 所示。

表 15–55

晋江先海百货2020年1–2月损益类账户累计发生额

单位：元

账户名称	借方累计发生额	贷方累计发生额	账户名称	借方累计发生额	贷方累计发生额
主营业务收入	4 491 000.00	4 491 000.00	财务费用	128 000 .00	128 000.00
其他业务收入	361 000.00	361 000.00	其中：利息费用	99 730 .00	99 730.00
主营业务成本	2 449 600.00	2 449 600.00	利息收入	3 150 .00	3 150.00
其他业务成本	197 200.00	197 200.00	资产处置收益	140 000 .00	140 000.00
税金及附加	169 500.00	169 500.00	营业外收入	4 000 .00	4 000.00
销售费用	537 000.00	537 000.00	营业外支出	5 370 .00	5 370.00
管理费用	552 830.00	552 830.00	所得税费用	208 500 .00	208 500.00
其中：研发费用	119 600.00	119 600.00			

（3）晋江先海百货根据“2020 年 1-2 月损益类账户累计发生额”（见表 15-56）以及相关资料分析、计算并填列该公司 2020 年 2 月份的利润表，结果如表 15-56 所示。

表 15-56

利　润　表（简表）

会企 02 表

编制单位：晋江先海百货　　　　2020 年 2 月　　　　单位：元

项　　目	本期金额	上期金额
一、营业收入	4 852 000.00	4 584 650.00
减：营业成本	2 646 800.00	2 385 400.00
税金及附加	169 500.00	188 000.00
销售费用	537 000.00	515 230.00
管理费用	433 230.00	443 180.00
研发费用	119 600.00	69 350.00
财务费用（收益以“–”号填列）	128 000.00	132 960.00
其中：利息费用	99 730.00	108 670.00
利息收入	3 150.00	3 850.00
资产减值损失		
信用减值损失		
加：其他收益		
投资收益（损失以“–”号填列）		
其中：对联营企业和合营企业的投资收益		
净敞口套期收益（损失以“–”号填列）		
公允价值变动收益（损失以“–”号填列）		
资产处置收益（损失以“–”号填列）	14 000.00	-68 530.00
二、营业利润	831 870.00	782 000.00
加：营业外收入	4 000.00	12 000.00
减：营业外支出	5 370.00	3 500.00
三、利润总额（亏损总额以“–”号填列）	830 500.00	790 500.00
减：所得税费用	208 500.00	198 500.00
四、净利润（净亏损以“–”号填列）	622 000.00	592 000.00
（一）持续经营净利润（亏损总额以“–”号填列）	622 000.00	592 000.00
（二）清算期间净利润（亏损总额以“–”号填列）		
五、其他综合收益的税后净额		
六、综合收益总额	622 000.00	592 000.00
七、每股收益	0.0 311	0.0 296
（一）基本每股收益	0.0 311	0.0 296
（二）稀释每股收益	0.0 311	0.0 296

说明：本公司没有潜在普通股，所以基本每股收益等于稀释每股收益。

任务三　现金流量表的编制

业务

请编制福建晋江金景新零售股份有限公司 2020 年 4 月份的现金流量表。

【业务资料】

福建晋江金景新零售股份有限公司 2020 年 4 月份的银行存款日记账、库存现金日记账分别如表 15-57、表 15-58 所示。

表 15-57

银行存款日记账

20年		凭证号数	摘要	借方金额									核对	贷方金额									余额									核对
月	日			百	十	万	千	百	十	元	角	分		百	十	万	千	百	十	元	角	分	百	十	万	千	百	十	元	角	分	
			期初余额																					1	6	3	0	0	0	0	0	
4	2	银收 1	销售男牛仔裤		1	5	0	0	0	0	0	0	√											3	1	3	0	0	0	0	0	
4	3	银付 1	支付电费										√			3	0	0	0	0	0	0		2	8	3	0	0	0	0	0	
4	4	银付 2	支付现金股利										√		1	8	0	0	0	0	0	0		1	0	3	0	0	0	0	0	
4	5	银付 3	支付职工工资										√			9	4	0	0	0	0	0				9	0	0	0	0	0	
4	6	银付 4	从银行提取现金										√				5	0	0	0	0	0				4	0	0	0	0	0	
4	10	银收 2	销售女皮夹克		1	4	6	0	0	0	0	0	√											1	5	0	0	0	0	0	0	
4	15	银付 5	预缴本月所得税										√			1	6	5	0	0	0	0		1	3	3	5	0	0	0	0	
4	18	银收 3	收到投资款		4	0	0	0	0	0	0	0	√											5	3	3	5	0	0	0	0	
4	21	银付 6	支付电视广告费										√			8	9	0	0	0	0	0		4	4	4	5	0	0	0	0	
4	27	银付 7	购买材料										√		1	7	5	0	0	0	0	0		2	6	9	5	0	0	0	0	
4	29	银收 4	销售材料			1	0	0	0	0	0	0	√											2	7	9	5	0	0	0	0	
4	30	银付 8	支付本月电信费										√			1	0	0	0	0	0	0		2	6	9	5	0	0	0	0	
4	30	现付 4	现金存入银行				4	0	0	0	0	0												2	7	3	5	0	0	0	0	
			本月合计		7	1	0	0	0	0	0	0	√		5	9	9	5	0	0	0	0		2	7	3	5	0	0	0	0	

表 15-58

库存现金日记账

20年		凭证号数	摘要	借方金额									核对	贷方金额									余额									核对
月	日			百	十	万	千	百	十	元	角	分		百	十	万	千	百	十	元	角	分	百	十	万	千	百	十	元	角	分	
			期初余额																							6	0	0	0	0	0	
4	2	现付 1	预借差旅费										√				5	0	0	0	0	0				1	0	0	0	0	0	
4	6	银付 4	从银行提取现金				5	0	0	0	0	0	√													6	0	0	0	0	0	
4	10	现付 2	支付职工困难补助										√				2	0	0	0	0	0				4	0	0	0	0	0	
4	15	现付 3	购买办公用品										√					9	0	0	0	0				3	1	0	0	0	0	
4	25	现收 1	员工违规罚款					4	0	0	0	0	√													3	5	0	0	0	0	
4	30	现收 2	出售旧电视 10 台				4	0	0	0	0	0	√													7	5	0	0	0	0	
4	30	现付 4	将现金存入银行										√				4	0	0	0	0	0				3	5	0	0	0	0	
			本月合计				9	4	0	0	0	0	√			1	1	9	0	0	0	0				3	5	0	0	0	0	

【知识准备】

现金流量表是以现金为基础所编制的现金来源和运用的财务报表，向报表使用者提供企业在一定会计期间内现金和现金等价物的流入和流出信息。这里的现金是指企业的货币资金，这里的现金等价物是指期限短、流动性强且易于转换为现金的投资。

一、现金流量表的结构

现金流量表包括基本报表和补充资料两大部分。

基本报表包括以下三方面的内容：

（1）经营活动所产生的现金流量。

（2）投资活动所产生的现金流量。

（3）筹资活动所产生的现金流量。

补充资料包括以下三方面的内容：

（1）以净利润为起点，将净利润调整为企业经营活动的现金流量。

（2）披露一定期间影响资产或负债，但不形成该期现金收支的所有投资和筹资活动信息。

（3）将现金及现金等价物的期末余额与期初余额相比，得出现金及现金等价物的净增加额，以核对是否与现金流量表的金额相符。

二、现金流量表的编制方法

《企业会计准则》规定：现金流量表采用直接法编制，但同时要求在附注中披露用间接法计算的经营活动现金流量。

（一）直接法

直接法通过现金收入和支出的主要类别列示经营活动产生的现金流量。直接法一般以利润表中的营业收入为起算点，然后对影响经营活动现金流量的相关项目进行调整，最终算出经营活动产生的现金流量。直接法可以采用工作底稿，也可以采用T形账户编制现金流量表，业务简单的企业还可以根据有关科目记录分析后填列。

1. 经营活动所产生的现金流量

（1）销售商品、提供劳务收到的现金。

本项目填列金额=营业收入×(1+增值税税率）+(应收账款期初余额-期末余额）+(应收票据期初余额-期末余额）+(预收账款期末余额-期初余额）+本期转回多提的坏账准备-本期提取的坏账准备

提示：营业收入中如果有一部分征收增值税，另一部分不征收增值税，应分别计算；应收账款取自报表项目余额（应收账款净额）而非科目余额。

（2）税费返还收到的现金。

本项目根据实际收到的增值税、消费税、所得税、城市维护建设税及教育费附加等税费返还款填列。

（3）收到的其他与经营活动有关的现金。

本项目反映销售商品、提供劳务、税费返还以外的与经营活动有关的现金流入，如收到罚款收入、收到出借包装物押金、银行存款利息收入等。

经营活动现金流入小计=（1）+（2）+（3）

（4）购买商品、接受劳务支付的现金。

本项目填列金额=［营业成本+(存货期末余额-期初余额）］×（1+增值税税率）+(应付票据期初余额-期末余额）+(应付账款期初余额-期末余额）+(预付账款期末余额-期初余额)

提示：营业成本中如果有一部分征收增值税，另一部分不征收增值税，应分别计算。

（5）支付职工薪酬及为职工支付的现金。

本项目指企业付给生产、经营人员的工资、奖金、各项补贴、养老及失业保险金等。企业如有在建工程，则这部分人员的工资性支出计入为投资活动产生的现金流量。

（6）支付的各项税费。

本项目包括本期发生并支付的税费、本期支付以前各期发生的税费及预缴的税费，但本项目不扣减税收返还款。本项目税费种类有增值税、消费税、教育费附加、城市维护建设税、关税、印花税、车船使用税、房产税、土地增值税、矿产资源补偿费、所得税等，但不包括实际支付并计入固定资产价值的有关税金，如耕地占用税、车辆购置税、购买固定资产的契税、印花税、进口固定资产的关税、消费税等。

（7）支付的其他与经营活动有关的现金。

本项目包括企业支付的办公费、差旅费、保险费、通信费、广告费、业务招待费、金融机构结算手续费、研究开发费、代垫运费、捐赠款、罚款、违约金、滞纳金、押金、经营租赁租金等。

经营活动现金流出小计=（4）+(5）+(6）+(7)

经营活动产生的现金流量净额=［（1）+（2）+（3）］-［（4）+(5）+(6）+(7)］

2. 投资活动所产生的现金流量

（1）收回投资所收到的现金。

本项目填列金额=交易性金融资产（期初余额-期末余额）+可供出售的金融资产（期初余额-期末余额）+长期股权投资（期初余额-期末余额）+持有至到期投资（期初余额-期末余额）

提示：本项目不包括收到的现金股利和利息；如果公式的期初数小于期末数，则在投资所支付的现金项目中核算。

（2）取得投资收益所收到的现金。

本项目填列金额=利润表所列投资收益-应收利息（期末余额-期初余额）-应收股利（期

末余额-期初余额）

（3）处置固定资产、无形资产和其他长期资产收回的现金净额。

本项目填列金额=企业处置固定资产、无形资产和其他长期资产所收现金（含保险理赔款等）-企业为处置这些长期资产而发生的付现费用

（4）处置子公司及其他营业单位所收回的现金净额

本项目根据企业处置子公司及其他营业单位收到的现金减去相关税费后的净额填列。

（5）收到的其他与投资活动有关的现金。

本项目反映除上述各项目以外，收到其他与投资活动有关的现金流入，应根据“银行存款”、“库存现金”和其他有关账户记录分析填列，其中收回融资租赁设备本金也在本项目填列。

投资活动现金流入小计=（1）+（2）+（3）+(4）+（5）

（6）购建固定资产、无形资产和其他长期资产所付现金。

本项目反映企业购建固定资产、购买无形资产和其他长期资产所付现金，该项目不包括资本化的借款利息、融资租入固定资产所付的租赁费及分期付款购建固定资产除第一期以外的其他各期费用。

（7）投资所支付的现金。

本项目反映企业进行各种投资所付现金，不包括购买股票和债券时，买价中所包含的已宣告但尚未发放的现金股利或已到付息期但尚未领取的利息等。

本项目填列金额=交易性金融资产（期末余额-期初余额）+可供出售的金融资产（期末余额-期初余额）+长期股权投资（期末余额-期初余额）（剔除投资收益或损失）+持有至到期投资（期末余额-期初余额）（剔除投资收益或损失）

提示：公式中期末数如果小于期初数，则在“收回投资所收到的现金”项目中列示。

（8）支付的其他与投资活动有关的现金。

本项目反映企业支付的其他与投资活动有关的现金，如购买股票和债券时，支付的买价中所包含的已宣告但尚未发放的现金股利或已到付息期但尚未领取的债券利息及未按时支付投资款的罚款等。

投资活动现金流出小计=（6）+(7）+（8）

投资活动产生的现金流量净额=[（1）+(2）+(3）+(4）+(5）]-[（6）+(7）+(8）]

3. 筹资活动所产生的现金流量

（1）吸收投资所收到的现金。

本项目反映投资人投入企业的现金，包括发行股票收到的股款净额（发行收入-发行方扣除的发行费用）、发行债券收到的现金（发行收入-发行方扣除的发行费用）等。

本项目所列金额=（实收资本或股本期末余额-期初余额）+(应付债券期末余额-期初余额）

提示：由企业支付的股票发行评估费、审计费、咨询费及债券印刷费等发行费用不能从本项目中扣除。

（2）借款收到的现金。

本项目填列金额=（短期借款期末余额-期初余额）+(长期借款期末余额-期初余额）

提示：如果期初余额大于期末余额，则在“偿还债务所支付现金”项目中反映。

（3）收到的其他与筹资活动有关的现金。

说明：本项目反映其他与筹资活动有关的现金。如接受现金捐赠、收到投资人未按期缴纳股权的罚款等。

筹资活动现金流入小计=（1）+（2）+（3）

（4）偿还债务所支付的现金。

本项目填列金额=（短期借款期初余额-期末余额）+(长期借款期初余额-期末余额）（剔除利息）+(应付债券期初余额-期末余额）（剔除利息）

提示：如果期末余额大于期初余额，则在“借款收到的现金”项目反映。

（5）分配股利、利润或偿还利息所支付的现金。

说明：本项目反映企业实际支付的借款利息、票据贴现利息、债券利息及股利、利润等。

（6）支付的其他与筹资活动有关的现金。

本项目反映除上述各项以外，与企业筹资活动有关的现金流出。如发行股票、债券所付的审计费、咨询费；融资租赁所付现金；减少注册资本所付现金（退还联营单位的投资、收购本公司股票）；分期付款购建固定资产，除首期以外其他各期所付现金；企业对外捐赠现金等。

筹资活动现金流出小计=（4）+（5）+（6）

筹资活动产生的现金流量净额=［（1）+（2）+（3）］-［（4）+（5）+（6）］

4. 汇率变动对现金及现金等价物的影响

本项目反映外币现金流量发生日所用汇率与期末汇率的差额对现金的影响数额。

5. 现金及现金等价物的净增加额

本项目填列金额=经营活动产生的现金流量净额+投资活动产生的现金流量净额+筹资活动产生的现金流量净额+汇率变动对现金的影响额

6. 现金及现金等价物期末余额

本项目填列金额=现金及现金等价物期初余额+现金及现金等价物的净增加额，本项目金额应与企业期末全部货币资金以及现金等价物的合计余额相等。

（二）间接法

间接法是以企业本期净利润为起算点，调整不涉及现金的收入和费用、营业外收支、经营性应收应付等项目，调整不属于经营活动的现金收支项目后，计算并列报经营活动产生的现金流量的方法。

【业务处理】

要编制好现金流量表除了学习理论知识外，还应掌握具体的编制方法。商品流通企业的会计主管应教会出纳如何填写银行存款日记账、库存现金日记账中的摘要，将摘要的表述和现金流量表的项目内容有机结合起来，这样，企业会计就可以根据银行存款日记账和库存现金日记账的摘要来分析企业收付的每一笔现金，应当填入现金流量表的哪个项目。

对福建晋江金景新零售股份有限公司2020年4月银行存款日记账和现金日记账摘要进行分析，可得出如下结论。

1. 经营活动所产生的现金流量

（1）销售商品、提供劳务收到的现金如下：

银行存款日记账中4月2日销售男牛仔裤收到的款项为150 000元；

银行存款日记账中4月10日销售女皮夹克收到的款项为146 000元；

银行存款日记账中4月29日销售材料收到的款项为10 000元；

小计：306 000元

(2) 收到税费返还款(本公司本月无此项业务)。
(3) 收到的其他与经营活动有关的现金如下:
库存现金日记账中 4 月 25 日收到员工违规罚款 400 元。
(4) 购买商品、接受劳务支付的现金如下:
银行存款日记账中 4 月 27 日购买材料支付款项为 175 000 元。
(5) 支付职工薪酬及为职工支付的现金如下:
银行存款日记账中 4 月 5 日支付职工工资 94 000 元;
库存现金日记账中 4 月 10 日支付职工困难补助 2 000 元;
小计:96 000 元
(6) 支付的各种税费如下:
银行存款日记账中 4 月 15 日预缴本月所得税 16 500 元。
(7) 支付的其他与经营活动有关的现金如下:
库存现金日记账中 4 月 2 日预借差旅费 5 000 元;
库存现金日记账中 4 月 15 日购买办公用品 900 元;
银行存款日记账中 4 月 3 日支付电费 30 000 元;
银行存款日记账中 4 月 21 日支付广告费 89 000 元;
银行存款日记账中 4 月 30 日支付通信费 10 000 元;
小计:134 900
经营活动产生的现金流量净额=306 000+400−175 000−96 000−16 500−134 900=−116 000(元)

2. 投资活动所产生的现金流量

(1) 收回投资所收到的现金(本公司本月无此项业务)。
(2) 取得投资收益所收到的现金(本公司本月无此项业务)。
(3) 处置固定资产、无形资产和其他长期资产收回的现金流量净额:
库存现金日记账中 4 月 30 日出售旧电视 10 台,收到 4 000 元。
(4) 处置子公司及其他营业单位所收回的现金流量净额(本公司本月无此项业务)。
(5) 收到的其他与投资活动有关的现金(本公司本月无此项业务)。
(6) 购建固定资产、无形资产和其他长期资产所支付的现金(本公司本月无此项业务)。
(7) 投资所支付的现金(本公司本月无此项业务)。
(8) 支付的其他与投资活动有关的现金(本公司本月无此项业务)。
投资活动产生的现金流量净额=4 000(元)。

3. 筹资活动所产生的现金流量

(1) 吸收投资所收到的现金。
银行存款日记账中,本公司于 4 月 18 日收到投资款 400 000 元。
(2) 取得借款所收到的现金(本公司本月无此项业务)。
(3) 收到的其他与筹资活动有关的现金(本公司本月无此项业务)。
(4) 偿还债务所支付的现金(本公司本月无此项业务)。
(5) 分配股利、利润或偿还利息所支付的现金如下:
银行存款日记账中 4 月 4 日向投资人支付现金股利 180 000 元。
(6) 支付的其他与筹资活动有关的现金(本公司本月无此项业务)。
筹资活动产生的现金流量净额=400 000−180 000=220 000(元)

4. 汇率变动对现金及现金等价物的影响

福建晋江金景新零售股份有限公司是内资企业，汇率变动对企业的现金及现金等价物无影响。

5. 现金及现金等价物的净增加额

现金及现金等价物的净增加额=-116 000+4 000+220 000=108 000（元）

提示：从银行提取现金，或将现金存入银行不影响企业现金流量。

根据相关资料编制现金流量表（见表15-59）。

表15-59

现 金 流 量 表

会企03表

编制单位：福建晋江金景新零售股份有限公司　　2020年4月　　单位：元

项　目	行次	金　额
一、经营活动所产生的现金流量：		
销售商品、提供劳务收到的现金		306 000
收到的税费返还		
收到的其他与经营活动有关的现金		400
经营活动现金流入小计		306 400
购买商品、接受劳务支付的现金		175 000
支付给职工及为职工支付的现金		96 000
支付的各种税费		16 500
支付的其他与经营活动有关的现金		134 900
经营活动现金流出小计		422 400
经营活动产生的现金流量净额		-116 000
二、投资活动所产生的现金流量：		
收回投资所收到的现金		
取得投资收益所收到的现金		
处置固定资产、无形资产和其他长期资产所收回的现金流量净额		4 000
处置子公司及其他营业单位所收回的现金流量净额		
收到其他与投资活动有关的现金		
投资活动现金流入小计		4 000
购建固定资产、无形资产和其他长期资产所支付的现金		
投资所支付的现金		
支付其他与投资活动有关的现金		
投资活动现金流出小计		
投资活动所产生的现金流量净额		4 000
三、筹资活动所产生的现金流量：		
吸收投资所收到的现金		400 000
取得借款所收到的现金		
收到的其他与筹资活动有关的现金		
筹资活动现金流入小计		400 000
偿还债务所支付的现金		
分配股利、利润或偿还利息所支付的现金		180 000

续表

项　　目	行次	金　　额
支付的其他与筹资活动有关的现金		
筹资活动现金流出小计		*180 000*
筹资活动所产生的现金流量净额		*220 000*
四、汇率变动对现金及现金等价物的影响		*0*
五、现金及现金等价物净增加额		*108 000*
加：期初现金及现金等价物余额		*169 000*
六、期末现金及现金等价物余额		*277 000*

举报电话：（010）88254396；（010）88258888

传　　真：（010）88254397

E-mail:　　dbqq@phei.com.cn

通信地址：北京市海淀区万寿路 173 信箱

　　　　　电子工业出版社总编办公室

邮　　编：100036